W0460908

Le testament des abeilles

Natacha Calestrémé

Le testament des abeilles

ROMAN

Albin Michel

© Éditions Albin Michel, 2011

Prologue

Des troncs calcinés témoignent d'une forêt autrefois dense. De rares branches lisses, nues, tordues comme par une souffrance, pointent vers le sol et observent avec regret les broussailles devenues légion. La terre est craquelée, aride, trop éloignée du Rio Grande pour bénéficier de ses bienfaits. Seul le bourdonnement de milliers d'insectes annonce que la vie est là. Un concert d'âmes à six pattes stridule depuis le lever du soleil. Ce 15 octobre 1990, un homme approche, un bâton fourchu à la main, un gros sac de toile accroché à la ceinture. Le terrain caillouteux situé à cinquante kilomètres d'Hidalgo, un petit village texan, abrite de nombreuses espèces de serpents, des crotales en particulier. Jim Loyer est pharmacien, il se passionne pour les reptiles. Tous les dimanches, il parcourt la région et rapporte dans son vivarium de nouveaux spécimens. Il se dirige vers un monticule de grosses pierres grises, là où les sueurs végétales et matinales ont quelque chance d'être conservées, là où les serpents aiment à se cacher.

En grimpant sur l'une des pierres, l'homme s'enfonce dans le gravier. Déséquilibré, il tente de se retenir en agrippant le sommet du monticule. Au moment où sa main accroche une protubérance de la roche, il entend pour la première fois un vrombissement gagner en intensité, un débordement de vie. Il n'a pas le temps de lever les yeux qu'un nuage grouillant se précipite sur lui. Un essaim de milliers d'abeilles le prend pour cible. Le Texan court, titube, hurle de détresse. Il est seul. Il n'a aucun endroit où se cacher de cette furie bourdonnante. À la quinzième piqûre, Jim Loyer sait qu'il va mourir. Le chœur de ces abeilles fredonne bel et bien un requiem. Dans une même énergie mortifère, plusieurs centaines d'insectes plantent leur dard. Elles visent le contour des yeux, les narines, la bouche et le cou de Jim, qui s'écroule. Il semble se débattre contre un fantôme. Le sable s'envole autour de lui. Le venin se répand dans les tissus. Des dizaines d'abdomens d'abeilles se déchirent en laissant leur harpon accroché à l'épiderme de l'homme. Les donneuses de mort vont s'éteindre, elles aussi. C'est le prix à payer pour défendre la reine. Jim sait parer la morsure des serpents, il ignore l'existence de ces abeilles criminelles. Ses mains tentent désespérément de protéger son visage et sont comme dévorées par la frénésie des hyménoptères. L'homme cesse de vivre. L'essaim continue de s'activer autour de lui. Huit cent soixante-quatorze dards seront prélevés de son corps. Personne ne sait que cette attaque est l'une des toutes premières manifestations agressives de l'abeille aux États-Unis.

1

Ceci n'est pas un livre mais un testament. Celui des abeilles. Elles ne savent pas s'exprimer, alors il faut bien que quelqu'un écrive à leur place. Leur mortalité est d'une certaine manière à l'origine de l'enquête la plus difficile qu'il m'ait été donné de mener. Que les hyménoptères me pardonnent, je vais m'étendre un peu sur ma vie avant de revenir à elles. Je suis major à la troisième division de la police judiciaire de Paris. Un flic tout ce qu'il y a de normal avec vingt années de terrain. Pourtant, je voulais être herpétologiste, je suis passionné par ce qui porte zéro, six pattes ou plus. Comprenez les serpents, les insectes et les araignées. Mais la vie en a décidé autrement. Ou plutôt la mort, celle de mon père. Lorsqu'on a dix ans et qu'on passe son temps libre le nez à terre à observer les fourmis qui bâtissent des galeries ou les arachnides qui tissent leur toile, on se trouve bien stupide de ne pas avoir levé la tête vers son paternel plus souvent. Peut-être que je ne voulais pas voir qu'il n'était jamais là, trop occupé à tromper ma mère avec tout ce qui portait une jupe, qu'elle soit plissée à petits carreaux, ou longue en jersey de coton. Du chignon ou des tresses, peu importait, tout ce qui comptait était de soulever ce bout de tissu. Le jour où mon père est mort, j'ai levé les yeux vers le visage couvert de larmes de ma mère et je ne les ai plus jamais rabaissés. Enfin, c'est ce que je croyais. Ce jour-là tout au moins, je les ai baissés une dernière fois. J'ai entendu le flic annoncer que mon père avait été poignardé dans une rue à deux kilomètres de chez nous. Que faisait-il à pied, à trois heures du matin dans une ruelle bordée de pavillons cossus avec pour seuls témoins de son infortune une rangée de platanes centenaires ? Je l'ignore encore aujourd'hui, même si j'ai quelques intuitions à ce sujet. J'avais dix ans et je n'étais qu'énergie : un trèfle joufflu couvert de bourdons, un petit lézard courant ventre au sol, une ombellifère qui se pâme au soleil, je concentrais tout ce que la nature avait d'épanoui. Ce jour-là, mon cœur a cessé de battre et je suis devenu un homme. J'ai couru vers la rue où mon père avait été assassiné et j'ai attendu que les flics partent. Puis j'ai scruté les environs. Trois mille mètres carrés d'asphalte, de gravier, de béton. Six heures sans manger et sans boire, les yeux au ras du sol. Ma mère, qui connaissait ma passion pour la nature, a toujours cru que je m'étais enfui, sans aucune notion de temps, prostré au pied d'un if. C'était mon genre. À la place, je cherchais. J'ignorais ce que je cherchais mais j'étais convaincu que mon père, architecte de renom, ne pouvait s'être éteint sans laisser une trace de son passage, là où on l'avait tué. J'ai finalement trouvé un reçu de parking où il avait écrit quelques mots, vraisemblablement juste avant de mourir. Le papier froissé obstruait une toile d'araignée tissée entre deux parpaings, quatre cents mètres au sud de là où il avait connu la mort. J'ai tout de suite identifié l'écriture. Mon père notait ses « M » comme des « H ». J'ai reconnu l'araignée, aussi. Une épeire diadème de belle taille, furieuse que l'on ait ainsi détruit son œuvre. Une femelle sans aucun doute, si je me fiais à la largeur de sa toile et à la forme de son abdomen. Mon père avait beau avoir tracé d'une écriture fatiguée : « Mari de Sylvie » pour désigner son meurtrier, dans ma tête d'enfant, tout s'est un peu mélangé. Connaissant les mœurs des femelles arachnides (qui tuent leur mâle après la copulation) et ayant une vague idée de ce que venait de faire mon père, j'ai visualisé l'épeire en train de l'occire. Ce qui explique sans doute que je n'ai, dans un premier temps, évoqué devant personne cette trouvaille d'importance majeure qui prouvait que mon père connaissait son meurtrier. Le bout de papier est devenu mon secret et, plus je tardais à en parler, plus je me transformais en forteresse. Je le gardais toujours en poche, palpant sa texture fluide ou usant les trois mots d'un regard de plus, afin de me convaincre qu'il n'avait pas jailli de mon imagination. Je suis devenu le gardien de cette relique qu'un seul de mes amis a réussi à voir, bien des années plus tard. J'y reviendrai.

La mort de mon père a fait naître en moi une arrogance, une colère froide prête à exploser à la moindre frustration que je croyais étrangères à ma nature. Après le bac et quelques années de droit, je me suis orienté vers une carrière dans la police sans me poser de questions. Entré par la petite porte à la PJ, j'ai gravi les échelons et suis devenu un flic efficace, avec une faculté d'observation digne d'un entomologiste. Les affaires se sont succédé, toutes différentes, avec pour seul point commun un manque d'originalité. La violence s'exprime rarement dans la créativité. Cette dernière affaire a bouleversé mes certitudes. Mais ne brûlons pas les étapes et revenons en arrière, au début de cette enquête qui allait s'avérer la plus incroyable et la plus étrange de toute ma carrière. Nous sommes à Paris, le 26 septembre 2008.

Je vous l'ai dit, je suis major à la troisième division de la police judiciaire de Paris et j'ai beaucoup de chance. Les deux gradés au-dessus de moi ne sont pas à la hauteur. De sorte que dans notre groupe, tacitement, je suis le patron. Pourtant, officiellement, celui qui dirige notre unité est le commandant Ponstain. Un gentil chauve qui passe son temps à nous soulager de la paperasse. Un type qui a mérité ses galons à une époque mais qui, depuis trois ans, trouve tous les prétextes administratifs pour ne plus mettre le nez sur une scène de crime, de viol ou d'un simple vol par effraction. Les symptômes d'une allergie à la violence, tout ce qu'il y a de sérieux, si vous voulez mon avis. Ne vous moquez pas, il y a des jours où je sens que ça pourrait m'arriver.

Ce matin-là, on venait de m'annoncer un triple homicide. Ce n'est pas banal, même à Paris. J'avais acquis la certitude que le commandant Ponstain allait s'occuper du dossier de l'incendie de l'ambassade du Mali. On attendait le ministre de l'Intégration africain à ce sujet et plutôt que d'envoyer un stagiaire faire le coursier, Ponstain allait s'y atteler personnellement. Et nous laisser, comme à son habitude, gérer les homicides. Personne n'était dupe. Mais comme le reste de l'équipe faisait le boulot, le grand patron de la PJ fermait les yeux.

Le gradé en dessous du commandant Ponstain est lieutenant. J'arrive après, en tant que major. Il existe deux sortes de flics à la police judiciaire. Ceux qui doivent leur grade à un concours – et peuvent être parachutés lieutenant – et ceux qui grimpent au mérite, avec le temps et les exploits. Notre lieutenant a obtenu le plus haut poste avant celui de commandant, en quelques jours grâce à un examen. Son expérience du terrain se résume au niveau bac à sable. Ponstain, qui est réglo, l'a choisi pas très futé, sans aucune chance qu'il ne me fasse de l'ombre.

Je l'appellerai le lieutenant et vous ne saurez rien de plus, il ne vaut pas le coup.

Pour les autres, monter en grade nécessite de se frotter au lourd : aux morts non naturelles. Or à la PJ, on en gère très peu, un homicide par mois, tout au plus, à la troisième division. Le reste relève des affaires de drogues ou de viols. Pour récupérer le glauque, les meurtres, il faut être le gradé le plus rapide à obtenir l'info. Un de mes potes à l'état-major est basque. Comme moi. À la police judiciaire, grimper les échelons lentement vous sert à créer des contacts. Quoique, dans mon cas, il a simplement suffi que le gars à l'état-major apprenne que j'étais basque pour que j'obtienne les affaires idéales. Et ce, dès le premier jour.

Je suis fier d'être basque, ça oui. Ma mère est née à Saint-Jean-de-Luz. Ma mère, cette sainte femme, a eu l'idée bizarre d'épouser mon père, né à Saint-Quay-Portrieux, en Bretagne. Il a pris le temps de la charmer, de la marier, de lui faire un gosse, de la tromper cent fois, puis de mourir en me laissant seul incarner son patronyme breton : Clivel. Et comme un malheur ne vient jamais seul, mon prénom aussi est breton : Yoann. Yoann Clivel, le Basque. J'ai rien contre les Bretons, ils ont leur drapeau et leur langue eux aussi, c'est juste que Yoann Clivel, le Basque, c'est pas franc du collier. Ça fait pas légitime. Faut se justifier. Heureusement, la nature a été bonne avec moi, j'ai le physique du côté maternel. Mes oncles et cousins forment une belle équipe de rugbymen et je ne dénote pas. Je m'éloigne. L'urgent, c'est cette singulière affaire d'homicide. Je dis « singulière » mais, à l'époque, je n'en savais rien.

J'avais reçu le coup de fil de l'état-major sur mon portable alors que je franchissais l'enceinte de la PJ, un immeuble de huit étages, tout en verre et béton, situé avenue du Maine, à deux pas de la tour Montparnasse. J'ai grimpé les cinq étages du grand escalier en dalles noires et je suis entré dans le bureau défraîchi de Ponstain, le premier à gauche, en espérant qu'il serait seul. C'était le cas.

– Homicides dans le cinquième. Trois morts, rue de la Montagne-Sainte-Geneviève, lançai-je.

Le commandant s'est tassé un peu plus sur son siège en fixant ses notes d'un air embarrassé. Son bureau donnait sur la cour, il avait dû me voir arriver.

– Sans déconner…, dit-il.

Ne vous y trompez pas, rien de mesquin dans sa remarque. C'est la seule phrase qu'il ait trouvée, il y a des années de cela, pour prétendre n'être jamais surpris et dont il use à tout bout de champ.

– Tu t'en occupes, a-t-il ajouté sans lever les yeux. Tu y vas avec Berckman, moi j'ai un ministre africain sur le dos.

– D'ac.

Sa paupière s'est plissée en un clin d'œil avorté. Une manière complice et timide de me dire merci. Il avait l'air soulagé.

– On va prendre le petit dernier avec nous. Honfleur, l'intello. Ça va lui aérer les neurones, j'ai ajouté.

C'est important une équipe. On n'est bon à rien, tout seul. Christian Berckman, chef enquêteur, quinze ans d'ancienneté, un vétéran comme moi, est un bon copain. Marc Honfleur, petit nouveau, gardien de la paix et agent de police judiciaire depuis deux semaines, m'intéresse pour son regard neuf et vif. Jane Velin, brigadier-chef, n'a pas démérité non plus, mais elle a rejoint l'affaire plus tard. La demoiselle a eu son lot de bonnes idées, dommage que je ne l'aie pas mieux écoutée.

Christian Berckman, Marc Honfleur et moi, nous nous

sommes rendus à l'adresse indiquée par l'état-major. La rue de la Montagne-Sainte-Geneviève, au cœur du Quartier latin, grimpait doucement vers le Panthéon. Les numéros impairs, dont la cote immobilière atteignait celle du seizième arrondissement, étaient réservés aux bâtiments de fonction des militaires de carrière ou à quelques hommes politiques bien gardés. En face, au 26, une maison atypique s'élevait sur quatre étages, coincée entre une agence de voyages et un bistrot. Protégée par une grille de fer forgé, l'entrée était délimitée par une porte à double battant bleue et un porche triangulaire. Des dizaines de badauds se bousculaient derrière la banderole délimitant le périmètre de sécurité. Berckman a brandi sa carte à matricule en disant : « Police judiciaire, laissez passer. » Il s'est tourné vers le nouveau et a ajouté : « Tu me colles à un mètre et tu regardes ce que je fais. Tu poses les pieds là ou je les pose et tu ne touches à rien. » De mon côté, je me suis dirigé vers les policiers en uniforme, ceux qu'on appelle « la tenue » et j'ai serré la main de celui qui menait les opérations. Peu de mes collègues agissent ainsi, préférant marquer de leur mépris la frontière invisible qui existe entre les différents corps de police. Pourtant, vous n'imaginez pas le nombre d'affaires que j'ai résolues grâce à des petits détails glanés auprès de gendarmes, pompiers et policiers. Et à ceux qui pensent que ce n'est que stratégie, rien de bien sincère, je leur dis qu'un gars qui va partager les mêmes cauchemars que moi après avoir découvert une scène de crime mérite bien une poignée de main.

– Comment ça s'est passé ? demandai-je.

– La gardienne de l'immeuble nous a appelés, répondit le flic en désignant une femme d'une cinquantaine d'années dont l'air serein laissait penser qu'elle ne réalisait pas la gravité de la situation.

Je pris mon calepin, griffonnai un signe sur la couverture, puis entourai mon graffiti d'un cercle avant d'y apposer une croix. Un rituel qui me permet de comptabiliser le nombre d'affaires sur une année d'un simple coup d'œil à la couverture de mes carnets. Aux curieux, je réponds que le papier a remplacé la crosse des fusils. J'inscrivis la date et l'adresse de l'immeuble.

– On a le nom des victimes ?

– Famille Luzignan, un couple et leur enfant.

– Qui est allé sur les lieux depuis la découverte des corps ?

– La gardienne, moi et deux de mes gars.

Les circonstances du drame tenaient en quelques mots. Les voisins étaient absents. La gardienne avait découvert les corps à 10 h 15 en déposant un Colissimo. Elle ne se souvenait pas si la porte d'entrée était verrouillée ou si un tour de clef avait suffi pour l'ouvrir. L'eau de la douche coulait et avait inondé la salle de bains. Le policier avait personnellement fermé le robinet.

Le vestibule, sombre et bas de plafond, s'ouvrait sur un couloir qui menait à une cour pavée. Les murs alternaient torchis et colombages. Au fond de la cour à gauche, une alcôve donnait sur un autre escalier. J'ai grimpé au deuxième étage. Sur le seuil de l'appartement, le paillasson ne cachait que terre et poussières, de fragiles traces de vies. Absence de clefs. La serrure présentait un aspect normal. Christian Berckman observait le corps de la première victime – la seule visible de l'entrée – une femme d'environ quarante ans. Elle gisait dans une flaque de sang. Son visage était désespérément tourné vers la droite, la main écorchée et tendue dans la même direction, comme si ce geste avait été le dernier tenté pour empêcher l'inconcevable. J'ai poussé la porte de la chambre vers laquelle la main se tendait et n'ai pu m'empêcher de lâcher un « putain de merde » en voyant la fillette. La mort d'un enfant est toujours impensable. La petite fille reposait au milieu de peluches écarlates rassemblées autour d'elle en guise de protection. Avec ses cheveux blonds et bouclés, on aurait dit un ange. Elle avait presque l'air paisible, mais sa tête penchait en un angle impossible. Un gros nounours blanc dormait à ses côtés. Étrangement, le sang de la fillette lui prêtait un semblant de réalité. On eût dit une dépouille de plantigrade abandonnée par un braconnier.

J'eus une sensation bizarre que je n'arrivais pas à expliquer. Avant de comprendre qu'il s'agissait de l'odeur. La mort, même récente, dégage une acidité que l'on reconnaît à coup sûr. Au troisième ou quatrième cadavre, un flic n'oublie plus cet effluve odorant qui se développe au contact du sang et de la peur. Or il flottait ici un doux relent de parfum. De savon même. J'ignorais d'où il pouvait venir.

Je vis le jeune Marc Honfleur jeter un œil à la femme couverte de sang et, le souffle court, entrer dans la chambre où se trouvait la gamine. Avant de ressortir aussitôt, la tête plaquée au mur, au bord du malaise. Trop absorbé par la recherche de détails, j'en avais oublié mon rôle. J'étais responsable de la santé mentale du jeune flic et me sentis coupable.

– Si ça peut te rassurer, je ne m'y fais toujours pas…, lui dis-je. Et ne te fie pas à l'air blasé de Berckman, c'est un joueur de poker.

Ce dernier sourit sans rien dire. Marc Honfleur, visiblement sonné, se massa les tempes.

– On va faire les « constates ». Vu les notes que t'as eues au concours, tu devrais piger assez vite, crus-je bon d'ajouter pour le dérider.

Le jeune Honfleur fouilla l'intérieur de ses poches et prit de quoi écrire. Je confesse que le gamin m'épatait. Il avait obtenu les meilleures notes à l'examen, un sans-faute, et dépassé le record de points atteint depuis douze ans. Plutôt que d'accéder aux grades supérieurs, il avait choisi d'être gardien de la paix pour mieux se consacrer aux recherches sur Internet, sa passion. D'une timidité maladive, le regard fuyant, silencieux comme une huître, je le soupçonnais d'avoir choisi ce poste pour qu'on lui fiche la paix.

J'ai continué l'énumération des faits tels que je les imaginais.

– La femme a reçu les premiers coups de couteau. Elle a tenté de se protéger. Multiples plaies de défense sur les mains et les avant-bras. Ses yeux sont toujours ouverts, elle n'est pas morte instantanément et s'est traînée hors de la chambre.

– Elle a cherché à protéger sa fille, ajouta Berckman.

Il faut que je vous parle de Christian Berckman. C'est un gars sans prétention et intègre, avec une grosse tendance à la nonchalance pour ne pas dire paresseux. Il a deux passions, la moto et le jeu, auxquelles il sacrifie l'essentiel de ses loisirs. Le reste du temps, il donne l'impression de s'ennuyer. Je suis le seul à connaître l'histoire de son entrée à la police judiciaire, une sorte de pari. Un de ses amis souhaitait passer le concours d'entrée dans la police et, comme il hésitait à y aller seul, Berckman a proposé de l'accompagner. Il s'est inscrit à l'examen comme s'il s'agissait d'un tournoi de poker. L'autre a été recalé, lui pas. Comme il vouait une confiance irraisonnée à sa bonne étoile, il s'est laissé engager. Les événements ont suivi leur cours, sans vague ni exploit. Berckman obtient régulièrement les meilleurs résultats au tir de toute la brigade, mais il est trop humble pour mettre à profit cet avantage. Douze ans qu'on travaille ensemble.

Des traces de pieds ensanglantés conduisaient à la chambre de la gamine. Elle avait tenté de bloquer la porte avec une caisse à jouets, sans succès, puis s'était cachée derrière ses peluches. Avant de se faire trancher la gorge. Les pas menaient au salon et dessinaient des circonvolutions. Les rideaux et certains meubles montraient de nombreux coups de couteau portés à hauteur des yeux. L'action s'achevait dans le couloir où se trouvait le père, entièrement nu. Dans sa main droite, un large couteau de cuisine. Il s'était entaillé le bas-ventre et les jambes puis vidé de son sang. Je n'avais jamais vu un truc pareil. Le type avait pris un couteau pour se charcuter les cuisses jusqu'aux roubignoles !

Le jeune Honfleur suivit mon regard et dit d'une voix presque inaudible :

– Ça me fait mal rien que de l'imaginer en train de…

– J'arrive pas à croire qu'il s'est acharné comme ça. Une sorte de suicide maso… Faudra regarder si c'est pas une pénitence sexuelle. Je périrai par là où j'ai fauté, un truc du genre, ajoutai-je.

Honfleur tenta une première analyse :

– Il a commencé par sa femme, continué avec sa fille et après il s'est fini.

Il parlait entre ses dents, comme si les mots avaient du mal à sortir. Le dos voûté – pourtant il n'était pas grand –, il semblait porter sur ses épaules tout ce que la jeunesse a de désabusé.

– Venez voir ! hurla Berckman de la salle de bains.

Le chef enquêteur pataugeait dans trois centimètres d'eau claire, une clope éteinte aux lèvres. Je lui précisai que l'eau coulait encore lorsque les collègues avaient découvert le carnage. C'est alors que je compris d'où venait l'odeur de savon. Un flacon ouvert de shampooing à la verveine s'était répandu au pied de la douche.

– Descends et demande au gradé quel robinet il a fermé, lançai-je à Honfleur.

Tandis que le gardien de la paix sortait, Berckman poursuivit le rituel des suggestions :

– Les traces de flotte vont vers la cuisine. Là, il prend un couteau et se défoule sur sa famille. Il faut confirmer les empreintes, mais je crois qu'on tient notre homme.

– Donc le type est à poil sous la douche et d'un coup, sans fermer le robinet, il trucide sa femme, sa fille, attaque les rideaux, puis se zigouille !

– Ça me fait penser à l'affaire Trichet. Licenciement, adultère, avant de tout perdre, il assassine sa famille, répondit Berckman.

– OK, mais les rideaux ?

– Il courait après quelqu'un ? Sa femme ? suggéra Berckman.

– Pas à cette hauteur. On dirait qu'il a frappé en l'air, la main tendue. À mon avis, l'homme a d'abord tué sa femme, il est ensuite allé dans le salon et – pour une raison inconnue – a donné des coups de couteau dans les meubles et les rideaux, laissant sa fille se cacher dans sa chambre, derrière ses peluches, avant de s'occuper d'elle.

Je comptai vingt-trois coups portés dans la pièce pendant que Berckman examinait les avant-bras et les pieds du mort pour vérifier si l'homme se droguait. Le sang avait coagulé et dissimulait d'éventuelles piqûres.

– Ils nous diront ça à l'autopsie, conclut Berckman.

Plusieurs hommes montaient les escaliers. Le substitut du procureur et deux adjoints entrèrent dans l'appartement.

– Bonjour messieurs ! Qu'est-ce qu'on a ici ? questionna le magistrat.

Berckman énonça sa théorie. Le mari avait perdu la tête, tué sa famille avant de se donner la mort. Les traces de sang racontaient toute l'histoire et présentaient un itinéraire complet. Les traits du substitut se détendirent, sa respiration devint plus lente. Il avait vu tous les détails qui lui permettaient de penser que l'affaire était simple, classée avant d'être commencée. Mais certains détails me criaient le contraire. Les mains jointes dans le dos, le magistrat observa les trois cadavres les uns après les autres et fit une grimace devant celui de la fillette. Je priai pour qu'il n'aille pas dans le salon. Il verrait les coups de couteau dans les rideaux et ça compliquerait tout. Tout baigne, cassez-vous et laissez-nous gérer cette putain d'enquête qui pue l'anomalie à plein nez… Comme s'il répondait à ma pensée, le substitut posa la question que je redoutais depuis le début : le statut des victimes justifiait-il de faire appel à la PJ de luxe, autrement dit la « Crim' » ?

– La famille est inconnue des services de police, annonçai-je.

Faisant écho à mon envie de présenter l'affaire sous son aspect le plus simple, Berckman brandit le sac en plastique contenant le couteau taché de sang en disant :

– L'arme du crime, main droite du mari.

– OK, ce ne sera pas très compliqué malgré le nombre de victimes. Trouvez-moi le mobile, vous gardez l'enquête, conclut le magistrat.

Nous nous serrâmes la main. Le substitut laissa passer Honfleur qui patientait dans le couloir et prit congé. Berckman me lança un regard satisfait puis descendit mener l'enquête de voisinage tandis que je me consacrais aux intérieurs. Un accord implicite voulait que je me concentre sur le passé des victimes tandis que Berckman gérait les interrogatoires. Je me tournai vers Honfleur.

– Tu vas noter toutes les « immats » des voitures stationnées autour de l'appartement sur un rayon de deux cents à trois cents mètres. T'oublie pas de jeter un coup d'œil aux poubelles et tu fais marcher ton flair, lui dis-je.

On ne devrait jamais laisser ces investigations capitales, mais fastidieuses, à un bleu, myope de surcroît. C'est une des leçons de cette enquête. J'enfilai des gants de latex et me dirigeai vers la table basse du salon où un cendrier en verre blanc disparaissait sous une vingtaine de mégots. Tous de la même marque. Cela ne mènerait sans doute nulle part, mais on ne savait jamais. J'en glissai quelques-uns dans un sachet en papier kraft puis examinai la réserve d'alcool. Porto et whisky garnissaient un meuble d'angle. Dans la salle de bains, je remplis un sac de médicaments trouvés dans le placard à pharmacie. Deux hommes de l'identité judiciaire m'interrompirent. Je leur résumai la situation.

– Vérifiez que le sang appartient à la famille. Alcoolémie et drogues pour les trois corps, relevé des empreintes, sans oublier le couteau.

Puis, je rejoignis la gardienne, une fausse blonde aux larges épaules qui cachait des seins énormes sous une robe-tablier à fleurs bleues.

– Vous connaissiez bien le couple, ils fumaient ?

– Elle non, lui, oui…, répondit-elle avec un accent du Sud-Ouest.

– La marque ?

– Rothmans, dit-elle, satisfaite de pouvoir répondre.

Il s'agissait de la marque des cigarettes trouvées dans le cendrier… Rien d'anormal de ce côté-là.

– M. Luzignan était droitier ou gaucher ? continuai-je.

La gardienne ne savait pas. Je la questionnai au sujet des habitudes et mœurs de la famille Luzignan. Le mari avait une bonne situation, lui et sa femme formaient un couple harmonieux, jamais une dispute. Cela me parut un peu lisse. Quant à la gardienne, son sang-froid m'étonnait. Aucun signe de tension, de peur, ni même de tristesse. Pourtant, elle répondait avec sincérité et avec le désir de m'aider.

– Avant dix heures et quart, ils ont reçu de la visite ?

– Personne. J'étais dans l'escalier pour le ménage. Si quelqu'un était passé, je l'aurais vu.

– Des cris, dans la matinée ?

– Vers huit heures et demie, ça n'a pas duré, je ne me suis pas inquiétée.

– Je n'ai pas trouvé le Colissimo.

Elle recula et s'empourpra, en proie à une légère panique et posa la main sur sa bouche.

– Je me demande si je ne l'ai pas rapporté chez moi !

– Ce serait normal avec le choc, dis-je pour éviter qu'elle se sente en défaut.

Je déteste accroître le sentiment de culpabilité chez ceux que je considère comme des « victimes tertiaires ». Je m'explique. La victime primaire est la personne assassinée. Ceux qui pâtissent du manque, la famille et les proches deviennent les victimes secondaires. Les victimes tertiaires représentent tous ces inconnus sans lien avec la victime qui voient le corps du défunt et qui restent choqués à vie. J'entre dans cette catégorie, la concierge aussi. Même si elle a l'air de mieux gérer ça que moi. Pour le moment.

– Venez avec moi, on va vérifier, a-t-elle ajouté.

En parallèle de cette histoire, quelque chose se tramait. Quelque chose dont personne n'avait conscience et qui me glace le sang encore aujourd'hui.

2

– Docteur, j'ai un patient en ligne pour une consultation Internet.

– Un problème ? interrogea le médecin.

– Il veut rester anonyme et refuse la visite préalable.

Pour entamer une thérapie par Internet, la déontologie imposait une première rencontre entre le thérapeute et le patient. Un moyen d'analyser rapidement l'état psychologique et moral de la personne. Sauf cas exceptionnels – pour lesquels il se déplaçait –, Yves Lentoine fixait ce rendez-vous à son cabinet médical avant de poursuivre les entretiens sur le réseau, en toute confidentialité.

– Passez-le-moi, dit-il en saisissant son agenda.

– Il ne veut pas vous parler, juste savoir si vous acceptez le principe.

– Insistez.

Catherine Michelin, l'assistante d'Yves Lentoine, une rouquine toute en rondeurs, courut vers le téléphone. Elle s'adressa au patient, prit quelques notes puis raccrocha avant de se diriger vers la boîte aux lettres encastrée dans la porte d'entrée. Une enveloppe plastifiée s'y trouvait. Elle la remit au docteur.

– Il n'a rien voulu entendre. J'ai fixé un rendez-vous dans deux semaines, vendredi à dix-huit heures. Je lui ai donné votre e-mail, ajouta-t-elle d'un air satisfait.

Catherine n'avait que dix-neuf ans et compensait son manque d'expérience par un sens de l'initiative que Lentoine encourageait.

– C'est pour vous, ajouta-t-elle en pointant le doigt vers l'enveloppe.

Le thérapeute considéra la lettre non affranchie, vierge de toute annotation.

– Qu'est-ce que c'est ?

– L'argent de ce monsieur.

Une dizaine de billets de vingt euros retenus par une épingle dissimulait un bristol non signé où couraient des lettres minuscules : « Pour le paiement des deux premières consultations ».

– Il était sûr que j'allais accepter, c'est un peu fort ! lança le médecin en reposant l'argent. Préparez un dossier et inscrivez les requêtes du patient.

– À quel nom ?

– Celui que vous voulez, c'est provisoire. Même les anonymes éprouvent le besoin de signer.

D'abord médecin généraliste, Yves Lentoine estimait que ses patients connaissaient la cause de leurs maux. Une maladie est la manifestation de quelque chose que l'on a du « mal-à-dire », se plaisait-il à répéter. Le docteur s'était alors formé à la psychothérapie, devenue son activité principale. Sa clientèle fortunée, hommes politiques et notables, prétendait aller chez le médecin. Un rendez-vous plus facile à admettre dans une société où les problèmes d'ordre psychologique sont encore synonymes de faiblesse. Et pour ceux qui refusaient de se déplacer, il y avait Internet.

Lentoine alluma l'ordinateur et consulta ses messages, l'un d'eux avait pour objet : *Enveloppe.* Il cliqua sur l'en-tête.

« Bonjour, monsieur Lentoine,
Votre secrétaire m'a informé de la possibilité d'un rendez-vous en ligne à 18 h 00, vendredi en quinze. J'y serai. Merci de ne pas me répondre. Cordialement. »

Le message était signé *« Éliaz »*. Un pseudo, songea Lentoine en écrivant quelques lignes sur une page blanche : « Ne m'appelle pas docteur, se sent mon égal. Profession libérale ? Écrit “rendez-vous”, au lieu de “consultation”, a probablement du mal à admettre son problème. A mis “enveloppe” pour objet et non la raison pour laquelle il consulte. Aime maîtriser les situations. Souhaite rester anonyme : pourquoi ? »

Il déposa la feuille dans le dossier contenant l'enveloppe plastifiée. Sur la page de garde, Catherine avait écrit : « Zorro ». En souriant, Lentoine ajouta une flèche au bout de laquelle il nota : « Éliaz ». Il se leva, prit ses petites lunettes dont il changeait la couleur des montures selon son humeur – aujourd'hui elles étaient bleues, couleur à laquelle il prêtait des vertus analytiques – et accueillit la patiente suivante.

3

L'heure était venue de m'entretenir avec le juge d'instruction Jean Gutineau, désigné la veille par le procureur. Je jubilais. Une dizaine d'enquêtes nous avait réunis dans le passé. Il y a des hommes que vous rencontrez par le biais de votre profession, que vous n'auriez jamais abordés parce que en apparence trop bougons, trop sérieux, sans fantaisie. Et pourtant, une fois la glace brisée, lorsqu'il vous avait jugé capable de soutenir son regard, lorsqu'il avait compris que vous pouviez contrer son avis avec des arguments de poids, ce juge était un atout de premier ordre, une promesse d'enquête réussie. Et vous vous satisfaisiez de le connaître parce que chacun de vos échanges vous donnait le sentiment d'être intelligent. Gutineau est de ceux-là. Beaucoup s'arrêtent à la forme et craignent cet homme apolitique, expérimenté et proche de la retraite qui demeure insensible à toute pression. Il faut dire que, soucieux de son indépendance face au parquet, Jean Gutineau est connu pour sa discrétion à la limite de l'asociabilité. De fait, son bureau au deuxième étage du Palais de justice est coincé entre ceux des novices et les toilettes. Ses supérieurs n'ont même pas eu besoin de prétendre que c'était pour former les nouveaux, Gutineau n'en a cure, apparemment, il se fiche des conventions. Même s'il n'est pas dupe. Et rares sont ceux qui assistent à l'expression de son humour potache.

– Major Clivel ! Toujours en vacances ?

J'ôtai mon blouson et lui souris avant de lui serrer la main.

– Que diriez-vous d'une partie de bowling ? répondis-je.

Gutineau rit sans un bruit, de tout son corps, sa veste de costume noir se soulevant en tressautant.

– Quel est votre sentiment sur cette affaire ? demanda-t-il alors en repoussant une mèche de ses abondants cheveux blancs.

Son bureau était couvert de documents glissés dans des chemises de couleur. Un enchevêtrement de paperasses qui jetait un doute sur l'apparente rigueur du magistrat. Doute qui s'effaçait lorsqu'à l'évocation d'un jugement, il vous sortait le dossier adéquat en quelques secondes. J'y avais immédiatement reconnu le bordel organisé de mon propre bureau. Mais si je gardais tout en tête, notant le strict minimum, le juge écrivait tout, couchait la moindre impression sur des feuilles libres qu'il rangeait petit à petit.

– Un chef d'entreprise sans histoires tue sa femme et sa fille de six ans avant de se donner la mort. Un sale truc, au couteau, bien sanglant.

– Et qu'est-ce qui cloche ? demanda le juge qui semblait lire dans mes sourcils.

– Je n'en sais rien. On n'a pas commencé le boulot, mais le type s'est acharné sur des cibles invisibles, dans le salon, et ça me plaît moyen.

Le juge appréciait la franchise. Il ajouta :

– Vous ne croyez pas à la thèse des meurtres suivis du suicide ?

– Non. Mais je suis le seul.

– Il est noté import-export pour l'activité du monsieur, dans quel domaine ?

– Les plantes médicinales…, répondis-je.

– Voici la commission rogatoire, vous avez les pleins pouvoirs. Voyez s'il existe une relation avec le crime organisé. Cela me paraît un peu extravagant, mais on ne sait jamais. Bon, vous connaissez votre boulot.

– Oui, monsieur le juge.

– Tenez-moi au courant.

Une enquête qui commençait ainsi – avec Gutineau pour juge d'instruction – s'annonçait rapide.

4

Si vous saviez les heures que l'on passe à éplucher les notes, les rapports d'expertise, les comptes rendus d'interrogatoires en essayant de trouver la faille, les mensonges qui vous permettent de comprendre ce que l'on ne veut pas que vous voyez. Ces infimes détails qui forment le puzzle, ce déclic imperceptible tant attendu, cette piste qui se déclarait sur toute enquête bien menée, ne venait pas. Quel mobile avait conduit Louis Luzignan à ce déchaînement de violence ? Les quatorze premiers jours d'enquête n'avaient pas éclairci mais opacifié l'affaire. Cartes de crédit, téléphones portables et ordinateurs ne révélaient pas d'aventure extraconjugale, ni la moindre tension au sein du couple. Les dérives sexuelles avaient été exclues. Berckman explora la piste pathologique pour expliquer l'agressivité du père, mais aucun antécédent psychiatrique ou casier judiciaire n'entachait les qualités manifestes de l'homme. Je creusai le volet professionnel. Louis Luzignan, ancien biologiste reconverti en patron de société, achetait des huiles essentielles produites à Madagascar et les revendait en Europe. On avait alors espéré un lien avec la Mafia, mais finances et gestion de la société s'annonçaient transparentes. L'épouse, Chantal, était sans emploi, artiste peintre pour son plaisir. Proches et amis s'interrogeaient encore sur ce qui avait bien pu arriver à cette famille modèle. Nous consacrâmes deux jours aux allées et venues des voisins. Personne n'avait franchi le perron de l'immeuble le matin des meurtres. Quant au Colissimo, il contenait une simple documentation envoyée au couple par une agence de voyages en vue d'un séjour aux Antilles.

Penché sur mon bureau couvert de rapports d'enquête et de procès-verbaux, je réfléchissais en espérant qu'un élément allait me sauter aux yeux. Berckman avait fixé au mur les photos du mari, des victimes et des personnes connexes. Il se tenait contre la fenêtre et fumait, le bras tendu à l'extérieur. L'air froid s'infiltrait, réduisant à néant ses efforts pour empêcher l'odeur de cigarette d'entrer dans la pièce. Ça m'était égal, j'aime bien l'odeur de la cigarette. À côté des photos, un schéma représentait la chronologie de l'affaire, heure par heure. Le jeune Honfleur prit un post-it, nota « eau chaude » et le colla sous le dessin de la douche. Berckman se tourna vers moi :

– Les empreintes sur le couteau sont celles de Luzignan. Même chose pour les traces de pas. Faut arrêter de se prendre la tête…

– Et le mobile ? lançai-je d'une voix forte.

La propension de Berckman à suivre les évidences, à défaut d'autres hypothèses, m'exaspérait. Dès qu'une affaire ne tournait pas rond, qu'on s'embourbait, il cherchait la ligne droite. Je dois pourtant concéder qu'avec sa manie des raccourcis, Berckman tombait souvent juste. Une prédisposition à la chance. Il suggérait, l'air de rien, et ça tombait pile. Une veine de joueur. Une chance de cocu. Il était d'ailleurs divorcé, mais personne n'osait la blague tellement son cas était grave et l'affaire douloureuse.

En matière de cocufiage, il pouvait prétendre au trophée d'un genre spécial.

– C'est inhabituel ? interrogea Honfleur en remontant ses lunettes.

Berckman et moi, nous sursautâmes. Nous avions oublié la présence du gamin.

– C'est normal qu'il n'y ait pas de mobile ? insista Honfleur.

– Putain, non ! C'est vraiment une question à la con ! hurlai-je.

J'étais connu pour mes coups de gueule qui vous explosaient à la figure comme un tir de chevrotine. Berckman plissait les yeux et le nez, l'air de dire : « Et c'est reparti ! » Je fixai le gardien de la paix qui piqua du nez.

– Il y a toujours un mobile, ajoutai-je en me calmant.

Sauf pour les crimes sexuels, mais ça je te le dirai une autre fois. Et puis, c'est pas le cas ici, pensai-je, pétri de mauvaise conscience comme chaque fois que je m'emportais. Je repris mon soliloque.

– On s'est fait la totale. D'après les salariés, Luzignan est un gars bien. Elle, à fond dans sa peinture. Et pour finir, une gamine adorable, première de sa classe, jolie comme un cœur. Pas une ombre au tableau. Génial !

– Qu'est-ce qu'ils ont dit à l'autopsie ? essaya courageusement le gardien de la paix.

Le petit gars me plaisait. Il ne se laissait pas démonter. Berckman s'assit sur le bureau, entre Honfleur et moi – me recommandant implicitement de cesser de brusquer le gamin – et prit la parole :

– L'heure des trois morts se situe entre 8 h 00 et 9 h 00 du matin. Ils venaient de petit-déjeuner. Le couteau est bien l'arme du double crime et du suicide. Le type est droitier. Il s'est ouvert l'artère fémorale et s'est vidé en trois minutes.

– Tu vois, ça colle pas, enchaînai-je. Avec un minimum de préméditation tu achètes un calibre et tu fais ça proprement. On devient pas Jack l'Éventreur en deux secondes. Pourtant, notre gars se lève un matin, trucide sa famille alors qu'il avait prévu de l'emmener en vacances, et se suicide en se tailladant la jambe jusqu'à se sectionner l'artère ! C'est dingue !

Berckman saisit une petite boîte d'allumettes dans la poche intérieure de son blouson, l'agita comme si elle contenait des dés, fit glisser le couvercle et regarda à l'intérieur. Il hocha la tête, semblant compter quelque chose puis referma la boîte.

– Combien ? demandai-je.

– Six…

– Merde !

La boîte contenait six cloportes. Des crustacés d'un autre âge, sortes de tatous miniatures de la taille d'une coccinelle qui avaient la capacité de former une boule parfaite au premier stress. Dans les moments de grande nervosité, à l'heure des décisions, Berckman les remuait et, si tous les cloportes s'étaient mis en boule, il parlait de mauvais présage. Je croyais qu'il s'agissait de superstition avant d'estimer que le rituel relevait de la manie du joueur. Un moyen de se singulariser… À la troisième division de la police judiciaire, les collègues s'étaient pris au jeu – au départ, dans l'idée de se moquer de Berckman –, puis ils avaient admis que les pronostics tombaient juste. Zéro crustacé en boule et l'affaire se réglait en un tour de main. Lorsque deux ou trois s'enroulaient, quelques complications survenaient. Nous n'avions jamais eu les six en même temps. Petit à petit, la boîte à cloportes, surnommée « l'oracle maison », est devenue la première info non officielle à laquelle les nouveaux avaient droit.

L'animal de compagnie, si on pouvait appeler ainsi ce faux insecte à quatorze pattes, avait fini par doter Berckman d'une aura particulière. Pour expliquer ce petit miracle de la divination, je crois tout simplement que les cloportes avaient développé une empathie pour celui qui les nourrissait jusqu'à sentir l'énergie générée par Berckman lui-même. Un fait exceptionnel en soi, si l'on réalisait que Berckman avait la capacité inconsciente de deviner la complexité d'une enquête sans jamais se tromper et de transmettre malgré lui son stress à ses crustacés. Je jouai donc son jeu, uniquement pour connaître son état d'esprit. Et sur cette affaire, ses propos – une affaire simple : le père meurtrier – disaient le contraire de ce qu'il ressentait réellement. Foi de cloporte.

Au même moment, quelque part, la communication Internet entre Éliaz et le docteur Lentoine débutait.

5

Vendredi 10 octobre 2008

Le Dr Yves Lentoine retenait ses cheveux longs en catogan. Il compensait cette fantaisie peu conformiste par une grande élégance vestimentaire. On ne lui connaissait d'autre uniforme que ses chemises blanches et ses costumes noirs sur mesure.

Le thérapeute tournait le dos à son ordinateur et s'imposait neuf minutes de relaxation entre chaque patient. Il s'installait dans son fauteuil, ouvrait la fenêtre quelle que soit la température et observait le Pont-Neuf et le soleil qui papillonnait dans les remous de la Seine. Ainsi, le docteur abordait chaque nouvel entretien avec sérénité.

À 17 h 59, mû par l'habitude, il se retourna vers son bureau, positionna le clavier devant lui et attendit. Les consultations par Internet ne dérogeaient pas à la règle d'or de la profession : au patient de prendre contact.

À 18 h 00 précises, quelques mots s'inscrivirent sur l'écran :

« Bonjour, monsieur Lentoine. Je suis Éliaz, êtes-vous présent ? »

« Bonjour, monsieur Éliaz, je vous lis. »

« J' ai décidé de vous consulter parce que j' ai un problème de peau assez important. Un eczéma. »

« Pourquoi souhaitez-vous rester anonyme? »

« Vous rencontrer m' est impossible... »

« Voir votre eczéma me paraît indispensable. »

« Je souhaiterais l' éviter. Je pensais que vous accepteriez... »

Intrigué, Lentoine décida de faire une exception.

« Très bien. Qu' attendez-vous de moi? »

« Vous n' êtes pas sans savoir que les eczémas ont la plupart du temps des origines nerveuses et psychologiques... »

Le curseur clignota pendant trente secondes et Lentoine considéra qu'Éliaz attendait une réponse.

« À condition que ce ne soit pas un eczéma de contact. »

« Je suis quelqu' un qui ne parle ni n' agit au hasard. Si j' évoque un eczéma psychosomatique, c' est parce que je suis sûr de mon fait. Les autres médecins que j' ai rencontrés sont à ce point incompétents qu' il leur est impossible de me soigner. L' un d' eux m' a même affirmé que j' étais guéri ! Depuis, j' ai estimé que je pouvais me fier à votre réputation et à votre sérieux. C' est la raison pour laquelle j' ai pris contact avec vous. Mais, sachez que lorsque j' affirme quelque chose, c' est que j' ai vérifié l' information. »

« Vous avez donc rencontré des dermatologues ou

allergologues qui vous ont spécifié que c'était psychosomatique? »

« *Absolument.* »

Ce n'était pas la première fois que Lentoine rencontrait un patient souffrant d'eczéma d'origine psychologique. La maladie de peau n'était alors que le symptôme d'une souffrance morale, généralement bien plus grande. En principe, la personne n'en avait pas conscience et consultait pour soigner l'effet visible : l'eczéma. Quel était donc le problème d'Éliaz ?

« Parlez-moi de vous. »

« Je croyais pouvoir rester anonyme. »

« Je ne vous demande pas qui vous êtes mais ce que vous faites. »

« Si j'évoque ma profession, vous saurez qui je suis. »

« Aborder cet aspect des choses vous gêne-t-il vraiment? Vous m'avez parlé d'un eczéma d'origine psychosomatique. »

« Je comprends, mais c'est un peu tôt pour moi. »

« Décrivez-moi votre eczéma. »

« Il se présente sous une forme purulente… Je suis atteint au visage. Cela a très vite gagné le cuir chevelu. Je n'ai plus de sourcils et une grande partie de mes cheveux sont tombés. J'ai une forme de pelade, une desquamation, qui m'oblige à me gratter jusqu'au sang. C'est absolument affreux. Je suis défiguré. »

« Personne n'a réussi à vous soulager? »

« J'ai pourtant fait venir des personnes que j'estimais compétentes. »

«Et la maladie n'a jamais évolué? »

«La première crise est passée au bout d'un mois. Il y a eu récidive deux mois plus tard. Depuis et malgré les spécialistes que j'ai consultés, les crises sont de plus en plus fréquentes. »

«Est-ce que l'eczéma se manifeste ailleurs que sur le visage? »

«Oui, sur le corps. »

«Vous souffrez beaucoup? »

«Ma vie est devenue un enfer… »

«Cela a provoqué des changements dans votre quotidien? »

«Je ne sors plus de chez moi. J'ai des symptômes effrayants. L'équivalent de crises cardiaques, plusieurs fois par jour et parfois même la nuit. »

«Cela vous réveille ou bien vous vous en souvenez le matin? »

«Je me réveille avec la certitude que je vais mourir. »

Nous y sommes, se dit Lentoine. Il prit quelques notes. Ce n'est certainement pas la cause, mais nous avons un phénomène rebond, ajouta-t-il pour lui-même.

«Depuis quand avez-vous ces crises? »

«Deux ans. »

«Et lorsqu'elles s'estompent, vous arrivez à sortir de chez vous? »

«Non. C'est impossible. »

«Pourquoi? »

Éliaz mit un certain temps à répondre.

« Je suis défiguré. »

« Si les crises s'estompent, vous n'êtes plus défiguré. Est-ce que c'est vraiment la raison pour laquelle vous ne sortez plus de chez vous ? Réfléchissez bien. »

« Je suis toujours défiguré même lorsque la peau ne me démange plus. Mes angoisses de mort sont très fortes. Il m'est impossible de sortir de chez moi, même accompagné. »

« Très bien monsieur Éliaz, il est 18 h 45, la séance est terminée. Nous aborderons la semaine prochaine les circonstances dans lesquelles votre eczéma est apparu. À la même heure, si vous le souhaitez. »

Il y eut dix secondes d'attente avant que le message suivant ne s'affiche.

« Je peux effectivement me rendre disponible. »

« À vendredi prochain. »

Lentoine attendit une éventuelle réponse, mais elle ne vint pas. Il imprima leur discussion, ouvrit le dossier que Catherine avait intitulé « Zorro ». À la suite de ses premières notes, il inscrivit : « Agoraphobie sévère ».

Il n'était pas nécessaire d'être un grand thérapeute pour constater qu'un nombre croissant de personnes refusaient de sortir de chez elles par peur de la foule, du bruit, des contacts. Le phénomène s'accentuait depuis les dix dernières années. Partout dans le monde, de plus en plus de jeunes refusaient de quitter leur chambre. Le symptôme s'observait aussi chez des pères ou des mères de famille qui, brusquement, cessaient de vouloir travailler pour rester chez eux. La psychanalyse s'adaptait à ce refus de communication verbale et l'Internethérapie commençait à vivre ses beaux jours. Yves Lentoine considérait que le nombre de cas d'agoraphobie – cette maladie mentale qui donne le sentiment de n'être en sécurité que chez soi – progressait de manière alarmante. Il se demandait dans quelle mesure ce trouble du comportement pouvait être imputable à Internet. Pour lui, ces cas constituaient une priorité. Une espèce dont les congénères ne communiquent pas entre eux est vouée à disparaître. Regardez les vers de terre ! disait-il avec un petit sourire.

6

Vendredi, 20 h 30

La troisième division de la PJ s'était vidée, je relisais mon rapport, adossé à la fenêtre ouverte de mon bureau. L'absence de résultats me minait. L'enquête n'avait décidément rien de ces affaires compliquées où chaque nouvel indice permettait de se rapprocher de la solution. Dans le cas Luzignan tout paraissait très simple. Manquait l'essentiel : le mobile. J'imprimai une copie du rapport et la déposai sur la table du commandant Ponstain. Je glissai l'original dans une enveloppe à l'attention du juge Gutineau, pris mon blouson et sortis. Quelques rayons de soleil zébraient les façades du bâtiment de la police judiciaire. J'hésitai devant le parking. Allais-je rentrer à pied ? Je n'appréciais que les températures qui voisinaient le zéro et attendais, durant huit mois de l'année, les journées courtes de novembre à février. Le temps était presque idéal, mais je me résolus à prendre ma voiture.

Alors que je patientais à un feu rouge, mes yeux accrochèrent une publicité pour de la lingerie. La culotte bordée de dentelle mauve m'évoqua aussitôt ma dernière aventure sentimentale – un épisode lamentable dont la victime se prénommait

Nathalie – et, plus précisément, notre première nuit d'amour dans sa voiture, à la Cité des sciences. J'avais conservé tous les détails de cette nuit dans la partie encéphalique de mon cerveau dédiée aux émotions fortes. Ce qui ne m'avait nullement empêché de disparaître de sa vie après seulement quelques semaines de relation. « Courage, fuyons ! » marmonnai-je.

Au début de notre relation, Nathalie s'était appliquée, avec une grande franchise, à me dire comment les autres me percevaient dans l'espoir, sans doute, de me faire évoluer. Ma réputation de tombeur me précédait, des trois DPJ jusqu'à la préfecture. On prétendait même qu'il valait mieux éviter les sentiments pour que l'histoire dure un peu. Cheveux noirs, carrure imposante, yeux rieurs, large mâchoire, je n'avais rien d'un Apollon, mais dégageais quelque chose du rhinocéros et du chat qui me rendait irrésistible auprès des femmes. Je trouvais cette image fantastique. Nathalie avait ajouté que les femmes me jugeaient capable de tout et surtout, de douceur.

Je ne pouvais m'expliquer, avec l'opinion que j'avais de mon père, d'où me venait ce besoin de les conquérir toutes.

J'habitais une villa, à Gentilly, deux kilomètres au sud de Paris. Une splendide demeure d'architecte – le métier de mon père –, six mètres de hauteur sous plafond, aux murs entièrement blancs, séparés par d'immenses baies vitrées qui donnaient sur une petite cour et un muret couvert de glycine. Aucune solde ne permettait de s'offrir un tel lieu. Même celle d'un flic de mon rang, avec vingt ans d'ancienneté. À la mort de mon père, ma mère s'installa à Gif-sur-Yvette, dans la vallée de Chevreuse, me laissant la villa. À Paris, elle se sentait une étrangère, cette maison était la garçonnière de son mari, elle était devenue la mienne.

Je déposai sur la table de la cuisine un sachet de papier décoré de petites lettres rouges et courbées qui indiquaient : « La célébrité du Tonkin. » Je sortis un rouleau de printemps enroulé dans de la cellophane et deux emballages plastifiés contenant du soja sauté et des brochettes de poulet à la coriandre. J'appartiens à cette race d'hommes qui prennent plaisir à dîner des mêmes plats, cinq à six fois par semaine. La cuisine chinoise – qui a succédé à l'italienne – est un passage obligé depuis presque trois ans. Mon moment préféré est le dessert où je m'adonne au sucre sans complexe ni retenue. Voilà. Ça c'est pour la galerie. C'est pitoyable mais l'explication tient la route. Mais à vous, je ne peux mentir. Là encore, ces habitudes de névrosé ont un lien avec mon père et, en particulier, avec le mot écrit de sa main au moment de sa mort. L'histoire est si pénible, si ridicule, que j'ai peine à vous la raconter. Jusqu'à ce jour, je ne l'ai dite à personne. Ce petit bout de papier était une relique. Je le portais toujours sur moi, comme si le nom du meurtrier allait un jour s'y afficher à force de le regarder. Je voulais être prêt. Le moment où je croiserais le « Mari de Sylvie » – et alors que j'ignorais tout de cette Sylvie –, je croyais que je le reconnaîtrais. Une évidence. J'avais vingt-deux ans le jour où j'ai confondu le mot de mon père avec ma liste de courses. Jeté dans une poubelle de Monoprix où j'étais allé acheter mon déjeuner en compagnie de mon meilleur ami. Ce jour-là, j'ai compris que plus jamais je ne me poserais la question de ce que j'allais prendre au déjeuner ou au dîner. Rien ne me ramènerait les derniers écrits de mon père, mais la nourriture est un exutoire, un système compensatoire. Certains trouvent dans la cuisine tout l'amour qu'ils ne recevront jamais. Moi, j'ai décidé, très inconsciemment au début, que la monotonie d'un repas est une punition bien méritée pour avoir fait disparaître la seule preuve que mon père connaissait son meurtrier.

Trois boules de soja couvertes de poudre de coco ballottaient tristement dans une assiette. Je les réchauffai au micro-ondes en me souvenant de Nathalie qui inventait toutes sortes de stratagèmes pour m'éloigner de la cuisine le temps de m'en voler une. Quatre mois que je ne lui avais donné signe de vie. Parti sans une explication. Un matin, j'avais cessé de l'appeler et tout fait pour l'éviter. Davantage que la solitude, j'avais le sentiment d'être passé à côté d'une relation importante. Malgré un nombre de conquêtes tout à fait exceptionnel – et je ne suis pas d'un tempérament vantard –, je n'ai connu l'amour qu'avec trois femmes seulement et je les ai très vite quittées avant de souffrir. Les autres ont dû se contenter de sexe. J'avais consulté un psy, quelques mois. La perte brutale de mon père avait laissé une empreinte : la peur du manque, celle qui vous enlevait un être cher du jour au lendemain. C'est ainsi que je m'enfuyais avant de subir une rupture éventuelle de la part d'une femme dont j'étais amoureux. J'étais un masochiste impénitent.

Je me promis d'appeler Nathalie bientôt.

Je dormais profondément lorsque la sonnerie du téléphone retentit. Pendant quelques secondes, je clignai des yeux sans bouger. La pendule du salon indiquait 03 : 08. J'étais seul dans mon canapé, entièrement habillé, la lumière allumée. Trois emballages de Rochers Suchard traînaient sur la table basse. Je n'avais cessé de passer d'un programme télé à un autre. Mêlant rêve et réalité et pensant qu'il pouvait s'agir de Nathalie, je me raclai la gorge et pris un air enjoué.

– Allô…

– Tu ne dors pas à trois heures du mat' ? interrogea une voix que je connaissais trop.

– On n'est pas de permanence…, soufflai-je.

– Sans déconner ! répliqua le commandant Ponstain.

Que voulez-vous répondre à ça ? Il aurait pu dire « presse-purée » ou « poêle à mazout », il n'y avait qu'à s'incliner.

– C'est quoi cette fois ?

– Dans le treizième arrondissement, une bagarre qui a mal tourné. Les collègues viennent de trouver des armes. Ça pue.

– Ils vont y arriver tout seuls, tentai-je.

– Oui, mais il y a dix minutes, on les a rencardés sur des meurtres dans le quatorzième. Peuvent pas être partout. Faut y aller.

Sans me laisser placer un mot, il ajouta :

– C'est juste pour faire la nounou pendant deux, trois heures, c'est une grosse affaire, ça va aller direct à la Crim'.

– Tu peux pas envoyer quelqu'un d'autre ? Le lieutenant ?

– Le maire est déjà sur place, le préfet est averti, il me faut une pointure là-bas.

– Il est plus gradé que moi ! répondis-je en espérant un compliment.

– Il est bardé de diplômes, mais il a six mois d'ancienneté. Il va être largué. Toi et Berckman vous êtes les piliers de l'équipe, ajouta Ponstain, en jouant mon jeu.

– T'es sûr que ça part à la Crim' ?

– Avec plus de dix morts dont un journaliste, oui, c'est sûr.

7

L'hiver précoce avait découragé les fêtards. Paris était désert. Je roulais à quatre-vingt-dix à l'heure en me félicitant de n'être pas rentré à pied du bureau. Je n'avais pris le temps ni de me raser ni de changer de vêtements. Un jean noir, une chemise, un pull gris chiffonné, et deux épis récalcitrants qui refusaient de s'abaisser malgré mes cheveux coupés en brosse, me donnaient l'air d'un héron huppé au réveil. Je débarquai 4, rue du Moulin-Vert dans le quatorzième arrondissement, vingt-deux minutes après le coup de fil de Ponstain.

Une voiture tricolore barrait la rue d'Alésia. Je brandis mon badge, me frayai un passage et stationnai à deux cents mètres du lieu d'intervention. Les bâtiments, contemporains pour la plupart, couraient sur cinq étages et donnaient sur une large allée pavée à l'ancienne. Le périmètre interdit au public me semblait disproportionné. J'avançai à grandes foulées. À quinze mètres de l'attroupement, je compris. Un corps gisait à terre, camouflé par une couverture. Immobiles, les brancardiers et le médecin confirmaient par leur attitude qu'il était trop tard. Un coup d'œil à la foule me permit de comptabiliser une dizaine de policiers, autant de pompiers et d'ambulanciers, trois journalistes et cinq autres personnes, dont certainement le maire de l'arrondissement. Un triste record d'affluence, digne d'une remise de prix. Je soulevai le ruban et le fis glisser derrière mon dos, puis me dirigeai vers un des hommes en tenue que je connaissais bien. Benito Garay, commissaire de police urbaine de proximité. Nous avions la même ancienneté, vingt ans de terrain et plusieurs scènes de crime en commun. Un fait plus cocasse nous liait. Sans le savoir, nous avions été amants de la même femme pendant près de trois mois. Il y avait eu quelques explications musclées. Depuis, on se tutoyait et la dame avait disparu dans la foulée.

– Salut, Clivel, tu es tellement bon qu'ils te laissent seul à la permanence ? s'amusa le commissaire.

– Je dors tout habillé, alors tu sais, pas beaucoup de mérite… Berckman et le petit ne vont pas tarder. Dis-moi de quoi il s'agit avant que le procureur et toute la smala déboulent.

Comme deux journalistes s'approchaient, nous entrâmes dans le hall du bâtiment.

– Une femme s'est défenestrée du cinquième étage. Nuque brisée, morte sur le coup, annonça Garay.

– Des témoins ?

– Les voisins d'en face. Ils ont entendu crier au secours. Quand ils ont regardé, elle avait déjà plongé.

– Qui vous a appelé ?

– Le toubib du SAMU. Personne ne bougeait dans l'immeuble, ça l'a inquiété.

– Quel est le bilan ? demandai-je.

– Treize morts, dont un journaliste.

– Ton avis ?

– Aucune idée, mais y a un détail qui m'emmerde. Toutes les portes d'entrée étaient fermées de l'intérieur.

Ça promettait.

– Bon. J'ai quinze minutes avant que le procureur se pointe, une minute pour qu'il convoque la Crim' et trois heures avant que la flicaille de luxe se ramène avec les pompes en croco et le brushing impeccable.

Garay hocha la tête d'un air entendu. Je jetai un œil à ma montre, inquiet de l'absence prolongée de Berckman. Je lui envoyai un texto : finis ton poker, il y a urgence !

Je m'approchai du corps et soulevai la couverture en considérant la morte. Je détestais les chutes. Trop de matières dispersées. Les membres paraissaient disloqués, signe d'un décès instantané. De nombreuses traces de coupures sur le torse ainsi qu'un morceau de verre, planté dans le bras. Son visage exprimait la stupeur. La victime portait un pyjama long, en coton. Je fouillai ses poches, vides. Je la recouvris et grimpai jusqu'au cinquième étage. La porte d'entrée donnait sur une grande pièce décorée de masques représentant différents animaux à la manière de totems. Dans l'appartement, aucune trace d'effraction, de lutte, ni même d'activité. Point troublant : elle n'avait pas ouvert la fenêtre avant de sauter du cinquième, elle avait traversé la vitre. Si quelqu'un l'avait poussée, comment était-il ressorti ? Je me penchai par l'ouverture et observai le mur. Une grille en fer forgé retenait quelques pots de fleurs à douze mètres du sol. Dans la chambre, un lit défait, un seul oreiller. Elle vivait seule. Les poubelles et les tiroirs de la table de nuit ne cachaient aucune substance illicite. Le lave-vaisselle, presque vide, indiquait qu'elle avait pris son dîner chez elle. J'examinai son sac à main. La carte d'identité m'apprit qu'elle se nommait Rosa Arturo Costa. Je notai le nom sur mon calepin non sans avoir tracé un de mes gris-gris sur la couverture.

Concentré sur ma fouille, je découvris soudain deux hommes qui déambulaient dans le salon. Le procureur et le préfet de police s'approchèrent, tous deux en longs manteaux anthracite. Je demeurais convaincu que les personnalités de même rang uniformisaient leur apparence dans un souci d'appartenance. « Dupont et Dupond », pensai-je, non sans complexer à cause de mes vêtements froissés.

– Vous êtes seul ? demanda le procureur.

– Mes collègues sont aux étages inférieurs, mentis-je.

– Une grosse affaire ?

– On n'a pas fini l'inspection.

– Il y aurait une « huile » au premier étage ?

– Juste un journaliste, répondis-je.

– La cause des décès ?

– Inconnue à ce stade de l'enquête.

Sans un mot, « Dupont » prit son portable et composa le numéro de l'état-major.

– Bon, je saisis l'affaire. Je me suis déplacé, c'est une situation compliquée. L'une des victimes est journaliste. Prévenez la Crim'.

Ben voyons…

Il coupa la communication et me tendit la main d'un air sévère pour signifier qu'il partait.

– Vous comprenez que je vous dessaisisse, je suppose.

Je ne répondis pas. Le procureur n'attendait d'ailleurs aucune réponse. Le préfet glissa un habituel : « Continuez à faire votre travail. » Rien de très encourageant.

Le jeune Honfleur me rejoignit enfin, alors que les deux hommes sortaient. Berckman arriva trois minutes plus tard. Il portait, lui aussi, sa tenue de la veille. Visage anguleux et joues creusées par la fatigue, le chef enquêteur affichait le regard absent et la moue atone des grandes soirées de poker.

– Tu plumais tes potes avec ta chance habituelle de… ? dis-je en un malheureux réflexe.

– Pourquoi on est là ? m'interrompit-il en me lançant un regard noir.

– Pour rendre service.

– Qu'est-ce que ça donne ? bougonna-t-il.

– Trop gros pour nous, ça file à la Crim'.

Il leva les yeux au ciel, l'air de dire : qu'est-ce que j'ai fait pour mériter ça ? Je fis semblant de ne rien voir et ajoutai :

– On se grouille de tout examiner, j'ai un putain de feeling et la grosse artillerie va débarquer.

J'appris plus tard que Berckman avait perdu une belle occasion de rentrée d'argent. Le chef enquêteur avait sacrifié une partie de tarot annoncée gagnante, à cinq euros le point. Je l'avais sollicité pour rien et j'en étais conscient. Je voulais qu'il furète à mes côtés. Avec mon intuition pour seul argument. Il n'avait pas réagi à cause d'une histoire qui remontait à deux ans. Une « contre » l'avait propulsé vainqueur à mille neuf cent quarante-quatre points. Ce soir-là, et bien que de permanence, il avait gardé son portable éteint. La nuit avait été agitée et son absence remarquée. Une histoire ancienne, restée sans conséquence grâce à mon témoignage. Ceci expliquant cela.

Nous nous répartîmes les étages. J'allais fermer l'appartement du cinquième lorsque je me retrouvai nez à nez avec Honfleur, embarrassé d'être à ce point transparent.

– Aujourd'hui, c'est mission de confiance, improvisai-je. Les voisins, les gens dans la rue… t'interroges tout le monde.

– D'ac.

– La Crim' va se ramener, continuai-je. Tu ne peux pas les louper, ils arrivent à trois groupes, ça fait vingt et une personnes en tout, peut-être vingt-cinq. Probablement huit Ford Mondeo qui débarquent en même temps.

– OK.

– Costard, cravate, rasés de près. Ils ne disent pas bonjour et méprisent tout le monde. Le côté con du FBI. Comme il sera vers les 7 h 00 du matin, il est possible qu'ils aient déjà leurs lunettes de soleil…

Berckman gloussa du fond du couloir.

– À ce moment-là, tu fais semblant de dégager mais tu continues en douce, jusqu'à ce que je t'appelle sur ton portable.

– D'accord. Juste une question, dit Honfleur. À quoi ça sert tout ça si on perd l'enquête au final ?

– Tu comprendras plus tard, répondis-je en espérant ne pas me tromper.

Décidément, le petit n'était pas un mouton et j'aimais ça. On s'est éloigné chacun de son côté. Au quatrième étage, je découvris un homme d'une quarantaine d'années dans la chambre de son fils, six ou sept ans. L'enfant était allongé sur le dos, en pyjama, dans son lit. J'aurais juré qu'il dormait. Un livre ouvert reposait sur ses jambes. *Le Fantôme sans peur*. Le père, accroupi dans une posture invraisemblable, avait glissé du lit. Son bras gauche restait accroché à celui de l'enfant, tel un lien maintenu dans l'au-delà. Son poing droit, crispé, prouvait la persistance d'une douleur qui se lisait également sur son visage. D'après ses papiers, il se nommait Claude Arturo, un parent de la femme décédée par défenestration.

Au troisième, vivaient un couple et deux enfants. Berckman les trouva dans la cuisine, affalés sur la table, comme évanouis.

Aucune trace suspecte, pas de sang ni de marques d'effraction. Au deuxième, une famille de rouquins. Trois mômes et les parents. Les deux plus jeunes trempaient dans la baignoire, la tête sous l'eau depuis un moment. Assis sur le canapé, le père avait basculé en avant, le visage entre les genoux. L'aîné des enfants, lui aussi dans le salon, reposait dans un fauteuil face à la télé, la tête penchée de côté. La mère, dans sa chambre, se trouvait allongée devant l'armoire à linge, les bras couverts de vêtements pliés. Les victimes rappelaient ces terribles photos de guerre, témoignages monochromes de civils tués par surprise, figés dans leurs tâches quotidiennes. Nous échangeâmes un premier avis. J'évoquai l'intoxication alimentaire, Berckman le monoxyde de carbone, un gaz mortel et inodore. En guise de verdict, il agita sa boîte d'allumettes. Les six cloportes faisaient à nouveau le dos rond.

– Ils sont trop vieux et trop stressés, faut que tu les changes, proposai-je en soufflant.

Je craignais qu'il perde toute motivation.

– Ils n'ont que trois semaines et ça n'a rien à voir. C'est la merde et puis c'est tout, dit-il en les rangeant dans la poche de son blouson.

Puis il partit inspecter le local commercial du rez-de-chaussée d'un air soucieux. Restait le premier étage, là où vivait le journaliste.

La porte blindée, légèrement pliée, avait résisté aux pompiers. Trois appareils photo reposaient sur la table de séjour avec cinq disques externes rangés en pile sur le côté. Une valise ouverte gisait au pied du canapé. Elle contenait des vêtements pour pays chaud. Sur la table de chevet, une liasse de factures et deux passeports. Les cartes de visite précisaient qu'il était grand reporter à *Paris Match*. D'après les factures, il revenait du Congo-Brazzaville après un bref passage à Dubaï. Dans le bureau, une vingtaine de dossiers étaient soigneusement empilés sur une table de cinq mètres de long. « Guantánamo », « H5N1 » et « Darfour » se disputaient le haut de la pile. La deuxième rangée portait la mention « Environnement ». Je les consultai brièvement : « Sable de Quiberon », « Prophétie », « DRIRE » et « OGM ». Il était question d'agroalimentaire, de matériaux de construction, de nature dévastée. Le journaliste avait noté des idées çà et là et souligné quelques mots en rouge.

Le ciment : troisième substance présente sur terre après l'eau et l'air.
Les abeilles, hécatombe sans précédent.

La Crim' vérifierait s'il y avait matière à mobile criminel. Personnellement, j'en doutais. Je sais ce que vous pensez : ce major est un imbécile, il nous parle du testament des abeilles et il n'est pas capable de faire un lien avec ce qu'il vient de lire. N'oubliez pas que je revisite le passé et laissez-moi continuer.

Dans la salle de bains, sur le carrelage, reposait l'homme torse nu, sa brosse à dents dans la main droite. La cinquantaine, il gisait sur le dos, la bouche et les yeux grands ouverts, comme un poisson jeté hors du bocal.

Je finis par l'entrée de l'immeuble et ouvris les boîtes aux lettres avec un passe. Le seul document digne d'intérêt avait été déposé, sans enveloppe, par l'agence de location. Il prévenait de la réparation prochaine du loquet de la porte d'entrée. Ne me demandez pas pourquoi, je pris le papier et l'enfouis dans la poche de mon blouson. Effectivement, la clenche était hors service. La partie gauche, adroitement limée, privait l'un des ressorts de sa fonction de fermeture. L'œuvre d'un connaisseur.

Je ne pus me résoudre à rentrer chez moi et rejoignis mon bureau. Le sommeil ne viendrait plus. J'avais un pressentiment que je ne parvenais à analyser. Pourquoi Rosa Arturo Costa s'était-elle jetée à travers la fenêtre fermée ? Quel rapport entre ce suicide apparent et le sabotage du hall de la porte d'entrée ? Et dans la première affaire, qu'est-ce qui avait pu amener Luzignan à massacrer sa famille ? Rien ne collait dans ces deux enquêtes.

Pourquoi avais-je le sentiment qu'elles étaient liées ?

8

L'après-midi, au bureau du juge Gutineau, deuxième étage du Palais de justice.

– J'ai confiance en vos intuitions, major, mais il m'en faudrait un peu plus pour me prononcer, dit le magistrat.

Je lui exposai les événements de la rue du Moulin-Vert, enquête désormais confiée à la Crim' et la comparai à l'affaire Luzignan. L'une sanglante, l'autre sans violence, et un nombre de victimes très différent. Pourtant elles présentaient un troublant point commun. Ma théorie se fondait sur les circonstances des deux suicides. Louis Luzignan s'était atrocement mutilé en se sectionnant l'artère fémorale sans tenir compte de la douleur. En sautant à travers la fenêtre fermée, Rosa Arturo Costa s'était gravement coupée avant de s'écraser au sol. Les deux suicides présentaient la même indifférence à la souffrance. Par ailleurs, en dépit de la porte verrouillée de l'intérieur, la jeune femme avait appelé à l'aide comme pour échapper à un grand danger. Quant à Luzignan, il avait massacré sa famille sans aucun mobile.

– Une folie commune, en quelque sorte..., proposa Jean Gutineau.

J'opinai :

– Louis Luzignan et Rosa Arturo Costa sont des victimes au même titre que les autres. Je considère la porte d'entrée fracturée de la rue du Moulin-Vert comme un élément de preuve.

Le juge hocha la tête sans rien dire.

– Seize homicides à Paris en quinze jours, ça fait beaucoup. En général, on a une cinquantaine de cas par an et là, soixante-cinq à la mi-octobre. On est peut-être sur des meurtres en série, suggérai-je pour conclure.

Gutineau saisit une feuille, griffonna quelques lignes illisibles à l'encre bleue, puis réfléchit deux longues minutes, sans se laisser distraire par les grincements répétés de mon fauteuil.

– Qui est au courant de votre sentiment sur ces deux affaires ? demanda le juge.

– Christian Berckman et Marc Honfleur, mes collègues.

– Quel juge d'instruction a été saisi pour le cas Moulin-Vert ?

– Le juge De Fréjon.

– Je m'en doutais, asséna Gutineau.

Les deux magistrats ne s'appréciaient pas, n'avaient aucune affinité et concevaient leur métier avec des objectifs dissemblables. De Fréjon, grand professionnel néanmoins, courtisait les médias. Il s'arrangeait pour que les secrets d'instruction deviennent des succès publics, ce qui exaspérait Gutineau.

Ce dernier fixa longuement la plume de son stylo. Coutumier des prises de décision rapides, son mutisme s'avérait surprenant. Lorsqu'il ouvrit la bouche, je compris qu'il allait déroger à son éthique habituelle.

– Écoutez, vous avez peut-être raison, mais on va garder ça pour nous. Sinon la Crim' récupérera notre affaire et je serai dessaisi.

Je restai silencieux, convaincu qu'il ne s'arrêterait pas en si bon chemin.

– Vous continuez à mener l'enquête Luzignan comme si de rien n'était… tout en gardant un œil sur la deuxième affaire, rue du Moulin-Vert.

– Je connais du monde à la Crim', renchéris-je.

– Soyez discret, recommanda le juge.

– Je pousse les analyses chez les Luzignan ?

– Non, il faudrait exhumer les corps, ça attirerait l'attention. Aiguillez votre enquête en fonction des premiers résultats de la Crim'. Vous m'informez de la moindre nouveauté.

– Entendu, répondis-je.

Alors que je me levais, Gutineau ajouta :

– Si votre théorie des meurtres en série tient le coup, on va avoir d'autres cas très vite. Surveillez les ondes de « la tenue » et tenez-moi au courant de toute affaire similaire.

– Merci, monsieur le juge.

C'était évident, mais je me gardai bien d'en faire le commentaire. Gutineau appréciait d'avoir le dernier mot et, pour rien au monde, je ne voulais le frustrer.

Une fois dehors, je réfléchis à la tournure que prenaient les événements. Le juge avait toujours privilégié la défense du droit et de l'équité, sans considération pour la gloire ni les médias. Il pensait que son heure viendrait tôt ou tard. Elle n'était pas venue. Aussi, en fin de carrière, la frustration l'avait-elle envahi. Une aubaine.

9

La brigade criminelle procédait à quantité de tests à partir des éléments réquisitionnés rue du Moulin-Vert : ADN, empreintes, prises de sang, échantillons, recherches de drogue, intoxication, et autopsie. Aucune poussière ne leur échappait. L'ensemble partait en Belgique dans le laboratoire privé le plus pointu du moment. Je fis le tour de mes contacts et sollicitai Emmanuelle, une de mes ex. Cette très jolie blonde, agent administratif auprès du directeur de la PJ et de la Crim', voyait transiter entre ses mains tout ce qui parvenait au patron. Je l'invitai à déjeuner dans un thaïlandais en bord de Seine.

– J'ai perdu l'enquête au profit de la Crim' et j'aimerais savoir de quoi il retourne.

– Pourquoi ? demanda Emmanuelle.

– Disons que c'est sentimental.

– Tu es gonflé de me dire ça !

Elle avait mal vécu notre séparation.

– Regrette pas, dès qu'il y a des sentiments, je prends la fuite.

– Qu'est-ce que tu racontes ? Tu n'as jamais été amoureux de moi !

– C'est faux, improvisai-je sans grande conviction.

Elle sourit mais n'était pas dupe.

– Et pourquoi tu veux les infos avant tout le monde ?

– Ça, je ne peux pas te le dire, ma douce beauté.

Je lui pris les mains et chuchotai :

– J'ai besoin de toi.

Emmanuelle respira longuement, plongea ses yeux dans les miens et proposa un marché. Elle ferait un double de tout ce qui arriverait pour le grand patron en échange d'une invitation à dîner et des raisons de tout ce mystère. J'acquiesçai, mais elle attendrait la fin de l'enquête pour connaître mes motivations. Je m'en tirais à bon compte.

Je sollicitai également mon meilleur ami, Valentin Amerti, aujourd'hui à la Crim'. Je vous ai brièvement parlé de lui. Ce garçon m'a sorti de mon mutisme, à l'âge de douze ans. Sa famille a acheté la maison de notre plus proche voisin, quelques mois avant le décès de mon père. Valentin et moi étions du même âge. Très vite, notre étonnante ressemblance nous a fait nous considérer comme des frères. Un jour, alors que j'avais sorti de ma poche la relique, le papier de mon père, il s'est approché et m'a demandé : « Pourquoi tu regardes toujours ce truc ? » Piqué au vif, je lui ai répondu : « Ce truc est le testament de mon père. Il désigne son meurtrier. » Comme il m'observait avec beaucoup de sérieux, j'ai ajouté, confiant : « C'est un secret, tu ne dois en parler à personne. » Valentin est donc la seconde et unique personne à connaître l'existence de ce mot. Il a tenu sa langue, une grande amitié pouvait naître. Nous faisions tout à l'identique, jusqu'à gommer nos disparités pour accentuer la confusion. On nous appelait les jumeaux et nous nous croyions invincibles. Les années ont passé, et de petits détails se sont accumulés. Insidieusement. Jusqu'à me faire douter. Valentin poussait le mimétisme un peu loin, les yeux rivés sur les filles dont je lui parlais, s'achetant les mêmes vêtements que moi, suivant le même cursus que moi. Je compris qu'il était envieux et qu'il n'avait aucune volonté propre, sinon l'objectif de me dépasser. Les frustrations se sont succédé au gré des amours déçues, des jalousies et des études universitaires plus ou moins réussies. La compétition n'a jamais cessé. Amerti se défendait par l'humiliation, j'usais de la dérision.

J'ai intégré la police judiciaire à vingt et un ans, Valentin a rejoint la brigade criminelle quatre ans plus tard. Cette différence d'affectation ne doit rien au hasard. Mon côté électron libre, quelque peu ingérable, ne pouvait s'adapter au travail de groupe ultra-hiérarchisé de la Crim'. Amerti, plus caméléon et moins soupe au lait, s'est fondu dans le moule avec beaucoup de facilité. Je concède avoir été jaloux. Vous l'avez compris, critiquer la Crim' est devenu mon passe-temps favori. De son côté, Valentin, marié depuis deux ans, se moque de moi, toujours célibataire à quarante et un ans. À l'entendre, il m'a surpassé en tout point. Plus je prétends que cela m'est égal, plus ça le frustre. La raison en est que lui et moi savons qu'il existe un domaine où je suis imbattable. Devant une scène de crime, j'ai la réputation de dénuder la mort de ses mascarades comme personne. Que voulez-vous, j'ai un œil d'entomologiste.

J'ai longtemps hésité avant de l'appeler à la Crim'. Il voudrait comprendre pourquoi je m'intéressais à cette enquête. Que répondrais-je ? Puis, je me suis laissé gagner par le souvenir de notre ancienne complicité et l'ai invité à prendre un apéritif, chez moi, à Gentilly. La conversation se déroulait mollement, chacun interrogeant l'autre pour éviter de se confier. Whisky en main, Amerti me demanda en riant quel était le motif de l'invitation. Je me suis péniblement défendu d'une quelconque stratégie et l'ai interrogé sur les derniers changements au sein de la brigade criminelle.

– Tu voulais me demander quelque chose ? insista Valentin.

À quoi bon me formaliser, il avait deviné mes intentions.

– Qui gère l'affaire Moulin-Vert, chez vous ?

– Stéphane Martin. Un pote, répondit-il.

– Tu pourrais me dire ce qu'ils ont trouvé… de quoi ils sont morts ?

– Je le vois demain, je lui demanderai.

– Je te laisse m'appeler ?

– Oui ! relax. Je t'ai dit que je m'en occupais.

Valentin Amerti se leva, posa son verre sur la table, enfila sa veste de costume et lança un rapide « à demain » qui se voulait triste. Triste que je l'aie appelé par intérêt. Mais on avait vécu dix années côté à côte et je le connaissais trop. Son apparent chagrin masquait une position jubilatoire : j'avais besoin de lui. Il était au septième ciel.

Je pris une douche brûlante, espérant que l'eau chasserait mes souvenirs ambivalents à l'égard d'Amerti. Après avoir enfilé une chemise et un jean, je décidai d'appeler Nathalie sur son portable. La soirée se voulait dédiée aux anciennes relations. Une première sonnerie. Une deuxième. Elle se demande si elle me répond. Presque cinq mois sans nouvelles… Une troisième. Je m'apprêtais à laisser un message lorsqu'elle décrocha. L'entendre me fit un électrochoc. Instantanément, ses mots tendres, ses confidences passées se superposèrent à sa voix. Je fus si troublé que je bégayai maladroitement. Avec beaucoup de gêne, je lui proposai de la revoir.

– Tu as quelque chose à me dire, Yoann ? demanda-t-elle d'un ton serein.

Je la revoyais, allongée dans mes draps, essoufflée après l'amour, susurrant mon prénom. Je réalisai combien je l'aimais.

– Il me semble, répondis-je.

– La semaine prochaine, si je trouve un créneau, proposa-t-elle.

– Je t'appelle lundi matin.

Pas gagné.

Après avoir raccroché, je me campai devant le miroir de l'entrée. Il me renvoya l'image d'un homme plutôt bien bâti, mais la quarantaine floue et l'œil fatigué... Qu'est-ce qu'elle avait bien pu me trouver ? Aurais-je droit à une seconde chance ?

10

Jeudi 16 octobre 2008, à 11 h 30

Je courais le long du bois de Vincennes, Amerti à mes côtés. Il avait rappelé et le ton de sa voix me confirmait qu'il jouissait de son sentiment de supériorité. Tant mieux pour lui. Amerti débita les informations glanées auprès de ses collègues de la Crim' : le système de surveillance de l'immeuble, assuré par une caméra dissimulée sous le porche, avait été déconnecté avec minutie. Le forçage de la porte d'entrée, trois jours avant les faits, prouvait l'intention criminelle et infirmait la thèse de l'accident. En dehors du frère et de la sœur aux quatrième et cinquième étages, il n'existait aucun point commun entre les familles. On avait un ingénieur en biochimie, un photographe reporter, un patron de laboratoire spécialiste des biotechnologies, un professeur à Sciences-Po, et une éthologue, docteur ès primates. D'après les premiers témoignages, pas de vol, aucun objet déplacé, ni la moindre effraction. Amerti me demanda en quoi cette affaire m'intéressait. Je souris, je m'étais préparé. Je lui confiai que la cause des décès m'intriguait et que si j'avais gardé l'enquête, j'aurais bien été incapable de la résoudre. Un argument un peu facile. Je ne sais si Valentin me crut mais il me rassura : le résultat des analyses lancées par la Crim' lèverait très vite les zones d'ombre. Son orgueil l'empêchait de se rabaisser à me demander mon avis. J'étais tranquille de ce côté.

– Il y a quelque chose d'assez étrange, ajouta-t-il. D'après le médecin légiste, l'heure de la mort de l'ensemble des victimes se situe à peu près dans le même intervalle, entre 20 h 00 et 22 h 00, sauf pour la femme du cinquième où des témoins peuvent certifier qu'elle a sauté à 2 h 10 du matin. Or les portes fermées de l'intérieur empêchent d'imaginer qu'elle a été témoin de leur décès et qu'elle s'est suicidée pour cette raison.

– Quelles sont les pistes ?

– Toutes. Secte, terrorisme, sadique. La piste sexuelle a été abandonnée, on n'a rien de ce côté-là. Quant au mobile, c'est trop tôt, mais on va tout observer à la loupe.

J'avais peur qu'il voie clair dans mon jeu et évitai de lui confier mes intuitions : ses copains de la Crim' ne trouveraient pas de mobile…

– Oui, vous avez du temps, dis-je.

– Si ça se sait que je te parle, j'aurai des problèmes. T'en es conscient, au moins ?

– T'inquiète. Et toi, ça baigne ?

J'espérais secrètement quelques soucis personnels pour lui confier les miens avec Nathalie.

– On va avoir un enfant. Véronique est enceinte de quatre mois, c'est pour début mars, répondit-il, l'air de rien.

Sa femme, une superbe brune, avait été mon premier grand amour. Je l'avais quittée, elle aussi, sans explications au bout de cinq mois de relation. Un record. Elle avait choisi Valentin par dépit, me rassurai-je à l'époque. Il me ressemblait tant ! Mais il fallait bien admettre que leur histoire durait.

Nous nous arrêtâmes de courir.

– Quand je pense qu'hier tu ne savais pas quoi me dire !

– Ouais..., répondit Valentin en souriant.

– Je suis content pour toi.

Je n'étais pas sincère, mais je respirai : je m'étais épargné la honte de discuter de ma vie pleine de vide avec mon ex-meilleur ami. Sa vie sociale et amoureuse s'envolait jour après jour, alors que la mienne dégringolait. Je le suppliai, en pensées, de ne pas en rajouter, de ne pas fanfaronner. Je n'étais pas d'humeur à avaler ses couleuvres. Heureux de son silence, je le serrai dans mes bras.

– Tu as quelqu'un en ce moment ? me demanda-t-il alors.

– T'as pas une autre question ? répondis-je en me mordant la joue.

– Fais gaffe, tu vieillis ! ajouta-t-il en riant. Tu vas finir seul comme un vieux con.

Je me sentis humilié et ne répondis pas. J'allais achever ce footing mémorable en noyant mon chagrin dans du sucre. Le meilleur endroit pour me retaper le moral était L'Isileko. Un bar réputé pour sa tranquillité, proche de la troisième DPJ, et tenu par un Basque. Il proposait les meilleurs gâteaux basques de Paris et faisait venir la poudre d'amande et la cerise noire du pays. Quand je présentais cet état de morosité avancé, je commençais immanquablement par une part de gâteau, commandais une bière, avant d'engloutir un steak. Personne n'émettait de commentaire. Pas la peine de titiller un gars capable de faire subir un truc pareil à son estomac. Et je ressortais plein d'élan, comme un roi, convaincu de n'avoir que des ondes bienveillantes autour de moi. Mon portable sonna : Emmanuelle.

– Ton sandwich est prêt. Grouille-toi, le grand patron est au restau.

– Tu es la meilleure !

Emmanuelle et ses ondes bienveillantes m'attendaient devant son bureau du quai des orfèvres, une enveloppe kraft à la main.

– Je t'appelle dès que j'ai autre chose, dit-elle en souriant.

Je pris son visage entre mes mains, emprisonnant les mèches blondes qui s'échappaient de son chignon, et déposai un baiser à la commissure de ses lèvres. Les femmes préfèrent la subtilité d'un baiser qui s'égare, plutôt qu'une bise bien franche sur la bouche. La part du rêve. Vous n'imaginez pas combien les femmes aiment s'imaginer des choses, tirer mille conclusions de gestes qui nous paraissent anodins. Ce n'est pas du cynisme, juste une constatation. Nous avons tous nos travers. Moi, par exemple, lorsqu'une femme me plaît, je lui prends la main gauchement et la regarde droit dans les yeux. J'ai besoin de toucher sa peau pour savoir si nous sommes compatibles. Il y a des grains de peau qui me rendent fou. Je suis capable d'inventer un stratagème pour toucher un bout de peau cachée qui apparaît soudain sous un chemisier un peu court. Parfois, ces contacts du bout des doigts me troublent tant que je ne sais plus qu'en faire. Le seul objectif qui me vient est d'allonger la fille dans mon lit. Je ne calcule pas. Les hommes ont une recette et l'appliquent toute leur vie. Bêtement. Comme un animal. Emmanuelle a un grain de peau de blonde. Une maille moins serrée que celle des brunes, mais la surprise de ses nombreux points de beauté la rend envoûtante.

– Mercredi soir au Jules Verne, proposai-je.

Une invitation dans un restaurant connu est une recette qui marche avec certaines femmes…

– Au Jules Verne ?

– Ils sont complets les quatre prochains mois, ajoutai-je au cas où elle n'aurait pas conscience de la performance.

– OK, pour mercredi, dit-elle en balayant les miettes tombées sur la jupe de son tailleur beige.

Je n'avais plus faim. Je fis hurler le moteur de ma 306 et fonçai vers les bureaux de la troisième division. À mi-chemin, rue Saint-Jacques, à côté de la Sorbonne, je me rangeai devant un abri bus et déchiquetai l'enveloppe. Le compte rendu tenait sur vingt-deux pages. Les gars de l'identité judiciaire avaient mené leur boulot au pas de course. Aucun crachat suspect, aucune trace de sperme, aucun dépôt de terre ou de peau sous les ongles. Les ADN prélevés grâce aux cheveux récoltés sur place étaient ceux des victimes, de leur famille ou de leurs amis. Les alibis seraient vérifiés un à un. Mon nom ainsi que ceux de mon équipe figuraient sur la liste des empreintes récoltées. Les lampes à ultraviolet n'avaient détecté aucune trace de sang, 4, rue du Moulin-Vert. Je parcourus les activités des victimes et m'arrêtai au journaliste. D'après eux, aucun dossier n'offrait le moindre mobile.

Je sentis une présence dans mon dos et n'eus pas le temps de me retourner, une main frappa contre la vitre. Je sursautai. Un flic se tenait droit devant moi.

– Circulez avant que je vous aligne, c'est interdit de se garer ici !

– Je suis de la maison, dis-je en plaquant mon badge contre la vitre.

– 'Scusez. Restez pas trop longtemps, tout de même.

Je repris le rapport et consultai les résultats des analyses biologiques et médicales. Ils avaient réalisé plus de soixante-quinze tests, cherchant des signes infimes de drogues, de dopants, de médicaments, d'alcools, d'intoxication alimentaire, de virus, de maladies tropicales, de substances toxiques et de poisons. L'ensemble des tests était négatif.

Existait-il une arme capable de rendre fou ou de tuer à distance sans laisser de traces ? Pourquoi n'y avait-il pas de causes apparentes ? J'en venais à espérer d'autres meurtres. « Ils » finiraient par commettre une erreur. Mais le temps jouait contre moi. Je gardais des informations susceptibles d'entraver l'enquête de la brigade criminelle et quatre personnes étaient au courant. Beaucoup trop si on se fiait à la nature humaine. Pour le juge Gutineau, en fin de carrière, l'affaire relevait de la cerise sur le gâteau. Je jouais le gâteau entier.

11

Vendredi 17 octobre

« Bonjour, monsieur Lentoine. »

« Bonjour, monsieur Éliaz, comment vous sentez-vous depuis vendredi dernier? »

« Je suis en pleine crise. Je pensais avoir fait les choses qu'il fallait pour me débarrasser une bonne fois pour toutes de cet eczéma et cela n'a servi à rien. »

« Vous vous attendiez à ce qu'il disparaisse en une seule séance? »

« Ce n'est pas ce que je viens de dire. »

« Qu'avez-vous voulu dire? »

« Que j'ai fait certaines choses qui devaient m'aider à régler cette maladie de peau. »

« Lesquelles? »

« Il m'est impossible de vous en parler. »

« Pourquoi? »

« Parce que vous vous méprendriez. »

« Quelque chose de non avouable? »

« C'est trop intime. Une autre fois peut-être. »

« Avez-vous réfléchi à ce que je vous ai demandé la semaine dernière ? »

« À quel sujet ? »

Lentoine se dit qu'Éliaz le faisait exprès. Il refusait d'aborder la réalité en face.

« La raison de l'apparition de votre eczéma. »

« Le jour précédant notre discussion, de nouvelles desquamations sont apparues. J'étais désespéré. Vendredi après vous avoir parlé ainsi que samedi, j'ai noté un vrai mieux. Dimanche, j'ai eu une nouvelle crise, cela m'a confirmé que j'étais loin du but. »

« Vous venez de commencer, ne soyez pas impatient. D'autre part, ma question portait sur la première apparition de votre eczéma, il y a deux ans. »

« Je ne viens pas de commencer. Je ne vous ai pas attendu pour prendre des décisions et agir. »

« Que s'est-il passé de particulier, dimanche, pour qu'une nouvelle crise se déclenche ? »

« J'ai eu de mauvaises nouvelles. »

« C'est-à-dire ? »

« Quelque chose qui m'exaspère au plus haut point. »

« S'agit-il d'une personne, de votre travail, de votre famille ? »

« Je ne peux rien vous dire. »

« Vous avez conscience que si vous refusez de parler de ce qui vous concerne, votre thérapie risque d'être stérile ? La fois précédente, vous avez évoqué un événement déclencheur. Que s'est-il passé deux ans plus tôt? Parlez-m'en. »

Deux minutes s'écoulèrent.

« Il y a deux ans, j'ai trouvé un document étrange. Un texte malfaisant, la cause de mon malheur. »

« Ça n'est pas très clair, expliquez-vous. »

« Vous n'êtes pas au courant, vous ne pouvez pas comprendre. »

« C'est effectivement assez confus. »

« Je n'y peux rien. Ce n'est pas moi qui ai écrit ce texte. »

« Vous pensez que quelqu'un vous en veut? »

« Quelqu'un ou plusieurs personnes. J'ai mon idée mais je ne sais pas qui elles sont précisément. Je trouverai, vous pouvez me croire ! »

Dans quelle réalité vit cet homme ? s'interrogea le psychothérapeute.

« Comment pouvez-vous penser qu'une personne vous veut du mal si vous ne savez pas de qui il s'agit? »

« Il y a des faits tangibles. »

« Lesquels? »

« Je vous en parlerai une prochaine fois. Tout ce que je peux dire aujourd'hui, c'est que mon eczéma est lié à l'apparition de ce texte. »

« Pourquoi en êtes-vous si sûr? »

« Parce que j'ai eu ma première crise quelque temps après avoir trouvé le document. »

« Quelque temps. C'est-à-dire? »

« Un mois après. C'est le déclencheur de mon problème de peau, j'en suis persuadé. »

Yves Lentoine fronça les sourcils. Il prit le temps de répondre pour donner de l'importance à ce qu'il notait.

« Vous êtes persuadé ou vous vous en persuadez? Un mois après, c'est long. »

« Si vous saviez ce que je vis, vous sauriez que c'est la vérité ! »

« Vous dites cela, or je sais que ce n'est pas la vérité. C'est votre vérité à vous, mais pas LA vérité, vous vous en rendez compte? »

Éliaz ne répondit pas. Lentoine écrivit alors :

« Réfléchissez sur ce point. Nous reprendrons la semaine prochaine. »

Le docteur regarda sa montre : 18 h 38. C'était fini pour cette fois. Éliaz s'était vexé. Le docteur prit le dossier et nota à la suite de ses premières observations :

« Probablement à côté du vrai problème. A décidé qu'un document était la cause de tous ses maux. Croit détenir la vérité et semble étanche au jugement d'autrui. Caractère psychotique », ajouta-t-il.

Il referma la chemise cartonnée et la déposa sur le bureau de son assistante.

– Catherine, vous me direz si une nouvelle enveloppe de Zorro arrive d'ici vendredi prochain. Il est possible qu'il n'y ait pas de troisième fois.

12

En l'absence de piste définie par la Crim', je cherchais des liens entre les deux affaires. Je partageais mon bureau avec Berckman, Honfleur nous avait rejoints et prenait des notes en silence. L'ordre du jour concernait le profil des victimes. J'avais inscrit les trois noms des Luzignan sur une feuille et les treize victimes de la rue du Moulin-Vert en vis-à-vis. Berckman se prêtait à l'exercice avec nonchalance, les pieds posés sur le bureau, une cigarette éteinte aux lèvres. J'allais continuer lorsque la brigadier-chef Jane Velin, affectée à l'équipe de Ponstain depuis trois ans, fit irruption dans la pièce. Berckman se redressa sur son siège comme si on lui avait piqué le cul et montra un intérêt soudain pour l'affaire qui n'échappa à personne. J'allais demander à la jeune femme de sortir mais la moue implorante de Berckman m'en dissuada. Jane était une petite femme dynamique de vingt-six ans, très garçon manqué. Yeux foncés, cheveux courts, un moineau pourvu d'un mental d'épervier. Elle adorait son métier. Christian Berckman prétendait apprécier sa franchise et sa détermination qui contrastaient avec la complexité et la frivolité des autres filles. Il avait du mal à dire les choses simplement : son goût allait aux femmes masculines et la vie s'était chargée de le lui faire comprendre d'une curieuse manière. En 2006, sa femme l'avait quitté pour une autre, la voisine, avec laquelle elle avait vécu une relation soutenue durant deux ans avant de s'installer chez elle.

– Vous ne remarquez rien ? repris-je.

Jane se pencha sur le bureau et fixa les deux listes.

– Il y a beaucoup d'enfants, dit-elle.

– C'est pas ça. Regardez les métiers…

Le commandant Ponstain glissa une tête à l'intérieur de la pièce.

– C'est une réunion au sommet ? demanda-t-il.

D'abord satisfait de voir la moitié de son équipe travailler de concert, le commandant observa mes notes et comprit qu'elles ne concernaient pas exclusivement la famille Luzignan, mais également l'enquête de la Crim'.

– On fait un premier débriefing, me justifiai-je, pris de court.

Avant d'enchaîner très vite pour éviter qu'il me balance ses deux mots fétiches à la figure.

– Un ancien biologiste chef d'entreprise, une femme sans emploi dans le cinquième arrondissement. Un photographe reporter, un ingénieur en biochimie, un patron de laboratoire en biotechnologies, un professeur d'économie, et une primatologue dans le quatorzième. Pour quatre d'entre eux, un point commun : la nature. Biologiste, biochimie, biotechnologies, primatologue… À mon avis, la première piste tangible.

Ponstain approuva l'idée, manière officieuse de donner son aval à nos agissements. Il ne pouvait prendre d'autre décision tant il me devait d'enquêtes résolues sans son aide. J'étais satisfait, je pourrais désormais le mettre dans la combine. Le commandant s'écarta du bureau en pointant l'index vers moi et lança pour les autres : « Vous me bâclez pas le reste du boulot ! »

À la police judiciaire on travaillait sur plusieurs enquêtes simultanément. Drogue, bagarres, viols, les occasions ne manquaient pas. La réunion s'acheva sur cette idée, sans que nous déterminions qui solliciter pour nous éclairer. Je sentais néanmoins l'enthousiasme me gagner. Pour l'unique fois en vingt ans, une affaire semblait m'amener vers ma passion première : la nature. Avant de lever le camp, je précisai à l'équipe avoir rendu visite à la sécurité publique, leur demandant de nous appeler si une affaire similaire circulait sur les ondes. À nouveau de permanence, Ponstain nous avait demandé de rester joignables.

13

Je pris mon premier café de la journée. Comme tous les dimanches, j'appelai ma mère qui, depuis plus de trente ans, s'épanouissait dans la solitude. Il est possible que ça vous semble étrange qu'un grand bonhomme sûr de lui appelle encore sa mère avec une régularité monacale et la dévotion d'un poussin. Avant de continuer, je vous dois quelques explications. C'est encore lié à ce bout de papier que je n'ai jamais donné aux flics. Passé la confusion liée à la présence de l'araignée, je me sentais si coupable de n'avoir pas connu ce père que je me fixai pour mission de réparer et de trouver son meurtrier. Un serment de gosse de dix ans qui empêcha la police de l'époque de trouver la moindre piste. J'avais seize ans lorsque je compris que c'était une belle connerie. Il était trop tard. Ma mère avait surmonté sa peine de femme trompée, puis abandonnée et je ne voulais pas lui imposer de souffrir à nouveau. Il n'y avait pourtant qu'elle qui savait qui était Sylvie. C'est pourquoi, à presque quarante-deux ans, je me rends encore tous les dimanches chez ma mère. Dans l'espoir qu'un jour, j'aurai le courage de remuer la boue qui entourait le cadavre de mon père et de lui poser quelques questions. Vous n'imaginez pas combien les hommes sont lâches pour les questions d'importance.

Le meurtre de mon père a donc été classé sans suite. Il avait été là au mauvais moment, témoin d'une rixe entre voyous. Rien de plus. Tout le monde connaissait mon don juan de père et savait que ça transpirait le meurtre passionnel, une maîtresse jalouse ou un mari à cornes. Était-ce parce qu'il y avait trop de monde à interroger, trop de notables cocus à protéger de la honte ou parce qu'on a eu un été caniculaire en 1976 ? Passé trois mois, on n'a plus jamais entendu parler du meurtre de mon paternel. Et je crois que cela convenait à ma mère.

Je l'admirais et m'inquiétais. Six ans qu'elle souffrait de douleurs aux jambes, aucun spécialiste n'en trouvait la cause, mais Maria ne se plaignait jamais. Ses cheveux blancs et clairsemés entouraient un visage épanoui et souriant. La vie lui avait appris à accepter joies et souffrances, bonheurs et malheurs, comme ils venaient. « Lorsqu'on est âgé, le monde rit plus volontiers avec vous si vous riez. Si vous pleurez sur votre sort, vous finissez toute seule », avait-elle coutume de dire. Ma mère était de ces personnes dont la présence invitait à la bonne humeur.

– L'affaire qui te donne du souci, c'est celle dont parle la presse ? demanda-t-elle.

– Oui. Celle-là et une autre.

– Tu vas résoudre ces meurtres tout seul ?

– Officiellement, non. Je m'y intéresse à titre personnel. Tu n'en parles pas.

– Tu n'as pas besoin de me le dire.

– Et tes examens médicaux ?

– Les artères ne sont pas bouchées, ce n'est pas de l'arthrite ou de l'arthrose, toutes mes analyses sont excellentes, à part peut-être un peu de cholestérol, mais ce n'est pas méchant. Ce n'est pas nerveux ni cancéreux...

– Ils ont forcément oublié quelque chose.

– Ça ne m'empêchera pas de partir quelques jours en Espagne chez mon amie Danielle.

Ma mère était ainsi. Une douleur, même forte, n'empêchait en rien la vie de continuer. Après le déjeuner, j'entrepris l'après-midi avec une inertie toute masculine, pieds nus, calé dans un fauteuil face à la cheminée. À 16 h 10, mon portable me fit sursauter : Berckman. Il éructait dans son portable branché en mode haut-parleur. De nouveaux meurtres dans le treizième arrondissement, tour Bergame, 8, avenue de Choisy. Le nombre de victimes était sans précédent. Signe que l'affaire était grave, Ponstain l'accompagnait et conduisait en beuglant les plus beaux « sans déconner » qu'il m'ait été donné d'entendre. Ce qui expliquait la tension non feinte de Berckman. Trois ans que le commandant n'avait pas quitté son bureau !

La tour se dressait entre un immeuble de moindre taille et un McDonald's orientalisé. Les néons des restaurants et enseignes multicolores des magasins d'importation conféraient à l'endroit l'aspect d'une petite Chine. Le dimanche, les supermarchés Tang Frères attiraient nombre de citadins et provoquaient dans l'arrondissement plus d'embouteillages qu'aux heures de pointe. Au milieu de cet univers de béton, deux rangées de tilleuls diffusaient tant bien que mal leurs effluves sucrés.

Au pied de la tour, l'équipe de Ponstain au complet – soit huit agents et officiers de PJ – fit corps autour du commandant qui exposa les faits. Vingt-huit personnes décédées, plus que les attentats terroristes du RER en 1995, ajouta-t-il pour insister sur la démesure de l'événement. Ponstain n'avait trouvé aucun prétexte pour éviter la balade. De petites gouttes de sueur perlaient à la racine de ses rares cheveux blonds, illuminant le haut de son front et racontant son calvaire. Trois personnes avaient fait le saut de l'ange à vingt minutes d'intervalle, quatre s'étaient mutuellement assassinées, les autres semblaient évanouies. De telles similitudes avec l'affaire du Moulin-Vert que le procureur avait aussitôt convoqué la brigade criminelle. Trente et un locataires manquaient, probablement partis en week-end. Ponstain déglutit avant d'enchaîner :

– Allez à l'essentiel. Il y a un survivant, une mère dont la fille est décédée.

Je m'éloignai, aussitôt rejoint par Berckman.

– Il faut chercher le lien entre toutes ces affaires et mettre Jane sur le coup, annonçai-je.

– Tu penses vraiment qu'il y a un lien ?

– C'est évident ! répliquai-je.

– OK. On a des suicides bizarres et une épidémie de morts. Mais rue de la Montagne-Sainte-Geneviève, ils ne sont que trois ! Tu en fais quoi du père et de son couteau ?

– Trois morts, puis treize, et là, vingt-huit. *Quelqu'un* s'améliore. Va chercher Jane pour un coup de main et sois discret. Pas envie que le lieutenant vienne nous coller.

Immobile, Berckman saisit sa boîte d'allumettes et la remua. Je couvris les cloportes de mon poing et renchéris violemment :

– C'est pas le moment d'hésiter vu l'ampleur que ça prend. On met les pieds là où on devrait pas, Jane le sait. Et arrête de faire celui qui n'en a rien à foutre, j'ai vu ton cinéma avec elle. Dis-lui de venir et préviens Ponstain qu'on la prend avec nous.

Je remarquai un homme d'une cinquantaine d'années qui arrivait droit sur moi.

– Bonjour ! Perrot Jérôme, annonça-t-il à la manière des militaires.

Son accent trahissait des origines picardes.

– Monsieur l'inspecteur, je suis à votre entière disposition, ajouta-t-il.

Je lâchai un bonjour distant. Rien de pire que ces gens qui se croient indispensables.

– Le grade n'existe plus depuis au moins dix ans…, répondis-je. Sauf à la télé, évidemment.

L'autre continua, plein d'assurance :

– Je suis le président du syndicat de copropriété de l'immeuble. J'habite la maison d'en face.

– Vous avez vu quelque chose ?

– Je suis la dernière personne à avoir observé le bâtiment.

– Et ?

– Quand quelque chose ne tourne pas rond, on vient me voir. J'ai une certaine habitude, j'étais gestionnaire du domaine militaire jusqu'en 1990 au centre d'essais de…

– Donc ? l'interrompis-je, perdant patience.

– Venez voir ce qu'ils ont fait sur le mur de la face nord ! Je pense que ça va vous intéresser, répondit le vieil homme en souriant.

– Montrez-moi, dis-je en décidant que le type ne disposait plus que d'une minute avant que je ne le déloge de la surface de sécurité.

– C'est pas franchement évident, murmurait l'homme en claudiquant, se parlant à lui-même.

Un symbole grossier était gravé dans le béton à côté de l'interphone. Je n'arrivais pas à discerner ce qu'il représentait.

– Ça fait longtemps qu'il est là ?

– Oui et non. Disons que ça dépend, répondit l'ancien militaire.

– Ça dépend de quoi ?

– De ce que vous entendez par longtemps. Si vous...

– Depuis combien de temps est-il là ? le coupai-je.

– Samedi soir, entre deux et trois heures du matin, précisa l'homme.

– Comment pouvez-vous en être sûr ?

Jérôme Perrot appartenait à cette catégorie de personnes obsessionnelles dont les pensées se concentraient sur un bien – l'immeuble, en l'occurrence – comme si leur vie en dépendait. Il m'expliqua que le gardien finissait son travail le samedi soir à vingt heures. Alors, il entamait un tour du bâtiment en inspectant le parking souterrain et le local à poubelles afin de vérifier qu'aucun voyou n'ait bloqué une porte pour entrer sans le code. Le plus souvent, le militaire l'accompagnait. « Et je peux vous donner ma parole qu'à cette heure-là, il n'y avait pas de trou sur *mon* mur », dit le président du syndic. Un bruit extérieur, un martèlement l'avait dérangé vers 02 h 15. Il avait sonné chez le gardien un quart d'heure plus tard, mais personne n'avait répondu. Jérôme Perrot avait alors inspecté le parking, les voitures, puis fait un tour du bâtiment avant de découvrir l'entaille à 3 h 00.

– Cette œuvre d'art a donc été gravée entre deux et trois heures du matin, dit Berckman qui venait de nous rejoindre accompagné de Jane.

Je notai l'heure sur mon carnet.

– Qu'est-ce que ça vous évoque ? demandai-je en considérant le vieil homme d'un autre œil.

– Un huit raté et un losange à l'intérieur, répondit Perrot.

– On dirait une fleur de lotus, dit Jane en regardant l'écran de son appareil photo numérique.

14

À l'arrière de l'ambulance, se trouvait Joséphine Caspin, l'unique survivante. On venait de lui administrer un anxiolytique. Les mains jointes, les cheveux ébouriffés, elle se mordillait la lèvre comme si elle tétait quelque chose. Ses yeux trop maquillés disparaissaient sous deux traînées de mascara. Elle portait des vêtements de gymnastique rose très échancrés et ses pieds étaient nus malgré une température voisinant les huit degrés. Berckman s'approcha, prit une couverture dans l'ambulance et la déposa sur ses jambes. Elle leva doucement la tête et le fixa, les yeux vides. Il lui demanda si elle pouvait répondre à quelques questions, mais elle resta muette, immobile. Il marqua un temps d'arrêt, puis fit une seconde tentative. Témoin de la mort de sa fille, elle pouvait les aider à comprendre les circonstances de la disparition d'une trentaine de personnes. Joséphine Caspin se raidit et eut un spasme violent qui la plia en deux. Elle tomba de son siège et se retrouva à genoux. Berckman s'apprêtait à lâcher prise – la Crim' allait prendre le relais – lorsqu'elle se releva et commença à parler en tremblant. Elle habitait au septième étage avec sa fille de vingt et un ans.

– Nous avons deux appareils de musculation dans le salon.

Flore avait le rameur, moi le vélo d'appartement. Le téléphone a sonné, j'ai répondu de ma chambre. Je ne sais pas ce qu'elle a fait pendant ce temps. Je suis revenue au bout de dix minutes. Je n'arrête pas d'y penser. Qu'est-ce qu'elle a bien pu faire ? ajouta la mère effondrée.

– Et ensuite ?

– Elle ne se sentait pas bien. Elle avait soif. Je lui ai apporté un verre d'eau. Elle allait mieux, on a repris lentement, son cœur battait très vite. Et puis elle s'est écroulée d'un coup, sans rien dire. J'ai pensé à un malaise, j'ai essayé de la ranimer. Comme je n'y arrivais pas, j'ai frappé chez les voisins, personne ne répondait alors je suis revenue… J'ai bien vu qu'elle était morte, je suis sa mère. J'ai bien vu qu'elle était morte, répéta-t-elle en camouflant son visage entre ses mains.

La brigade criminelle débarqua en force. Plusieurs sections avaient rejoint les trois premières équipes. Parmi eux, Valentin Amerti, deuxième de groupe à la Crim'. Il lui fallait un exploit pour être promu premier de groupe et résoudre cette affaire présentait une belle opportunité. Il avait sûrement insisté auprès du directeur de la PJ pour être de la partie. En apercevant mon ami d'enfance, je quittai les lieux rapidement. Berckman vit mon manège et me rejoignit.

– Qu'est-ce que tu lui as demandé quand tu l'as vu la dernière fois ? me demanda-t-il.

– Pas grand-chose. Des infos sur l'enquête du Moulin-Vert…

– Laisse tomber, il oubliera…

– C'est pas dit. Je connais le bonhomme. Maintenant qu'il est de la partie, je marche sur ses plates-bandes. Il l'a peut-être compris et peut me faire tomber comme il veut. Et nous faire tomber tous. Tu as vu avec Ponstain pour Jane ? enchaînai-je pour changer de sujet.

– C'est bon.

– Parfait. Je ne vais pas attendre lundi pour découvrir si ce lotus a son jumeau sur un mur du cinquième et du quatorzième... Tu viens ?

Jane nous rejoignit. Honfleur proposa de se consacrer à l'étude des symboliques du lotus sur Internet plutôt que d'enquêter sur le terrain. « Je suis myope comme un cul-de-bouteille de l'ère préindustrielle », affirma-t-il.

Nous scrutâmes les bâtiments autour de l'immeuble cossu de la deuxième affaire, rue du Moulin-Vert, sans rien trouver. À 18 h 00, nous nous rendîmes sur les lieux du cas Luzignan, avant que la nuit ne cache d'éventuels détails. Je frappai à la porte de la concierge. Elle parut surprise mais nous proposa aussitôt d'entrer.

– Nous avons besoin de vous, lui confiai-je.

Jane lui présenta la photo du symbole gravé sur le mur de la tour Bergame et demanda :

– Avez-vous déjà vu un motif semblable à celui-ci ?

– Oh ça, c'est encore un coup des gamins du quartier !

– Que voulez-vous dire ?

– Qu'il ne se passe pas une semaine sans que ces morveux viennent taguer les murs ou les poubelles ! Mon mari leur fait la morale, ils arrêtent pendant quelques semaines et puis c'est plus fort qu'eux, ils recommencent...

– Vous avez vu cette forme quelque part ?

– Oui, sur la poubelle, je vous dis.

– Ça date de quand ?

La poubelle en question servait à collecter les emballages de plastique. Le camion recycleur la vidait tous les quinze jours, le mercredi. Le mari de la concierge se rappelait que le tag avait été griffonné trois semaines plus tôt, entre le 24 septembre, date où il avait sorti la poubelle et le samedi 27 septembre lorsque sa femme l'avait découvert. Je vérifiai la date des meurtres sur mon carnet : le 26 septembre. Deux jours avant, cela concordait.

– Et avant le 24, c'est possible ? demanda Berckman.

– Non, c'est relativement récent. Je me suis même fait la réflexion que cela changeait des vulgarités habituelles, répondit la femme.

– Vous pouvez nous montrer ?

– Elle est dans le local, suivez-moi.

La poubelle jaune, couverte de graffitis à moitié estompés, présentait un lotus peint sur le couvercle. Nous tenions la confirmation que les trois affaires n'en étaient probablement qu'une. Jamais, en vingt ans de police judiciaire, je n'avais vécu pareille situation. Quarante-quatre personnes décédées, aucune revendication, aucun mobile, aucune piste. Avec le juge Gutineau, nous avions choisi de dissimuler à la Crim' ce lien potentiel entre les affaires. Ce deuxième lotus indiquait que mon intuition ne m'avait pas trompé, mais apportait la preuve de notre mensonge par omission.

Rentré chez moi, je notai sur mon cahier : Affaire Luzignan, trois morts. Un lotus. Affaire tour Bergame, vingt-huit morts. Un lotus.

« Ils » avaient pris de l'assurance…

15

Je fixai le rendez-vous du lendemain matin à L'Isileko. Arrivés les premiers, Honfleur et moi nous installâmes à une table au milieu de la salle. Le gardien de la paix découvrait l'endroit. Des photos de Saint-Jean-de-Luz et de Socoa tapissaient les murs de la pièce.

– Isileko, tu sais ce que ça veut dire ? lui demandai-je.

Honfleur fit non de la tête.

– « Le secret ». Le patron est basque… et il est spécial.

Bixente, c'était son nom, avait ses têtes et il valait mieux en être. Bien entendu, je comptais parmi les privilégiés. Si une personne lui déplaisait, il s'approchait sans un mot et posait ses poings fermés sur la table, tel un gorille mécontent. Ses cent vingt kilos et son regard noir suffisaient à convaincre l'importun de lever le camp. Parfois, il donnait de la voix qu'il avait forte. Un don de famille, son frère était ténor. Ses : « Allez-voir-au-bistrot-un-peu-plus-loin-si-j'y-suis » et les : « Vous-savez-pas-lire-l'écriteau, c'est-privé-ici », étaient connus dans tout le quartier. À cinquante-huit ans, Bixente avait des cheveux bruns sans un seul cheveu blanc, au point qu'un habitué avait prétendu

« qu'il se teignait comme une gonzesse ». La bouteille de Pastis avait volé, manquant de très peu son objectif.

– Le Basque rit de tout, sauf de lui-même, affirmai-je.

Jane arriva, puis Berckman. Bixente, en tablier blanc, s'approcha de la table avec un grand crème. Il déposa son plateau devant moi.

– Je te réserve le dernier croissant ou ça ira ? me demanda-t-il.

– Il a assez bouffé, on a du boulot, répondit Berckman qui semblait s'impatienter.

Je le fixai en pensant que ses sentiments pour Jane avaient du bon. En douze ans, je n'avais jamais vu Christian aussi bien disposé à travailler. Dans le même temps, Bixente me chuchota à l'oreille un rassurant : « T'inquiète, j'te le garde. » Je sentais entre les membres de l'équipe une détermination peu commune dans la mesure où elle nous touchait avec le même enthousiasme. Un mélange d'impatience – les lotus allaient nous aiguiller vers une nouvelle piste – et de confiance. Il n'y avait pas de hasard, seulement de l'acharnement. C'est ainsi que Berckman, bon joueur, avait salué mon opiniâtreté sur cette affaire. Le jeune Honfleur avait passé la nuit sur ses encyclopédies et dictionnaires virtuels pour trouver les symboliques du lotus, de Paris à Pékin. Il déposa une mallette sur ses genoux et sortit un dossier. Jane se pencha vers les documents dont certains étaient annotés. Le jeune homme ajustait ses grosses lunettes lorsqu'il vacilla sous une tape franche et bienveillante.

– Alors, vous en êtes où ? demanda le commandant Ponstain.

Encouragé par la présence de ce spectateur supplémentaire, Honfleur présenta avec emphase le résultat de ses recherches.

– Le lotus symbolise la pureté et le détachement parce que ses feuilles émergent de la vilenie des eaux stagnantes.

Il joignit les mains, puis les ouvrit, paumes toujours liées en disant :

– Selon la légende, une fleur de lotus surgissait aux pieds de Bouddha.

Berckman pianota sur la table, signe qu'il s'ennuyait. Honfleur accéléra. La plante représentait la connaissance qui, au fur et à mesure des réincarnations, permettait d'atteindre le nirvana. Les principes, couramment utilisés de l'Inde au Japon, élargissaient le concept aux notions de perfection, d'érudition, de fécondité, de compassion et d'opulence.

– Notre criminel a une bonne estime de lui-même, suggérai-je.

– Il se prend pour Bouddha ! renchérit Honfleur avec un sourire d'orgueil.

– Cette histoire de symbole, ça fait secte... J'aime pas ça, ajouta Berckman.

– L'autre jour, vous parliez de professions bio-machin, maintenant, vous trouvez des lotus, intervint le commandant Ponstain. C'est peut-être la confirmation d'un lien avec la nature. Les victimes travaillaient sur des sujets particuliers ?

– En dehors du journaliste, on n'a rien de précis. Biologie, biochimie, c'est vague, répondis-je.

– Peut-être une nouvelle technologie ? proposa Jane.

– Le gars de *Paris Match* avait des dossiers sur l'environnement, me souvins-je alors. Ça parlait d'un sigle. DRIE, DIRE, quelque chose comme ça.

– La Direction régionale de l'industrie, de la recherche et de l'environnement... La DRIRE, corrigea Honfleur, sûr de lui.

– Il y avait un sujet sur les OGM... et sur la baie de Quiberon qu'on allait vider de son sable pour alimenter les stocks de ciment… Un autre dossier portait sur une histoire d'abeilles et de prophétie.

– Ça disait quoi ? demanda soudain Honfleur.

– Je ne sais plus. Il y avait des notes manuscrites et des articles.

– Faut revenir sur terre, les gars. Tous ces papelards sont dans les mains de la Crim' et ils n'ont rien trouvé…, ajouta Berckman

– OK, on verra plus tard, dis-je en me rendant à son avis.

J'attendis que Ponstain soit parti et m'adressai à Honfleur D'abord je le félicitai pour ses recherches sur Internet, puis j'en vins à son travail sur le terrain. Je lui rappelai sa mission lors de l'affaire Luzignan : l'observation minutieuse des immatriculations et des *poubelles.* Il avait manqué le lotus peint sur celle qui récoltait le plastique et c'était grave. Vexé, Honfleur baissa la tête vers ses documents. Je pris mon carnet et continuai. Un troisième lotus se cachait quelque part rue du Moulin-Vert, il fallait le trouver. Dernier point : il était temps de consulter les archives et de vérifier si d'anciennes affaires présentaient des cas similaires. Jane pensait qu'il pouvait s'agir d'une nouvelle menace, un acte de bioterrorisme, Berckman insistait sur l'aspect secte que lui évoquait le lotus. La Crim' allait immanquablement consulter les renseignements généraux sur ces points-là, il était inutile que nous perdions notre temps à fureter dans ces directions, leur assurai-je.

– On peut essayer du côté de l'armée, insista Berckman. Aller draguer un mec ou deux et obtenir la liste des anciens militaires spécialistes en bioterrorisme. Savoir s'il existe une substance indétectable capable de circuler sur plusieurs étages.

– On en a pour quinze ans ! rouspéta Jane, consciente que le mot « draguer » la désignait pour cette mission.

– Je suis prêt à parier qu'ils ne sont pas des centaines, dis-je en adhérant à la suggestion de Berckman.

– Je vais rue du Moulin-Vert, proposa-t-il en se levant, conscient d'avoir gaffé.

Il venait de suggérer d'enquêter en « draguant », réduisant le rôle de Jane à la femme qu'elle ne serait jamais. Elle lui lança un regard en biais, l'air de dire : « C'est malin ! » Penaud, Christian resta planté au milieu de la pièce, casque de moto en main. Pour le sortir d'embarras, je distribuai les rôles. Honfleur gérerait les archives. Les victimes devaient relever des catégories suivantes : suicides associés à la folie, cas inexpliqués et affaires sans mobile. On remontait aux cinq dernières années en élargissant à l'Île-de-France.

– Dès que tu as une liste, on vérifie la piste des biologistes, dis-je. Ensuite, tu lances une recherche sur la présence d'un lotus sur les lieux des crimes.

Je me tournai vers Jane.

– Pour les gars de l'armée, si tu as dans ta penderie une petite jupe noire et des talons hauts, c'est le moment ou jamais.

– C'est original, me dit-elle.

Ceinture noire deuxième dan de karaté, Jane possédait un sang-froid qui déconcertait la plupart des hommes. Sous ses T-shirts blancs – elle avait si peu de poitrine qu'elle ne portait pas de soutien-gorge – des muscles secs et un dos sensiblement taillé en « v » trahissaient des séances quotidiennes à la salle de gym.

– Tu veux t'occuper des archives ! lui répondis-je avec un sourire.

Elle haussa les épaules.

– Ça alors, il ne reste rien pour toi, me lança Berckman.

– Je vais voir le commandant Ponstain, on a réunion. Je te rejoindrai rue du Moulin-Vert.

Marc Honfleur tourna le dos à L'Isileko et, les épaules voûtées, se dirigea vers le bureau. Il réfléchissait aux moteurs de recherche à solliciter pour approfondir son idée. Parmi les dossiers « environnement » que j'avais cités, j'ignorais que l'un d'eux avait fait grand bruit en 2004. Le document avait circulé sur Internet et suscité une profusion de commentaires avant de disparaître. Honfleur s'apprêtait à l'évoquer lorsque je l'avais sévèrement mouché. Le gardien de la paix avait décidé de garder l'information pour lui. Pas question de se ridiculiser une seconde fois. Il grimpa les marches de l'escalier de la PJ comme jamais auparavant, quatre à quatre, et manqua se casser la figure. Il avança dans le long couloir mal éclairé puis entra dans son bureau, quinze mètres carrés de dalles grises qu'il partageait avec Jane. La jeune femme avait choisi la table du fond, près de la fenêtre. Face à elle, une affiche de cinéma : *La Fureur de vaincre.* Sur son bureau, une bougie en forme de crâne humain. Le moineau avait des singularités de charognard. L'emplacement de Marc se caractérisait par la présence de dizaines de post-it recouvrant les trois côtés de son ordinateur. Il se glissa derrière son clavier sans prendre la peine d'enlever son blouson, tapa son code secret, puis se connecta.

Il était treize heures lorsque je rejoignis Berckman.

– Honfleur prend des initiatives. Il est allé fouiller les sujets dont on a parlé tout à l'heure.

– Normal, tu l'as vexé, répondit Christian.

– Il y a bien une histoire de gros industriel qui veut récupérer le sable des plages de Quiberon pendant trente ans pour en faire du ciment. Et la DRIRE approuverait...

– Je ne vois pas où ça nous mène.

– Il a trouvé des infos sur cette prophétie mentionnée dans les dossiers du gars de *Paris Match*. Elle a été écrite en 2004 par un magnétiseur.

– Un magnétiseur ?

– Guérisseur, radiesthésiste... des personnes qui soignent avec leurs mains, sans toucher leurs patients.

– Et alors ?

– Le type est mort.

– Comme ça, c'est réglé ! conclut Berckman.

– Peut-être pas. Le document a donné lieu à une discussion entre plusieurs guérisseurs. Un forum sur Internet qui date de 2004. La plupart d'entre eux évoquaient une épidémie de meurtres pour 2008.

Christian émit un sifflement.

– Ils font aussi référence à des problèmes environnementaux, une vengeance de la nature..., ajoutai-je.

– Qu'est-ce que t'en penses ?

– Faut voir.

– Et ta réunion ?

– État de crise. Le grand patron a convoqué tous les services de PJ.

La police peinait à maîtriser les journalistes français et étrangers qui affluaient. Le prétexte du secret de l'instruction dissimulait mal l'impuissance des autorités. Tous les jours, le Premier ministre appelait le préfet et le procureur pour connaître les avancées de l'enquête. Les médias diffusaient en boucle les images des lieux des crimes, précisant avec force détails qu'entre l'affaire du Moulin-Vert dans le quatorzième, et celle de la tour Bergame, dans le treizième, quarante et une personnes avaient mystérieusement trouvé la mort. Certains journalistes prétendaient qu'il existait une suite logique. Quatorzième, treizième… « Ils » allaient perpétrer les prochains meurtres dans le douzième. Je m'étais bien gardé de préciser que le cas Luzignan – première affaire de la série – relevait du cinquième arrondissement.

– Et ici ? lui demandai-je.

– J'ai cherché tous azimuts…, répondit Berckman.

– Le patron du bistrot à l'angle ?

– Rien vu, rien entendu. Il n'aime pas les flics.

– L'immeuble ?

– J'ai trouvé les coordonnées de l'agence de location. Un gars s'occupe du nettoyage et de l'entretien des parties communes. Il passe tous les jours entre 15 et 17 heures. On va l'attendre.

– On a quarante-quatre personnes décédées et on doit se tourner les pouces pendant deux heures pour un putain de lotus !

– Pourquoi tu t'énerves, c'est fatigant.

– Fais pas chier, Berckman.

– Tu n'as rien à faire ? Une nana à appeler…, dit-il en plaisantant.

– Franchement, c'est pas le moment, répondis-je avant de réaliser que j'avais promis à Nathalie de lui téléphoner.

Je m'éloignai, marchai sans but jusqu'à un square et choisis un banc dissimulé par une haie de chèvrefeuille coupée au carré. Au centre du square, une volière en métal vert s'imposait dans l'ombre d'un vieux saule. Je me levai, curieux de connaître les espèces prisonnières de la cage. Trois canards col-vert, cinq palombes et une oie. Des oiseaux migrateurs. Cette vision des volatiles séparés à jamais de leurs congénères et du vent complice des grandes traversées accentua ma morosité. Je revins vers le banc, la tête vide. Qui pouvait tuer près d'une cinquantaine de personnes en quelques jours. Et pourquoi ?

Je composai le numéro de Nathalie. Elle décrocha à la deuxième sonnerie.

– C'est moi…

– Ça alors, tu dis que tu rappelles en début de semaine et tu le fais… Ils t'ont greffé une horloge ? dit-elle.

– Non, un cerveau. Tu serais d'accord pour dîner ?

– J'y ai réfléchi, c'est non.

– Pourquoi ?

– Je ne sais pas quelle excuse tu vas me servir et je m'en fous. C'est trop tard, tu as passé ton tour.

– …

– Je suis amoureuse, Yoann, mais d'un autre. Ne perdons pas notre temps.

Je suis un crétin. Elle coupa la communication. Je fermai les yeux. Il n'y avait plus d'espoir et cette certitude envahissait chacune de mes cellules. Mon portable se mit à vibrer. Je décrochai sans regarder qui appelait, espérant un miracle. Le bureau. Honfleur n'avait pas trouvé d'autres détails concernant la prophétie ou le sable de Quiberon et proposait de se consacrer aux archives. Je savais que la recherche de cas similaires était prioritaire, mais je n'arrivais plus à réfléchir. Je naviguais en pilote automatique et, curieusement, dans ces moments-là, les intuitions arrivaient toutes seules. Je demandai à Honfleur de trouver la liste des guérisseurs d'Île-de-France.

Berckman m'attendait devant l'immeuble, casque au poignet, à côté de sa moto noir mat, la superbe Blackbird de Honda.

– Je suis un gros con ! lançai-je. Je largue Nathalie de peur de tomber amoureux, je passe quatre mois à ne penser qu'à elle et maintenant...

– Elle a quelqu'un d'autre. Putain, c'est raide ! jeta Berckman.

– Si ça pouvait me servir de leçon... Et toi, avec Jane, tu en es où ?

– Oh... tout doucement.

– C'est une fille de la boîte, fais gaffe au règlement...

– Te bile pas. Y a rien pour l'instant.

Nous nous interrompîmes en voyant un homme de type hindou en combinaison bleue quitter le local de rangement et se diriger vers l'entrée. Il nous jeta un regard furtif et disparut dans la cage d'escalier en portant des produits d'entretien et une serpillière. L'étranger communiquait principalement par gestes. Il se bornait à dire non de la tête, chaque fois qu'on lui présentait les photos prises par Jane. On en venait à se demander s'il comprenait le français.

– Vous êtes sûr que vous n'avez jamais vu ça ? questionnai-je.

– Le type est en situation irrégulière que ça ne m'étonnerait pas, murmura Berckman. Il n'attend qu'une chose, c'est qu'on se casse.

J'insistai :

– C'est très important. Ça nous aiderait beaucoup.

L'Hindou grommela quelques mots incompréhensibles, puis se reprit.

– Il y avait une vraie fleur de lotus, dit-il.

Nous nous regardâmes, incrédules.

– Là..., précisa-t-il en montrant la fontaine.

– Une fleur ?

L'homme opina.

– Où est-elle ?

– Chez moi. Mais elle est un peu fanée, ajouta l'Hindou. Je l'ai trouvée vendredi.

– Quel coup de bol ! lançai-je.

– Tu peux pas arrêter avec ces allusions à la con ? souffla Christian, l'air exaspéré.

Toute évocation de la chance lui rappelait le départ de sa femme. Il n'avait pas tourné la page.

– C'est plus ta femme, donc tu n'es plus cocu. Lâche-moi avec ça, et puis je parlais pas de toi mais de nous, aboyai-je.

L'Hindou nous dévisageait alternativement, sans rien comprendre. Il devait nous prendre pour des fous.

16

Sept magnétiseurs travaillaient en région parisienne. Marc Honfleur avait imprimé leurs noms et adresses et déposé la liste sur mon bureau. Berckman avait choisi de rédiger les rapports, nous laissant Jane et moi mener les investigations auprès des guérisseurs. D'abord surpris qu'il ne saisisse pas l'occasion d'être seul avec la jeune femme, je supposai qu'il hésitait et redoutait cette promiscuité. Jane était ravie d'échapper aux entretiens avec les militaires.

Arrivés dans le douzième arrondissement, nous découvrîmes une ruelle en pente qui conduisait à une rangée de maisons mitoyennes parfaitement alignées. Le carré de jardin de chaque perron disait un peu du tempérament des propriétaires. Herbes folles, jardin à l'anglaise, débarras ou encore gazons fleuris se succédaient. La parcelle de Lurec, le premier guérisseur de la liste, présentait une dalle de ciment couverte de pierres du Gard. Jane pressa la sonnette à gauche du portail. Aucun signe de vie. Elle s'apprêtait à sonner de nouveau lorsqu'une voix d'homme se fit entendre.

– C'est pour quoi ?

– Police judiciaire, troisième division. Nous souhaitons vous poser quelques questions, dit-elle.

– Cela me concerne ?

– C'est possible. Nous cherchons des informations sur un guérisseur et vous pouvez nous aider.

Deux tours de verrous énergiques et un : « Je suis désolé, je n'ai pas le temps », conclurent l'échange.

– Putain de loi française, je défoncerais bien sa porte, s'écria Jane.

Je souris. Cette fille était épatante. Sans flagrant délit, la police judiciaire n'avait pas autorité pour entrer de force chez l'habitant. Nous rebroussions chemin lorsqu'une femme d'une cinquantaine d'années nous fit signe de sa fenêtre.

– Vous venez pour Lurec ? dit-elle.

– Vous le connaissez ?

– C'est quelqu'un de très spécial, vous savez.

Elle sortit de chez elle, s'inclina vers la maison du magnétiseur et vérifia qu'il ne les espionnait pas.

– On lui a fait un procès…, chuchota-t-elle.

La voisine avait un visage anguleux et des cheveux mi-longs colorés au henné. Elle portait un tailleur-pantalon de lin bleu trop grand pour elle, qui ne faisait qu'accentuer sa maigreur. Elle tordit ses jambes en un déhanchement ridicule et, mi-aguicheuse, mi-confidente, posa sa main tachée de nicotine sur mon bras. Son haleine empestait tellement le whisky et la cigarette que je reculai légèrement.

– Si vous saviez la faune qui vient le voir ! précisa-t-elle en roulant des yeux.

– C'est à propos de quoi, ce procès ? demanda Jane.

– Exercice illégal de la médecine. Vous vous rendez compte !

Elle accusait le magnétiseur de diableries et de pratiques vaudou, sous prétexte qu'elle et son mari avaient perdu leur emploi sans raison apparente. Le deuxième plaignant, propriétaire au début de la rue, reprochait à Lurec l'incivisme de ses patients qui se garaient devant son garage. Aucun rapport avec la prophétie, nous perdions notre temps. Nous repartîmes, la voisine nous suivit du regard.

– Une commère comme on n'en fait plus, dit Jane, l'air nostalgique.

– Une casse-bonbons qui passe quinze heures devant sa fenêtre avec un verre à la main, tu veux dire. J'espère que nos magnétiseurs ne sont pas tous flippés comme Lurec..., ajoutai-je en montant dans la Peugeot.

Le second spécialiste habitait dans un petit appartement du treizième. Une vieille femme nous ouvrit. Son mari, M. Demeng, recevait sur rendez-vous. Je donnai le motif de notre visite et nous patientâmes. Une tarte aux pommes reposait derrière une fenêtre qui donnait sur une cour où rosiers, pétunias, menthe et verveine sauvage poussaient à l'abri du vent et du gel. Cette douce odeur de pomme cuite me rappela le temps où ma mère cuisinait pour mon père et moi. Ses tartes aux pommes n'avaient plus la même saveur aujourd'hui. Une femme amoureuse émet sans doute des particules odorantes qui se fixent au cœur des pommes, pensai-je. Une porte grinça et me sortit de ma torpeur. Elle s'ouvrit sur un homme de forte corpulence qui traversa la pièce précipitamment et se dirigea vers la sortie, sans un regard pour nous. Le magnétiseur, tout en longueur, quatre-vingts ans environ, nous invita à entrer dans son bureau. Il portait un costume noir à l'ancienne, les jambes de pantalon un peu courtes, une cravate de la même couleur et des lunettes cerclées d'écaille. Il paraissait hors du temps. Des effluves de miel, de vieille rose, d'onguents et de naphtaline émanaient d'une commode en bois de merisier. Je me surpris à compter quarante-neuf petits tiroirs en me demandant ce qu'ils pouvaient contenir.

– Que puis-je faire pour vous ? demanda Demeng en s'asseyant.

– Nous cherchons un guérisseur qui pourrait nous renseigner sur une prophétie. Un document rédigé en 2004 par un de vos confrères, décédé depuis, précisai-je.

Il haussa les épaules.

– Je collabore souvent avec la police dans le cas de disparitions, de fugues ou d'objets volés... Mais là, je crains de ne pas vous être très utile.

Une boule de cristal, une bougie, un sablier, un pendule et cinq livres recouverts de papier kraft reposaient sur la table.

– Vous n'en avez jamais entendu parler ? demanda Jane.

– Si. La rumeur autour de ce document est arrivée jusqu'à moi, en 2004 ou en 2005, je ne me souviens plus très bien. Des patients souhaitaient connaître mon opinion. Je vous avoue que je ne l'ai même pas lu.

– Connaissez-vous des confrères sensibles au sujet ?

– Les histoires des autres ne m'intéressent pas, répondit-il.

Nous remerciâmes le magnétiseur et son épouse. Sur le perron, je consultai la liste.

– On continue demain ? interrogea Jane. Il est 18 h 00.

– Dis donc, mademoiselle, tu as des courses à faire ?

– Oui, un tailleur noir et des talons hauts, répondit-elle, moqueuse.

– Un petit dernier et on rentre, décidai-je.

Le candidat suivant habitait Châtenay-Malabry, non loin de Paris par l'autoroute. Vingt minutes plus tard, nous découvrîmes une imposante demeure dont la façade était en partie camouflée par des châtaigniers gardiens de l'allée. La villa surplombait un terrain de plusieurs hectares qui s'étendait alentour, en pente douce. Une dépendance servait de salle d'attente. Derrone consultait également chez lui. J'étais surpris de son standing. Sur la porte ouverte, un écriteau annonçait : « Veuillez entrer et vous asseoir. Les honoraires sont de 20 euros. » Les patients devaient être nombreux. Une vieille dame venait pour une allergie, une autre pour un eczéma, un monsieur avait mal au dos. Jane prit une chaise et les écouta parler. Je sortis me dégourdir les jambes, saisis mon portable et vérifiai la couverture du réseau. La veille, j'avais téléphoné aux collègues des première et deuxième divisions. « Si tu as des meurtres inexpliqués et une attitude étrange des victimes, tu m'appelles. » C'était la consigne.

À l'arrière de la maison, un mouvement attira mon attention. Une jeune femme à genoux œuvrait autour de quelques maisonnettes de bois clair. Comme j'avançais, elle se leva. De longs cheveux bruns lui tombaient au bas des reins et se mouvaient à chacun de ses gestes, mettant en valeur sa fine silhouette. Elle tourna vers moi son visage recouvert d'une maille de coton blanc qui lui enserrait les épaules. Elle portait des gants, une blouse de jardin et un jean entré dans des bottes. Curieux, j'approchai encore.

– Attention ! Elles peuvent tuer sur commande, dit-elle avec ce que je crus être un sourire.

J'interrompis ma progression. La jeune femme franchit les derniers mètres qui nous séparaient.

– Quarante mille abeilles vivent dans cette ruche. Cinquante mille dans les autres. Elles vont bientôt hiverner, dit-elle.

Il s'agissait donc de ruches. J'en comptai dix.

– Vous cherchez quelque chose ? reprit-elle. La salle d'attente est derrière vous.

– Pourquoi disiez-vous qu'elles peuvent tuer sur commande ? demandai-je d'un ton neutre.

– Je les ai dressées contre les importuns… Je plaisante ! Vous avez entendu parler des abeilles tueuses, au Brésil et aux États-Unis ?

– Vaguement, mentis-je.

La jeune femme releva son masque de tulle et me sourit.

– Les abeilles ne sont pas dangereuses si on leur fiche la paix. Je mets une protection seulement lorsque je les dérange, dit-elle en pliant le voile. Vous venez voir mon père ?

Je la dévisageai. Elle avait les yeux en amande, les prunelles noires, la peau légèrement hâlée, quelque chose de métissé. Ses pommettes hautes évoquaient les Indiennes d'Amérique.

– Ma mère a un problème aux jambes, improvisai-je. J'aimerais savoir s'il peut faire quelque chose pour elle.

– Il aurait mieux valu qu'elle vienne en personne.

– C'est un premier contact, ajoutai-je, pris de court.

– Alors nous nous reverrons. Vous m'excusez, je dois protéger les ruches du froid…

Elle enleva son gant et me tendit la main. Comme elle avait fermé aux abeilles toutes les parties visibles de son corps, je n'avais pas vu le quadrillage subtil de son grain de peau. Voilà pourquoi le contact de sa paume me provoqua une telle surprise. Elle s'éloignait. Pourquoi lui avais-je menti sur le motif de notre visite ? Pourquoi supposais-je que le fait d'être flic pouvait la déranger ? Je retournai dans la salle d'attente. La dernière personne entrait dans le bureau de Derrone. À 19 h 25, nous le rencontrâmes enfin. L'homme dégageait un charisme qui ne s'expliquait ni par sa taille – il ne dépassait pas le mètre soixante-dix – ni par son regard. Ses paupières gonflées se touchaient au point qu'il semblait impossible de deviner la couleur de ses yeux.

– En quoi puis-je vous être utile ? dit le magnétiseur.

– Nous cherchons un document écrit en 2004 par un de vos confrères. Il s'agirait d'une prophétie sur la nature, l'environnement.

Derrone nous jaugea.

– Qui êtes-vous ? demanda-t-il.

– Major Clivel, police judiciaire.

Je me tournai vers Jane qui ajouta :

– Brigadier-chef Velin.

Le guérisseur se leva, fit le tour de son bureau en disant qu'il allait nous aider, puis sortit. Il devait régler un point avec sa fille et n'en avait que pour quelques minutes. Jane me sourit. Je me persuadai que nous tenions enfin quelque chose pour éviter de penser que le mensonge fait à la jeune femme aux ruches pouvait poser un problème. De retour dans la pièce, Derrone voulut connaître les raisons de notre intérêt pour la prophétie. J'expliquai qu'elle pouvait avoir un lien avec l'une de nos enquêtes.

– En possédez-vous une copie ? demanda Jane.

– Vous êtes policiers, vous n'aurez pas de mal à la trouver. Prenez le temps de l'étudier et revenez me voir. Votre avis m'intéresse.

– Ma collègue vient de vous préciser que nous n'avions pas de copie, c'est le but de notre visite chez vous aujourd'hui, opposai-je calmement.

– Je viens de vous répondre, dit-il en nous conduisant à la porte.

– Nous courons après un meurtrier et vous faites obstruction à…

– Je ne fais obstruction à rien, me coupa Derrone avec un ton qui exprimait le caractère non négociable de sa décision. J'ai étudié ce document pendant de longues années et je ne tiens pas à partager mes connaissances avec le premier venu sans opinion. Flic ou pas.

Jane comprit qu'il était inutile d'insister et me tira par la manche. Le magnétiseur se tourna vers nous :

– Votre mère a des douleurs aux jambes, m'a dit ma fille. Amenez-la et nous verrons.

Je sabotais notre première piste un peu sérieuse à cause de cette fille trop jolie. Je ne pouvais l'avouer à Jane qui se garda d'émettre un commentaire. Je la remerciai en silence en réalisant que n'importe quel autre collègue en aurait profité pour m'accabler et la jugeai d'un œil nouveau.

Assis dans la voiture, nous regardâmes Derrone fermer ses volets.

– Ce type est bizarre, chuchota Jane.

– Tu as remarqué ? Ça n'a pas de sens. Il accepte de nous parler pour finalement ne rien dire…

– Il a des infos, c'est évident, affirma-t-elle.

– Viens, on y retourne.

– Il va se braquer. Je ne sais pas ce que tu as raconté à sa fille, ajouta-t-elle en me faisant un clin d'œil, mais joue son jeu et amène-lui ta mère. Il faut l'amadouer.

– Tout de même, le hasard fait bien les choses. Le seul guérisseur qui connaisse la prophétie élève des colonies d'abeilles.

– Et alors ?

– C'était dans un dossier du journaliste de *Paris Match* : les mots « prophétie » et « abeilles » étaient soulignés plusieurs fois…

17

Mardi 28 octobre 2008

Depuis la veille, un vent saturé en poussières acides et en dioxyde de carbone asphyxiait Paris. La pluie du petit matin constellait voitures et manteaux de fines traces grises. Pour mon plus grand plaisir, l'automne prenait déjà des allures d'hiver. Prisonnier des embouteillages, j'allumai la radio. La station diffusait un air des Rural Psychogeometry. Un groupe néogothique à tendance hystérico-dépressive. J'attendis la fin du morceau pour connaître le point de vue de l'animateur. Le groupe, ukrainien, faisait une entrée remarquée dans les hits français. Je changeai de station. « C'est le deuxième cas de ce que l'on appelle désormais l'affaire des meurtres suicides. À l'exception d'une jeune mère, l'ensemble des habitants présents dans l'immeuble de la rue du Moulin-Vert et de l'avenue de Choisy, au total, vingt-six adultes et quinze enfants, a trouvé la mort de façon inexpliquée dans un intervalle de huit jours. La brigade criminelle donne peu de détails sur les circonstances des décès. C'est la première fois à Paris que… » Je coupai la radio en me glissant dans le parking de la troisième DPJ, avenue du Maine, puis sortis acheter la presse. Quotidiens et hebdos se livraient à une solide bataille de titres, non exempte de créativité : « Psychopathes invisibles », « Épidémie de suicides », « Folie meurtrière », « Terrorisme bactérien à Paris… » Les journaux profitaient du flou entourant les deux enquêtes pour y consacrer de nombreuses pages. L'ignorance autorisait toutes les fantaisies.

Les résultats des investigations menées auprès des premiers magnétiseurs n'ayant pas été mirifiques, je décidai de nous limiter au téléphone. Des quatre autres guérisseurs d'Île-de-France, un seul connaissait l'existence de la prophétie. Le document avait circulé en 2004 et l'homme ne le possédait plus. Marc Honfleur désespérait de ne plus trouver d'éléments sur Internet concernant le document. Black-out total. D'après lui, il n'y avait qu'une seule explication. Quelqu'un avait minutieusement fait disparaître de la Toile toutes les pages relatives à la prophétie. Quel intérêt ? Je ne connaissais rien à Internet, mais je trouvais cela difficilement crédible.

L'après-midi, je me rendis au Jardin des Plantes du Muséum d'histoire naturelle pour connaître la variété de lotus trouvée sur le lieu des crimes. On m'aiguilla vers le Conservatoire botanique. L'institution privée qu'on appelait le Globe à cause de sa forme longeait les jardins du Muséum. Son directeur, Jean-Paul Friedel, s'entretenait avec un groupe scolaire venu visiter le site. Averti de ma présence, il confia la classe à son second et me rejoignit dans le hall du bâtiment. Des employés au directeur, ils portaient tous un chapeau façon Indiana Jones, griffé « Le Globe », qui leur donnait un air ridicule.

– Je peux vous être utile ? s'informa le directeur.

– Savez-vous à quelle variété appartient ce lotus ? dis-je en lui présentant la photo du végétal trouvé dans la fontaine.

Il prit le document et répondit aussitôt.

– Il s'agit d'une *Nelumbo Nucifera*. Une variété très commune.

– Où peut-on s'en procurer ?

– Il vous suffit d'aller dans un grand magasin d'horticulture, précisa l'homme.

– Ça ne doit pas être si facile à faire pousser ?

– C'est un cousin du nymphéa. Un bassin couvert pendant l'hiver et vous êtes tranquille. Ces graines ont la propriété de se conserver plusieurs siècles tout en maintenant leur capacité à bourgeonner…

J'ignore si c'est parce que j'avais le sentiment de marcher à reculons depuis le début de cette enquête, mais je trouvai soudain le directeur du Globe vraiment antipathique.

– Pourquoi cherchez-vous des informations sur cette variété ? me demanda-t-il.

– C'est confidentiel, répondis-je.

Je ne souhaitais pas que la présence du lotus sur les lieux des crimes soit connue du public. Une fois dans la rue, je songeai aux circonstances des décès. Folie ? Hypnotisme ? Poison ? Il fallait que je trouve d'autres théories, d'autres spécialistes.

L'hôpital Fernand-Widal était le seul centre antipoison de Paris. Le groupe médical travaillait sur les intoxications les plus fréquentes, celles provoquées par le bacille botulique, le mercure, le plomb, le monoxyde de carbone et les vapeurs de chlore. Or, aucune de ces substances n'avait été détectée sur les lieux des crimes.

– Personne n'étudie les poisons utilisés lors des affaires criminelles ? demandai-je au directeur.

– Non, répondit-il.

– Vous êtes en train de me dire qu'on est infoutu d'avoir un organisme spécialiste en toxicologies criminelles dans le pays qui a connu l'affaire Lafarge et le cas Marie Besnard ?

Il haussa les épaules.

– Vous avez consulté le CNRS ?

– Ils sont spécialistes ?

– La plupart des poisons sont d'origine végétale. Au CNRS, des chercheurs, des pharmacognostes pour être précis, étudient le pouvoir des plantes. Appelez Lauran Saléni de ma part. Il saura vous renseigner.

Le chercheur en question partait à la retraite quelques semaines plus tard. Je soupçonnai le directeur de Fernand-Widal de m'avoir lâché un vieil os à ronger. Je réussis néanmoins à joindre le spécialiste en pharmacologie et obtins un rendez-vous l'après-midi même.

Lauran Saléni portait une casquette écossaise pour camoufler sa calvitie. Son dos voûté et son embonpoint lui donnaient l'air d'une grosse cacahuète. Il se passionna pour l'exposé de l'enquête et réclama que je lui décrive l'ensemble des symptômes observés lors des trois affaires. Je suggérai d'écarter les suicides, mais le scientifique insista. Il m'expliqua que chaque individu possédait un seul ADN, identique en tout point, de l'ongle du pied à la racine du cheveu. Les arbres – on le savait depuis peu – comptaient plusieurs ADN. Chacune des branches avait son propre génome. Un être pluriel. Le corps humain disposait de vingt-six mille gènes, le riz en dénombrait cinquante mille. Le double ! Je n'osais l'interrompre, comprenant que sa démonstration devait nous amener à une conclusion, mais je me demandais quel rapport pouvait exister entre les suicides et le riz. Saléni conclut : « La nature est très complexe, ses pouvoirs sont immenses et mal connus. Aussi insensé que cela puisse paraître, une plante peut être à l'origine de vos meurtres ainsi que des suicides. Décrivez-moi tous les symptômes », répéta-t-il. La façon dont cet homme évoquait la nature me plaisait. Je le trouvais passionnant.

– Pourquoi le riz possède deux fois plus de gènes que l'homme ? demandai-je.

Je souhaitais comprendre les particularités de ma nourriture de base.

– Êtes-vous capable de vivre et de vous développer une vie entière, sans bouger, les pieds dans l'eau ? dit le chercheur en souriant. Les végétaux sont plus complexes que les hommes, croyez-en mon expérience.

– Lorsque vous dites « une plante peut être à l'origine », vous pensez à une vengeance de la nature, quelque chose de ce genre ou bien…

– Une plante est incapable de se manifester contre l'homme, m'assura le scientifique. Je vous parle d'une plante utilisée par l'homme comme d'un poison, bien entendu.

Lauran Saléni enchaîna :

– Avez-vous entendu parler du chamanisme ? Ces guérisseurs à travers le monde n'ont jamais rompu leur relation avec la nature. Femmes et hommes soignent à partir de décoctions, de végétaux concassés, dont les ingrédients et les préparations leur ont été dictés par les plantes elles-mêmes.

Emporté par sa démonstration, le pharmacognoste continua :

– Comment voulez-vous que les chimpanzés aient appris à se soigner ? De manière empirique ? En testant plusieurs plantes alors qu'ils vivent dans une jungle où des millions de végétaux sont à leur disposition ? Non. Eux aussi utilisent une pharmacopée induite par les plantes.

Je me figeai en me souvenant de la profession des victimes. L'une d'elles, éthologue, s'intéressait aux primates. Cette théorie sur le pouvoir des plantes stimulait mon imagination mais la Crim' n'avait jamais évoqué la piste « nature » dans ses rapports et je tenais à rester discret.

– En principe, nous travaillons avec un laboratoire agréé. Je n'ai pas de budget, c'est un service que je vous demande.

– Ne vous inquiétez pas. J'ai consacré toute ma vie à l'étude des végétaux. Je pars dans quelques semaines à l'étranger, ça va m'occuper, répondit le pharmacognoste.

– Définitivement ?

– Oui, je m'installe en Irlande, j'y ai toute ma famille.

– Je vous envoie les éléments par mail. C'est confidentiel, insistai-je.

– Oui. Je reviens vers vous dans quelques semaines, le temps de quitter le CNRS.

À ce tarif-là, je ne pouvais rien imposer. L'urgence allait attendre. Je m'apprêtais à le saluer lorsque je me ravisai.

– Vous venez d'évoquer les chimpanzés et, parmi les victimes, nous avons une primatologue. Vous avez également parlé de chamanes qui travaillent avec les plantes et une autre victime vendait des plantes médicinales… Ça a un sens pour vous ?

– Je n'en sais rien. Ce n'est pas ma partie mais plutôt la vôtre.

– Bien sûr. Merci.

Le soir, je retrouvai Emmanuelle au Jules Verne, le restaurant du deuxième étage de la tour Eiffel. Elle avait une façon de me regarder qui disait : « M'aimes-tu un peu ? » Nous en vînmes à évoquer l'époque où nous étions ensemble et ses « tu te rappelles » avaient pour objectif de me donner envie de reprendre notre relation. Malheureusement pour elle – comme pour moi –, une femme dont je ne connaissais que le grain de peau m'obnubilait. Une femme qui apprivoisait des abeilles et qui avait pour père un guérisseur. Je n'en restai pas moins homme et lorsque Emmanuelle se leva, un peu avant le dessert, je vis à travers sa robe moulante qu'elle portait une toute petite culotte. Une minuscule et fragile culotte qu'il aurait été si facile d'enlever. Mon pouls s'accéléra. Cela devenait tentant. Au lieu de quoi je m'entendis lui dire : « Tu es très belle, Emmanuelle, et ce n'est pas l'envie qui me manque, mais j'ai quelqu'un d'autre. » Le diable de mes pulsions avait perdu à la faveur de l'ange, signe que je vieillissais.

18

Lentoine appréciait de traiter le cas Éliaz. L'homme l'intéressait. Il avait questionné Catherine Michelin à plusieurs reprises et la présence de l'enveloppe dans la boîte aux lettres, jeudi matin, l'avait soulagé. À 18 h 00 précises, l'anonyme prit contact avec lui pour la troisième fois.

« J' ai eu une nouvelle crise et vous n' y êtes pas étranger. »

« Pourquoi êtes-vous agressif? On agresse toujours parce que l' on a peur. L' angoisse est le catalyseur de l' agressivité. De quoi avez-vous peur? De vous être trompé sur l' origine de votre eczéma? »

« Je ne me suis pas trompé, l' expression de ma maladie est réelle. Je ressens des angoisses de mort. Les symptômes physiques sont effrayants, mes bras se paralysent, mon cœur me fait souffrir atrocement, je ne peux plus respirer. Il m' est impossible de sortir de chez moi sans avoir le sentiment que je vais mourir. Et n' imaginez pas que je délire. Ce n' est pas une vue de l' esprit. Mon cœur s'emballe vraiment et, bien souvent, je manque de m'évanouir. Heureusement, je suis entouré. »

« Je connais ces symptômes et je sais qu'ils sont bien réels, mais vous savez sans doute que votre peur, ELLE, est irrationnelle. »

« Vous pensez que c'est une forme de névrose ? »

« Absolument. »

Cet homme a probablement déclenché son agoraphobie à la suite de l'eczéma, se dit Lentoine. Restait à savoir ce qui avait provoqué la crise.

« Aviez-vous ces problèmes de cœur et cette sensation de mourir avant d'avoir votre eczéma ? »

« Pas du tout. C'est arrivé d'un coup, il y a deux ans avec le document dont je vous ai parlé. »

« De quoi s'agit-il ? »

« C'est une prophétie. Son objectif est de me détruire. »

« Vous avez le droit de penser qu'elle veut vous détruire mais qu'est-ce qui vous fait penser qu'elle vous est destinée ? »

« Quelques jours après avoir découvert le document, j'ai perdu une très grosse somme d'argent. Un placement pourtant réputé sûr. Quelques semaines plus tard, ma femme m'a quitté. Ce sont des faits réels. La preuve de sa malfaisance. Il s'attaque à ma vie privée. »

« Vous perdez une forte somme, ainsi que votre femme… Vous ne croyez pas que ces faits suffisent à déclarer un eczéma ? »

Il y eut un peu de temps avant qu'Éliaz ne réponde, comme s'il y réfléchissait pour la première fois.

« Je crois sincèrement que vous vous égarez. Vous tombez dans son piège. La prophétie possède ce pouvoir. Elle vous éloigne d'elle, elle vous mène dans une mauvaise direction. C'est une preuve de plus. »

« Vous n'êtes pas dans la réalité. Vous êtes dans votre délire. Pouvez-vous me dire quel bénéfice vous en tirez ? »

« Je ne tire aucun bénéfice de cette situation. Vous voulez voir mon visage ? »

« À qui pensez-vous lorsque vous dites "il s'attaque à ma vie privée" ? »

« Tout ça va trop vite. J'ai besoin de réfléchir. Je préfère que nous finissions la séance maintenant. »

« La séance est terminée. À la semaine prochaine. »

Il n'y eut pas de réponse. Le docteur imprima leur échange et resta pensif. Éliaz était en plein déni de la réalité. Il raisonnait juste sur des prémisses fausses. Le principe même de la paranoïa. Il nota : « Perte d'argent + rupture amoureuse → Eczéma → Défiguré → Agoraphobie sévère → Délire paranoïaque. »

Cet homme pouvait se révéler dangereux. Lentoine prit ses lunettes à monture jaune, la couleur de la volonté – dont il manquait singulièrement le vendredi – et fixa les montures vertes, soulagé de partir en week-end.

De mon côté, je reçus un nouveau rapport détourné par Emmanuelle. La Crim' privilégiait la piste de l'attaque bactériologique, mais leur conclusion éclairait l'affaire sous un nouvel angle. Je pestai contre moi. Jane l'avait constaté dès sa première intervention, il y avait trop d'enfants parmi les victimes. Avec un point commun : dans chaque famille, un gamin de six ans. J'attrapai fébrilement le rapport sur l'affaire de la Montagne-Sainte-Geneviève, trouvai l'information, puis de rage jetai le dossier au milieu de la pièce.

Vanessa Luzignan avait six ans.

19

J'ignorais comment orienter l'enquête. Le résultat de mes récentes investigations dépendait de Saléni, un vieux pharmacognoste dont la priorité était son déménagement du CNRS. Restaient les magnétiseurs. Plusieurs d'entre eux avaient évoqué sur la Toile une folie meurtrière pour 2008. Or, Derrone, celui de Châtenay-Malabry, acceptait de collaborer à condition que je lui présente un avis éclairé sur la prophétie. Prophétie que je n'avais pas. « Envoie-lui ta mère », avait dit Jane. Je réfléchissais à comment convaincre ma mère de se faire soigner par un guérisseur. « Tu veux bien nous servir de cobaye auprès d'un probable charlatan… Cela nous permettrait d'obtenir un document dont on ne sait s'il est important. Je précise que c'est pour une enquête sur laquelle je ne suis pas censé travailler… Tu acceptes ? » Aucune chance. Il fallait que je lui parle. Peut-être aurais-je assez de courage…

Ma mère me vit débarquer sans crier gare. Comme je n'avais trouvé aucun prétexte, je ne lui en servis aucun.

– Il faut que je te parle de quelque chose d'important, dis-je sérieusement.

– Tu vas te marier ? Je suis bien contente, il est plus que temps !

Elle me prit dans ses bras et me serra fort contre elle. Ne plus voir ses yeux m'aida à franchir le pas.

– Est-ce que tu sais qui a tué papa ? lançai-je en un souffle.

– Pardon ? répliqua-t-elle avec stupeur en se reculant.

– Le meurtrier... tu as une idée ?

– Pourquoi me parles-tu de cette histoire ? Ton père est mort il y a trente-deux ans...

Ma mère était pâle, je la sentais défaillir, mais sa voix restait ferme. Je continuai :

– Tu avais une amie qui s'appelait Sylvie...

– Bien sûr, mais...

– Comment s'appelait son mari ?

– Yoann, à quoi tu joues ? Tu ne crois pas qu'il est un peu tard pour mener l'enquête sur la mort de ton père ? Je comprends que...

– Comment s'appelait son mari ? dis-je presque en hurlant.

Ma mère recula d'un pas.

– Sylvie n'était pas mariée, dit-elle en baissant les yeux. Elle avait des amants, ça oui, mais elle n'était pas mariée.

Elle respirait bruyamment. Je lui pris les mains et lui demandai doucement : « Connaissais-tu à cette époque une autre Sylvie ? Ou quelqu'un qui travaillait avec papa et qui portait ce prénom ? » Alors qu'elle faisait non de la tête, je persistai : « Mais si, souviens-toi, il y a forcément une Sylvie mariée quelque part ».

Elle plongea ses yeux dans les miens et, d'un ton grave qui me surprit :

– Peux-tu me dire à quoi tu joues ? Tu débarques à 21 h 00 sans raison, tu me demandes si je connais une Sylvie et son mari… Une histoire que j'ai tout fait pour oublier ! Tu es fou, Yoann.

– Je n'ai jamais eu le courage d'aborder cette question avec toi et le jour où j'y arrive enfin tu me traites de fou ?

– Ton père est mort et enterré, l'affaire a été classée sans suite, je suis surprise que tu n'aies pas tourné la page, Yoann. Franchement, c'est mieux pour tout le monde.

– Je suis surpris que tu l'aies tournée si vite ! assenai-je en un réflexe.

Ma mère s'effondra.

– Comment peux-tu dire une chose pareille ? souffla-t-elle.

Je serrai les dents.

– Je… veux… trouver… qui… a… tué… mon père.

C'était la première fois que je lui tenais tête, la première fois que j'élevais la voix, que j'osais dire ce que je pensais. Pourquoi avais-je soudain le sentiment d'affronter ma mère en recherchant le coupable ? Se pouvait-il que je la croie mêlée au meurtre de mon père ? Comme pour lui donner le temps de reprendre ses esprits, je lançai :

– Nous en reparlerons plus tard. Demain, je t'emmène chez un guérisseur. C'est un spécialiste des douleurs aux jambes, il peut t'aider.

Deux mensonges s'annulaient, un point de vue comme un autre. L'un à la fille du guérisseur, l'autre à ma mère. Ni vu ni connu. Contre toute attente, comme pour se débarrasser de la discussion, ma mère hocha la tête et alla se coucher. Ma nuit fut sans rêves et sans sommeil. Des années que j'attendais cette discussion qui se révélait plus que décevante. Je n'avais rien appris, et rien dit du mot de mon père. J'avais utilisé une de mes vieilles ficelles de flic et lui avais demandé, sans rapport avec le sujet qui m'intéressait, si elle connaissait la personne qui avait tué mon père. Elle avait utilisé une des vieilles ficelles de mère qui consiste à ne pas répondre tout en vous culpabilisant de poser une telle question. Finalement, les ficelles de flic ne valent rien devant les ficelles de mère. Que pouvais-je apprendre trente-deux ans plus tard ? Sylvie n'avait pas de mari, qu'est-ce que cela signifiait ? Mon père s'apprêtait-il à divorcer pour devenir le mari de Sylvie ? Il n'avait peut-être pas noté le nom de son meurtrier mais la raison de sa mort. Dans ce cas le meurtrier était… ? Impossible. Occultant ce qui me venait à l'esprit, je m'endormis quelques minutes avant que le réveil ne sonne.

Derrone travaillait au pendule. La boule de métal doré, à l'aplomb d'un croquis de corps humain, réagit au niveau des fémurs. Il voulut connaître le prénom de ma mère, puis imposa les mains sur ses jambes en récitant tout bas une litanie incompréhensible. Les douleurs s'estompèrent dans la soirée mais revinrent dès le vendredi. Je la convainquis de rendre une deuxième visite au magnétiseur. Peut-être aurais-je la chance de croiser la fille du vieil homme. Ma mère ne m'adressait plus la parole depuis trois jours. Une manière de me faire payer mes questions.

Nous arrivâmes alors que Derrone sortait de sa villa. Il massait ses doigts bosselés en frictionnant ses phalanges avec un liquide translucide. Il prit les mains de ma mère entre ses paumes et se concentra.

– Le fait que vous ayez ressenti un mieux le soir même est un très bon signe, dit-il.

– J'ai cessé d'avoir mal durant toute la journée, cela fait six ans que cela ne m'était pas arrivé, mais la douleur est revenue le lendemain, dit-elle.

Derrone réfléchit un instant.

– M'autoriseriez-vous à venir chez vous ? La solution y est peut-être.

– Pourquoi ? dis-je, méfiant.

– Tout est relié ici-bas, cher monsieur.

Il lâcha les mains de Maria pour composer un cercle et reprit :

– L'homme et la Terre. Nous sommes un tout, je sais bien que c'est difficile à admettre, on nous apprend depuis plusieurs siècles que nous sommes des êtres supérieurs. Et pourtant, notre énergie dépend directement de notre environnement.

– Vous parlez de notre santé ? demandai-je.

– Oui. Regardez le nombre de nouvelles maladies et de virus qui surviennent alors que la nature et la biodiversité disparaissent. Et je ne parle pas de la stérilité qui touche l'humanité. Plus nous détruisons d'espaces sauvages et moins il y a d'énergie disponible pour les hommes. Ce sont les arbres, les minéraux, les animaux, les végétaux qui régulent notre énergie. En ville, nous sommes plus faibles car nous sommes dénaturés, dit-il en insistant sur ce dernier mot.

– La planète nous en fait payer le prix fort avec ces inondations, ces tempêtes toujours plus nombreuses, intervint Maria.

– La Terre n'y est pour rien. Les catastrophes naturelles n'existent pas. C'est notre ingérence dans la nature qui est une catastrophe. Les campagnes, les forêts, plus rien ne va. L'homme aime l'ordre et la rigueur des monocultures, la vie aime la générosité du chaos et l'équilibre qui en découle. Nous sommes responsables d'un désastre. Nos sols abritaient 80 % de la biomasse vivante. L'agriculture intensive les a compactés, asphyxiés, en détruisant toute la biodiversité chargée de l'aérer et de l'enrichir Les traitements insecticides sont systématiques. La fertilité de la terre s'affaiblit, nous plantons des végétaux sur des parcelles agricoles mortes.

– Quel rapport avec les inondations ? demandai-je.

– Sur un sol serré, l'eau ne rentre pas, il y a érosion. Cela fait vingt ans que nous subissons de graves sécheresses et on n'a jamais connu autant d'inondations… Un comble.

– Et c'est grave ? interrogea Maria.

– Les légumes qu'on nous vend sont gorgés de pesticides. La pomme, par exemple, subit trente-deux traitements chimiques plus une hormone de blanchiment, pour les golden, avant d'arriver sur les étals. Les dépenses de la Sécurité sociale augmentent de 6 % par an, vous demanderez à ma fille qui est chercheur en agroalimentaire, si c'est grave.

– D'un autre côté, nous vivons plus vieux, ajouta-t-elle.

– L'agriculture chimique date des années 1970. Vous et moi, dit-il en s'adressant à elle, avons peu mangé ces légumes gorgés d'insecticides. Il faudra attendre que les générations nées après 1975 vieillissent pour constater, ou pas, leur longévité. Dix-sept pour cent de nos enfants sont obèses… et de plus en plus petits. Vous avez remarqué ? Comme le blé dont on raccourcit la tige, par traitement spécifique, pour qu'il ne se couche pas avec le vent ! Vous croyez que c'est normal ?

– Il faut arrêter de manger des légumes ? proposai-je en espérant m'attirer les bonnes grâces du magnétiseur.

– Ne soyez pas stupide. La moindre molécule chimique présente dans nos végétaux est mille fois, dix mille fois plus concentrée dans nos viandes, lait, pain et plats en tout genre. Le principe de la chaîne alimentaire. Et pourtant, quand on l'aime et qu'on la respecte, la nature est inestimable. N'avez-vous jamais essayé de demander à un arbre de vous donner de l'énergie ?

Je fronçai les sourcils, me souvenant soudain qu'enfant je parlais aux arbres comme s'il s'agissait d'êtres humains. Il interpréta mal mon attitude et se reprit :

– Je m'éloigne du sujet. Parfois, l'environnement favorise l'émergence d'énergies telluriques nuisibles pour la santé. En observant votre maison, je vérifierai si l'origine de votre mal ne vient pas du terrain, dit-il en s'adressant à ma mère.

Très enthousiaste, elle lui proposa un rendez-vous, mais Derrone n'avait pas de permis de conduire et dépendait de sa fille.

– Votre fille n'a pas besoin de venir, Yoann est motorisé, il peut venir vous chercher, proposa Maria.

– Vous avez déjà eu d'autres cas de douleurs aux jambes ? demandai-je.

– Le plus souvent, les énergies telluriques provoquent des rhumatismes, des insomnies, des maux de tête, des déséquilibres nerveux. J'ai eu trois cas de cancer, tout de même, répondit Derrone.

Tout dépendait de l'eau. Le liquide demeurait indispensable à la vie mais, dans certaines circonstances, il pouvait dévitaliser et fatiguer les organismes qui séjournaient à son aplomb. Une eau souterraine qui traversait un cimetière, une déchetterie, se chargeait à son tour des énergies négatives et des informations de mort de ces lieux. Les troncs d'arbres, vulnérables face aux variations magnétiques de la terre, présentaient à l'aplomb d'une faille tellurique une excroissance, un renflement, une protubérance. Un moyen sûr de déceler une pathologie causée par un nœud tellurique dans le monde végétal. La présence d'une source suffisait. En créant failles et fissures dans la matière rocheuse, elle générait des anomalies au niveau du champ magnétique terrestre. Anomalies dangereuses pour la santé.

– C'est passionnant, dit Maria.

Encouragé, Derrone continua :

– Ces histoires souterraines ne sont pas compliquées à gérer. Un sourcier vous dira précisément où passe le cours d'eau. Il suffit parfois de changer de place le lit de la personne pour qu'elle se sente mieux.

– Les lieux eux-mêmes sont vecteurs d'une bonne ou d'une mauvaise énergie.

La voix, qui me fit sursauter, venait de la porte. Visiblement, la jeune femme patientait depuis quelques minutes en écoutant son père.

– Ma fille, Alisha. Mme Clivel et son fils.

– Nous nous sommes déjà croisés, dit-elle sans que je sache si elle en gardait un bon souvenir.

– Il est tard et nous vous dérangeons, avançai-je dans le doute.

Alisha ignora ma remarque et acheva son raisonnement :

– Certains lieux appellent à la même douleur à travers les générations et les siècles, même si une maison neuve y est construite. On appelle cela la mémoire des murs. Une femme peut être en conflit avec sa fille. Dix ans, vingt ans, cinquante ans plus tard, l'histoire se répète inlassablement à chaque nouveau propriétaire.

– C'est incroyable, dit Maria.

– Un homme se suicide dans une maison. De nouveaux acquéreurs s'installent et, bizarrement, l'une de ces personnes va également se suicider. C'est le site qui veut ça. Ou l'esprit qui y habite. Ce sont des cas isolés, Dieu merci, ce n'est pas systématique. Parfois on n'y peut rien à moins d'entamer une purification, dit-elle pour conclure.

Je proposai au magnétiseur de venir chez ma mère le jour suivant en milieu d'après-midi. Le vieil homme acquiesça.

Le lendemain, j'attendais, adossé à mon véhicule, que Derrone me rejoigne. Alisha vint à ma rencontre. Son nez présentait un petit renflement à la base qui, sans l'enlaidir, mettait en valeur la beauté de ses yeux et lui donnait un air déterminé. Elle partait à vélo avec son fils, un petit garçon aux traits fins, aux yeux noirs et à la tignasse brune.

– Comment s'appelle-t-il ?

– Nathan.

– Bonne balade, Nathan ! lançai-je.

– Bonjour, répondit l'enfant en s'arrêtant de pédaler.

Alisha s'éloigna en marchant.

Le gamin me fixa dans les yeux. J'eus alors le sentiment d'être scanné et un frisson me parcourut. L'enfant ne fronçait pas les sourcils et, pourtant, il émanait de lui une distance, une humeur que je n'arrivais pas à nommer. Puis il sourit et me fit un clin d'œil avant de partir retrouver sa mère qui l'attendait une quinzaine de mètres plus loin.

Bizarre ce gosse.

Arrivés devant la maison de ma mère, le magnétiseur arpenta le jardin avec ses baguettes, de l'extérieur vers l'intérieur, de la gauche vers la droite. Il parcourut chacune des pièces de la maison et nous expliqua : une source de belle taille courait sous la partie sud de la maison. Le sol, argileux, n'absorbait pas les rayons telluriques. À l'inverse des terrains sableux, calcaires, de grès ou de graviers qui présentaient cet avantage, les sols argileux, ceux contenant de la pyrite ou du minerai de fer, se révélaient nocifs pour la santé. Derrone estima la source à sept mètres de profondeur avec une marge d'erreur égale à la couche d'argile.

Pour guérir, Maria devait changer de chambre à coucher et prendre la pièce qu'elle réservait aux amis, loin de la source. Elle devait également poser des prises de terre fiables, éviter les fils électriques à proximité de la tête et changer les ressorts du matelas par une matière végétale, du genre latex. J'admets avoir été troublé par ses explications. Ces notions étaient nouvelles pour moi, mais elles faisaient sens. J'y trouvais une certaine logique.

Le magnétiseur prit ma mère par le bras, l'emmena doucement dans le jardin et acheva sa démonstration. Des traces d'humidité et des petites mousses vertes couvraient les murs. Orties, ronces et acacias confirmaient la présence de l'eau souterraine.

– Changez de place et tenez-moi au courant. Je serais surpris que votre douleur ne disparaisse pas complètement, conclut-il.

Sur le chemin du retour, je demandai à Derrone s'il acceptait de me parler de la prophétie. En guise de réponse, le guérisseur m'interrogea sur les affaires que nous traitions.

– Drogue, viols, crimes, tout ce qui sort des infractions courantes, dis-je.

– Les « meurtres suicides » entrent-ils dans cette catégorie ?

– L'affaire a été confiée à la brigade criminelle. Mais ça n'empêche personne de s'y intéresser. C'est votre cas, on dirait ?

– Une fois que nous serons chez moi, je vous remettrai la prophétie. Considérez-la avec attention avant que nous en reparlions, dit-il.

– Qui en est l'auteur ?

– Gabriel Comte.

Le magnétiseur marqua une pause, puis reprit :

– Au sujet de cette affaire dont nous parlions, vous avez des suspects ?

– Je ne peux pas en parler.

– Vous faites plus que vous y intéresser alors ?

– Pourquoi ? répliquai-je en fixant le magnétiseur.

– Vous m'auriez répondu que vous ne saviez pas…

Je souris de la perspicacité du vieil homme et précisai :

– Nous sommes confrontés à des criminels qui n'hésitent pas à tuer l'ensemble des habitants d'un immeuble alors qu'ils ne visent probablement qu'une catégorie d'entre eux.

– Des enfants…

Les mots du magnétiseur eurent l'effet d'un coup de massue.

– Pourquoi pensez-vous aux enfants ? dis-je sans réussir à dissimuler ma stupeur.

– Vous comprendrez en lisant le document.

– C'est une confession ?

– Pas vraiment. Un testament. Le testament du Moine aux abeilles que beaucoup appellent aujourd'hui la prophétie.

Je tenais entre mes mains une feuille épaisse de cellulose grise dont les angles s'effritaient. De minuscules fleurs séchées couleur pastel s'intégraient à la trame. Le document comptait quatre paragraphes de six lignes chacun. Je lus le texte et me fis la réflexion que le contenu relevait, en effet, plus de la prophétie que des dernières volontés d'un moine. Le message général n'avait rien de personnel. Je pris le temps de relire chaque strophe. L'une d'elles retint particulièrement mon attention.

J'observai le magnétiseur qui ne sourcillait pas.

– Je vous l'emprunte, j'ai besoin d'y réfléchir, dis-je au vieil homme.

20

Ode aux trois divisions de la Terre

Le règne minéral, corps de la Terre,
Substrat nourricier du règne végétal.
Le règne végétal, premier être vivant sur Terre,
Énergie livrée au règne animal.
Le règne animal, invité sur Terre
Porte en son sein l'humanité qui épuise minéral et végétal.

Les Hommes bâtissent une maison
En altérant ses fondations

L'humanité s'est dissociée de la Terre
Rompant le lien avec les esprits
Qui communiquaient les moyens de régénérer l'énergie
Indispensable à son renouvellement et à sa progression.
L'homme est devenu l'artisan d'une évolution
Qu'il ne peut maîtriser.

L'humanité saura-t-elle s'adapter aux changements
Dont elle est l'architecte ?

L'Homme s'est dissocié des trois règnes
Pour imposer le sien.
Il a creusé la Terre et modifié les volumes,
Il a transformé les gènes.
Les sentinelles de la Terre s'éteignent en une ultime alarme,
Celle de la stérilité qui gagnera les végétaux, les animaux et les hommes.

Il faut en avoir conscience :
Il y aura recrudescence de ce qui doit disparaître.

L'année 1 du deuxième millénaire,
Au cœur de l'alvéole géopolitique,
L'enfant éclairé de réponses croisera l'ombre, en une folie meurtrière
Au chiffre 6, l'unique, l'élu,
Commandera au nom d'Eloïm, Murathron, Adonaï et Semiphoras
Et Mwulana apportera la lumière.

12 mois de l'an un pour comprendre et agir ou…
Il y aura recrudescence de ce qui doit disparaître.

Testament du Moine aux abeilles

La prophétie ne contenait aucune allusion au lotus. Je ne voyais pas comment le document pouvait se rapporter à une dangereuse affaire criminelle. Il y avait bien une notion d'enfant et de folie meurtrière, mais ce n'était pas clair. Pourquoi diable Derrone jouait-il les grands mystérieux ? Je pris mon téléphone.

– Bonjour, c'est Clivel. J'ai beau lire le testament…

– Oui, rien de plus, affirma le magnétiseur.

– Vous aviez l'air de dire qu'il avait un rapport avec les meurtres suicides.

– Je n'ai jamais dit une chose pareille. C'est vous qui l'avez prétendu la fois où nous avons fait connaissance.

– Vous me prenez pour un con ! Le juge va vous convoquer et vous lui expliquerez…

– Que je possède un document sur la protection de l'environnement. Soyez sérieux, monsieur Clivel. Par ailleurs, je ne peux pas croire que vous n'ayez rien vu.

Et il raccrocha. Je me levai et explosai la poubelle d'un puissant coup de pied. Elle s'écrasa dans le couloir. Je levai la tête vers mes collègues. Coutumiers de mes sautes d'humeur, aucun ne fit de commentaire. Je m'accroupis et ramassai les déchets un à un. À quoi en étais-je rendu pour me calmer…

Une réunion s'imposait. Depuis les nouvelles conclusions de la Crim', le jeune Marc Honfleur étudiait les archives de la brigade de protection des mineurs. Les actes de pédophilie et les meurtres par agression écartés, il avait orienté ses recherches sur les cas d'enfants décédés à l'âge de six ans, précisément. L'ordinateur central avait craché trois nouveaux cas. Janvier 2008, à Neuilly, un garçon et une fille de six ans, des jumeaux, retrouvés morts derrière une rangée de cyprès, dans la cour de leur école. La cause du décès demeurait mystérieuse. Le deuxième cas, un enfant de six ans conduit par sa mère, avait ouvert la portière de la voiture avant de se jeter sur la route où sa tête avait heurté le trottoir. La famille habitait le huitième arrondissement.

– La date ? demandai-je.

– Mai 2008. Le dernier habitait Malakoff, au sud de Paris. Mort dans son lit, la nuit du 2 août 2008. Même âge, décès inexpliqué à ce jour.

– Tu es remonté sur les cinq dernières années ?

– Oui, comme on avait dit, insista Honfleur, quelque peu sur la défensive.

– Et tu n'en trouves que trois, tous en 2008 ?

– C'est ça.

Si ces nouveaux cas appartenaient à la même affaire, précisa Honfleur, l'augmentation de rythme devenait préoccupante. Cinq mois entre les deux premiers crimes, quatre mois pour le suivant, puis deux. Du 26 septembre au 11 octobre, on avait quinze jours et du 11 octobre au 19 octobre, huit jours ! Le nombre de victimes suivait la même courbe ascendante. Honfleur avait confronté les situations, aucun des enfants ne partageait la même école.

De son côté, Jane avait approché les militaires. La liste de ceux qui travaillaient sur les armes biologiques restait confidentielle, secret défense. La Crim', la DST et l'armée collaboraient. Un militaire retraité, sans doute sensible à son look de jeune GI, lui avait concédé un entretien. Il travaillait sur le charbon, autrement dit l'anthrax, les fièvres hémorragiques du type Ebola ou la fièvre jaune, mais aussi sur la peste et la variole. Rien à voir avec les symptômes de nos victimes. Nous abandonnâmes la piste.

J'annonçai avoir obtenu du magnétiseur la prophétie et la sortis avec précaution d'une chemise cartonnée. Le jeune Honfleur parut surpris. Ses sourcils exprimaient que cela relevait du miracle. Vexé de ne pas l'avoir trouvée avant moi, il murmura un presque inaudible : « Y a rien sur Internet », et se recolla à son rocher comme une patelle à marée basse.

– On se penche sérieusement là-dessus, dis-je à l'intention de Berckman qui faisait mine de s'intéresser à une affaire de drogue survenue trois jours plus tôt. Qu'est-ce que nous évoque ce papelard ? J'ai l'impression que les trois premières strophes sont un constat de la situation. Il faut se concentrer sur la dernière.

– Il parle de l'année 1 du deuxième millénaire, probablement des événements majeurs de l'année 2001. Comme le 11-Septembre, suggéra Honfleur.

– Sauf si c'est comme dans *ELLE*, plaisanta Jane.

– Qu'est-ce que tu veux dire ? demanda Berckman qui ne réagissait qu'aux propos de la jeune femme.

– De la numérologie. Des cycles de neuf ans. Tu additionnes les chiffres qui composent une année pour savoir à quoi correspond le cycle annuel. Et 2001, ça fait 2+0+0+1 = 3.

– Quelle est l'année 1 alors ? questionnai-je.

La jeune femme compta sur ses doigts en égrainant les années.

– 2008. Parce que 2+0+0+8 = 10 et 1+0 = 1.

– Il n'y a pas d'année 1 en 2000 avant cette date ?

– Non, la précédente est 1999.

– Et tous nos meurtres apparaissent en 2008. La conclusion des magnétiseurs sur le Net. Bien vu.

– La folie meurtrière, on voit tous de quoi il s'agit. Le chiffre 6, idem, c'est l'âge des enfants, dit Jane, pleine de fierté.

– L'alvéole nous ramène aux abeilles, dit Honfleur. Qu'est-ce qu'avait écrit le journaliste de *Paris Match* avant de mourir ?

– Il avait souligné les mots *abeille* et *prophétie*. Plusieurs coupures de presse accompagnaient ses notes. Je vais essayer de me rancarder.

– Tout est à la Crim' ! s'exclama Berckman.

– Je sais. T'occupes, lui dis-je.

– Tu nous mouilles pas dans tes combines, répondit Berckman avec un air que je ne lui connaissais pas.

Honfleur, que cette tension gênait, proposa de chercher la

signification du paragraphe : « Il commandera au nom d'Eloïm, Murathron, Adonaï et Semiphoras. » Il pensait à des saints. Après tout, l'auteur était moine.

– Le Moine avait des enfants ? demanda Jane.

– On sait pas, on n'a aucune info, répondit Berckman, énervé.

– Les infos, elles tombent pas du ciel ! m'emportai-je.

Depuis douze ans que nous travaillions en équipe, le même différend nous opposait : je reprochais à Berckman une position de planqué dès qu'une affaire présentait quelques difficultés. Il m'accusait d'agir sans me fixer de limites. L'un était le garde-fou de l'autre et c'est ce qui rendait notre duo efficace. Nous en avions conscience et l'orage ne durait jamais bien longtemps.

– D'après l'avant-dernière phrase, on n'a plus que deux mois pour trouver le coupable, ensuite il sera trop tard, dis-je comme pour justifier mes méthodes.

– Pourquoi : « Recrudescence de ce qui doit disparaître », tu l'interprètes comment ? demanda Berckman.

– Ça se termine mal, répliquai-je.

– Il veut dire que si l'espèce humaine se multiplie en éliminant les autres en un déséquilibre flagrant, elle finira par s'éteindre elle aussi, proposa le jeune Honfleur.

– Yes ! On va tous crever ! dit Jane.

– Je ne sais pas pour vous, mais un petit remontant s'impose…, suggéra Berckman.

– Bonne idée, va dire à Ponstain que son feu passe au vert, lançai-je en lui tapant sur l'épaule.

Un feu tricolore était fièrement arrimé dans l'angle gauche du bureau de Ponstain. Certains jours, vers les onze heures, le rouge s'allumait, à midi une, il passait au vert. Trois minutes plus tard exactement, les huit officiers sous ses ordres levaient leurs verres au-dessus de quelques pistaches. Certains collègues des autres groupes nous rejoignaient parfois. Bière, whisky ou pastis. Le commandant avait acquis la réputation de veiller à ce que le moral de sa troupe soit toujours au beau fixe. À la française, le moral se soignait à coups de bouteilles. L'histoire remontait au soir où Berckman avait annoncé que sa femme le quittait pour la voisine. Ils avaient descendu pas mal de carafes à L'Isileko, jusqu'à ce que le chef enquêteur retrouve un sourire béat. Plus tard, à quelques mètres du bar, il emboutissait un feu rouge avec une voiture de police. Le véhicule avait instantanément rejoint la casse et le feu tricolore trônait depuis dans le bureau de Ponstain, avec quelques bouteilles prêtes à être ouvertes. Dès le lendemain, Berckman héritait du surnom de « Lucky Mondeo ». « Lucky » pour chanceux comme...

Sans commentaire.

Le hasard, ou la chance encore une fois, fit que Berckman sortit du bureau de Ponstain en même temps que Jane Velin. Elle râlait à l'idée de prendre le métro pour rentrer chez elle et Christian s'empressa de lui proposer de la ramener en moto. Il avait toujours un deuxième casque dans son bureau. Contre toute attente, elle accepta. Vingt-cinq minutes plus tard, il se trouvait dans son salon, un verre de whisky en main. Jane, qui ignorait tout des sentiments de Berckman à son égard se raconta, touchée que quelqu'un lui prête attention.

– Mes parents voulaient un garçon, ils ont eu quatre filles. Je suis la dernière. Je crois que je suis masculine pour leur faire plaisir. J'ai jamais joué à la poupée, mon père m'a inscrite aux arts martiaux à l'âge de neuf ans.

– Ça t'a manqué ? Les poupées, je veux dire..., bredouilla Berckman.

– Pas vraiment. J'aimais bien les billes. Je suis devenue le garçon de la famille et j'ai fait le bonheur de mon père. La première fois que j'ai mis un pain à un gars qui me cherchait de trop près, ça lui a fait comme si un poil de barbe venait de me pousser.

– À ton père ?

– Yes.

La jeune femme éclata de rire et ajouta :

– Les couilles me sont venues quand je suis entrée à la police. Mon paternel me voit comme un vrai mec depuis trois ans. Je crois que si j'arrivais en robe devant lui, il serait capable de me traiter de tafiole !

– T'es pas prête à te marier, dit alors Berckman, se demandant soudain si elle aussi aimait les femmes.

– Écoute, Christian, je peux te l'avouer...

Berckman n'arrivait plus à avaler sa salive, une angoisse l'étreignait et empêchait sa glotte de descendre. Il fixa la jeune femme, attendant la vérité.

– Depuis que j'ai dix-huit ans, je ne tombe que sur des mecs bizarres, des amochés de la vie, qui ne veulent pas entendre parler d'une vraie nana mais qui ne sont pas prêts à virer phoque !

Christian respira de nouveau. Il rosit instantanément en imaginant qu'il pouvait entrer dans la catégorie des paumés de l'amour décrits par Jane.

– Et ton père va le prendre comment, le jour où tu lui présenteras un mec qui compte pour toi ? ne put-il s'empêcher de lui demander.

– Putain, j'y ai jamais pensé...

Elle continua en se resservant un whisky :

– Les bac + 6 des loosers du cœur ne se marient jamais alors y a pas de risque que ça m'arrive ! Pourquoi tu as des vues ? dit-elle en s'esclaffant, sans imaginer un seul instant qu'elle touchait juste.

Pris de court, Berckman se leva et lança un peu trop vite .

– J'ai une partie de poker, je file.

Jane resta interdite, ne sachant si elle l'avait vexé d'imaginer qu'elle pouvait lui plaire ou si, au contraire, cela signifiait qu'il avait des sentiments pour elle.

À 20 h 00, seul dans mon bureau, je consultai les rapports de la Crim' et trouvai ce que je cherchais dans le premier dossier de l'affaire Moulin-Vert. Le document intitulé « Pièces journaliste » avait pour référence la cote n° 141. Restait à connaître le nom du chef de groupe à la Crim' qui stockait les cotes judiciaires. J'avisai la signature en fin de dossier : Stéphane Martin. J'entrai dans le bureau du commandant et ouvris le tiroir où Ponstain cachait l'organigramme de la brigade criminelle. Martin Stéphane, bureau 204, deuxième étage. Je rentrai chez moi, engloutis une assiette de pâtes, allumai mon réveil et me couchai. Je n'avais pas le choix. Aller à la brigade criminelle en pleine journée et consulter les dossiers, l'air de rien, entouré par huit gradés suspicieux était impensable. Un travail de nuit paraîtrait suspect. Restait l'aube. 6 h 30, l'heure du nettoyage.

Je pris soin de changer de tenue, un costume, une chemise blanche, et je glissai dans ma poche droite un appareil photo numérique. Arrivé à la Crim', boulevard du Palais dans le premier arrondissement, je présentai ma carte au gardien de la paix qui ne se formalisa pas de l'absence de badge. Le succès de l'opération dépendait du circuit que prenaient les femmes de ménage. Elles possédaient la clef de chaque bureau. Je devais les rejoindre avant qu'elles n'aient fini de dépoussiérer le deuxième étage. L'opération s'achèverait à 7 h 45, heure des premiers arrivés.

6 h 40. Je grimpai au premier puis au deuxième étage sans rencontrer âme qui vive. Putain de merde, elles étaient déjà au troisième. Le premier bureau affichait le 245. Je remontai le couloir, m'arrêtai au 204 et tournai la poignée. Le verrou cogna contre la serrure. Merde, merde, merde.. Des voix m'interrompirent, on approchait. Sans réfléchir, je m'engageai à grandes enjambées dans le couloir. Au détour d'une coudée, je me retrouvai face à une immense Black et une jeune Thaïlandaise qui poussaient un chariot.

– Je vous cherchais. J'ai oublié mes clefs..., improvisai-je.

– Quel bureau ? interrogea la grosse femme.

– 204. Vous l'avez déjà fait ?

– On vient de finir le troisième étage, on peut pas être partout à la fois, dit-elle sur un ton de reproche.

Elle abandonna sa collègue et, trousseau en main, remonta le couloir en traînant ses savates avec une lenteur qui m'exaspéra.

7 h 02. Je la remerciai et m'enfermai. Ce que je cherchais se trouvait dans un placard juste devant moi. Affaire Moulin-Vert, murmurai-je en soulevant un classeur. Le dossier reposait en haut de la pile de droite. Je feuilletai les chemises cartonnées remplies de notes manuscrites et trouvai ce que je cherchais : quatre pages de quotidiens dont les illustrations représentaient des abeilles : une double du *Monde*, un article des *Échos*, le dernier du *Nouvel Observateur*. J'étalai les documents, pris une dizaine de photos et les repliai soigneusement. 7 h 18. Le

moment de filer. Je m'approchai de l'entrée, jaugeai la pièce et vérifiai que je n'avais rien oublié.

Un peu plus tard, je disposai les coupures imprimées sur mon bureau. Toutes dataient de l'été 2007 et évoquaient la même hécatombe. Partout dans le monde, les abeilles, gardiennes de la terre, mouraient dans des proportions alarmantes. Causes probables : OGM, dégradation générale de l'environnement, raréfaction de la flore et surdose de produits chimiques. On rappelait que l'agriculture dépendant de la pollinisation représentait cent cinquante-trois milliards d'euros. Je m'arrêtai sur une phrase d'Einstein citée dans *Les Échos* : « Si l'abeille disparaissait du globe, l'homme n'aurait plus que quatre années à vivre. » Nous étions en 2008, et cela donnait une échéance à 2012. Étonnant. Je me souvins d'avoir lu que le calendrier maya annonçait 2012 comme fin du monde et que tout un tas de barjos y adhéraient.

Je pris la prophétie et relus le troisième paragraphe de six lignes.

L'Homme s'est dissocié des trois règnes
Pour imposer le sien.
Il a creusé la Terre et modifié les volumes,
Il a transformé les gènes.
Les sentinelles de la Terre s'éteignent en une ultime alarme,
Celle de la stérilité qui gagnera les végétaux, les animaux et les Hommes.

Par « sentinelles », le Moine désignait les abeilles et évoquait la fin de l'humanité. En 2004, Gabriel Comte, l'auteur du testament, prédisait la disparition des hyménoptères et cette folie meurtrière. Quelle conclusion fallait-il en tirer ? Les articles confirmaient les présages de la prophétie, mais n'éclairaient pas les crimes. Pourtant une coïncidence plus que troublante existait entre les affaires et le testament : les morts imputables à l'homme au lotus dataient toutes de 2008 et avaient pour cible des enfants de six ans. Cela suffisait-il pour considérer le document avec sérieux ? Il devenait urgent de creuser la question. Je pris rendez-vous avec Derrone.

21

Alisha œuvrait autour de ses ruches sans aucune protection. Elle s'évertuait à cacher sous un chemisier qui bâillait des seins très hauts, opulents. Ses mains réajustaient l'étoffe de coton et cela la rendait encore plus attrayante.

– Elles sont sauvages ? lui demandai-je en pensant à elle.

– Domestiques. Mais ça ne signifie pas qu'elles sont dociles.

– Le meilleur moyen de les approcher ?

– Des gestes précis et délicats. Ne pas hésiter à dégager de l'amour, elles le sentent. Sinon, elles piquent, ajouta-t-elle en souriant.

– J'essaierai de m'en souvenir, dis-je en espérant qu'elle jouait mon jeu. Ça ne doit pas être évident la première fois ?

– Il suffit de maîtriser son appréhension, affirma-t-elle.

Je pris son message au premier degré et m'approchai.

– Votre père m'a parlé d'un testament.

La jeune femme posa la main sur mon épaule et s'appuya contre moi le temps d'enlever un caillou de sa chaussure. Son chemisier s'ouvrait à chacun de ses gestes, laissant entrevoir sa poitrine. Le galbe de ses seins était si parfaitement rond, perché haut, que je m'imaginais en train de dégrafer son soutien-gorge.

Sa peau semblait recouverte d'un petit duvet, comme le sont les pêches du Lot-et-Garonne.

– Le Moine aux abeilles…, répliqua-t-elle.

– Vous connaissez l'histoire ?

– Je n'ai pas attendu la prophétie pour m'inquiéter du sort de la terre.

– Que voulez-vous dire ?

– Il vous expliquera, dit-elle en s'éloignant soudain vers son atelier.

La demoiselle pratiquait le chaud et froid. Je tournai les talons. Qu'attendais-je pour me consacrer à l'enquête ?

Le magnétiseur m'attendait dans son salon.

– Le document vous a donc convaincu ? dit-il.

Je décidai de jouer franc-jeu.

– Les meurtres en 2008, l'âge des enfants, le rapport avec la nature et la profession des victimes adultes… C'est assez troublant. Dites-moi tout sur ce Moine.

– D'abord, il n'a jamais été moine, c'est un surnom qu'on lui a donné après l'Afrique.

Derrone prit le temps de rajouter du bois dans l'âtre et ranima le feu. Des branches de genévrier libéraient des fumerolles grises aux senteurs poivrées. Le magnétiseur se rassit lentement et, ses paupières bouffies tournées vers les flammèches, me raconta l'histoire de Gabriel Comte.

– Gabriel Comte est né en 1924, en Allemagne, et avait quinze ans au début de la guerre. La moitié de ses amis étaient juifs et il comprit très vite que les déportés connaîtraient la mort. Gabriel habitait Sarrebruck, au sud-ouest de l'Allemagne, non loin de la frontière française. Jusqu'en 1942, le jeune homme aida un grand nombre de Juifs à s'échapper en France, vers

Forbach, grâce à une idée astucieuse. Son père possédait une industrie florissante autour de l'exploitation du charbon et de l'acier. Entreprise réquisitionnée par Hitler pour la fabrication d'armes. Un train franchissait chaque jour la frontière et un des wagons appartenait à l'entreprise de son père. Gabriel Comte, qui avait en charge le convoi des matières premières, y cacha ses amis. Plus de trente familles échappèrent ainsi à la mort. Un jour, son père mit au grand jour ses manœuvres et dénonça son propre fils qui fut envoyé dans un camp de concentration. Gabriel réussit à s'enfuir. On lui prêta la faculté de se rendre invisible et même de passer la sécurité des aéroports sans être vu. Il partit pour les États-Unis, se maria et eut un enfant. En 1974, il s'expatria de nouveau, pour l'Ouganda. Opération commando, mission secrète, les suppositions allèrent bon train. On ignore toujours ce qu'il fit là-bas. À la fin de sa vie, il s'installa en France et créa un important rucher. Son miel était extraordinaire et ses abeilles produisaient tant qu'on lui prêta le pouvoir de communiquer avec elles.

Nous y voilà, songeai-je.

– Les Français, qui l'avaient imaginé pasteur en Afrique pour évangéliser les Noirs, le surnommèrent le Moine aux abeilles. En 2004, à l'âge de quatre-vingts ans, il écrivit un testament énigmatique et décéda quelques jours plus tard. En peu de temps, le testament du Moine aux abeilles, probablement récupéré par des activistes protecteurs de la nature, devint « la prophétie ». Son message principal dénonçait la raréfaction de la nature, la stérilité des hommes, une mortalité sans précédent, celle des enfants en particulier.

Derrone s'interrompit pour boire un verre d'eau, j'en profitai pour faire une suggestion :

– Un rapport avec la disparition des abeilles ?

Le magnétiseur sourit et ne répondit pas, comme s'il savait que j'allais poursuivre, prouvant ainsi que j'avais étudié le texte.

– Einstein prédisait la fin de l'humanité en quatre ans si les abeilles ne remplissaient plus leur rôle de pollinisatrices..., annonçai-je.

– On l'entend partout, mais cette mise en garde n'est pas d'Einstein. D'ailleurs, ça n'a aucune importance. L'avertissement est réel. Gabriel Comte a consacré une partie de sa vie à l'étude de la génétique et de l'évolution. Son message vient de là. Malheureusement, personne ne l'a pris au sérieux de son vivant.

– Pourquoi ?

– Il tenait l'essentiel de ses affirmations de l'observation des végétaux et de la biodiversité. Il affirmait que la population mondiale serait de quatre milliards en 2040 alors que les spécialistes continuent d'annoncer une expansion à neuf ou dix milliards.

– La population diminuerait avec le temps ?

– D'après Gabriel Comte, l'homme tire sa force, son énergie vitale, de son environnement, de la nature. Un point de vue défendu par les chamanes, hommes-médecines et guérisseurs du monde entier depuis des millénaires. Si la nature disparaît, l'homme connaîtra le même sort.

Derrone continua après un instant de réflexion :

– Le Moine prédisait le début du déclin de l'humanité en 2012 si rien n'était fait pour enrayer la perte de l'énergie végétale. Sa grande théorie se basait sur le taux de remplacement de l'humanité sur terre. La population mondiale continuerait de croître seulement si la fécondité moyenne était de 2,1 enfants par femme. Or, dès 2010, le seuil de remplacement ne pourrait être atteint à cause de la dégradation de l'environnement. De nombreux pays, conscients du risque, proposaient déjà des primes à l'enfant. Le cas de l'Espagne, qui depuis juillet 2007 offre deux mille cinq cents euros à chaque nouvelle naissance. De l'avis de Gabriel Comte, la disparition de la nature aurait un impact direct sur les grossesses, qui dureraient six mois dans le meilleur des cas. Un nouveau-né sur 1 000 sortirait vivant de la couveuse. L'enfant, pour grandir, devrait rester lié à l'énergie de ses parents jusqu'à l'âge de six ans. Énergie auparavant dispensée par la nature.

– C'est de la science-fiction ? proposai-je.

– Qui sait ? Il disait que les plantes le prévenaient. L'arbre vit sur terre depuis trois cent quatre-vingts millions d'années, l'homme seulement depuis cinq à six millions d'années. Et si les végétaux étaient de grands sages ? Mettez la tête dans un sac en plastique et respirez cinq fois, voilà quelle sera la concentration de CO_2 dans cinquante ans si nous ne préservons pas nos océans et nos forêts. C'est ce qu'il répétait à longueur de temps.

– Vous l'avez rencontré ?

Derrone hésita une fraction de seconde avant de répondre :

– Non. C'est un de mes regrets.

– Vous connaissez sa vie comme s'il vous l'avait racontée, lançai-je.

– Je prends ça comme un compliment. Je l'ai beaucoup lu, c'est tout.

– Et personne n'a repris ses travaux ?

– Il y a bien son fils, mais il est plutôt discret.

– Comment s'appelle-t-il ?

– Pas la moindre idée…

22

Jeudi 30 octobre 2008 à 8 h 15

Je remontai le couloir de la troisième DPJ en poussant chacune des portes des bureaux de mes collègues. Seul le commandant Ponstain, assidu aux tâches administratives et insomniaque – ce dont il se vantait, sans que l'on sache pourquoi – rédigeait un rapport. Je me débarrassai de mon blouson et allai le trouver pour un compte rendu officieux concernant la vie de Gabriel Comte. Les meurtres semblaient annoncés par la prophétie. Son auteur décédé, il restait le fils. Une piste intéressante. Cette logique plut au commandant. Un stagiaire nous interrompit. Lauran Saléni, le pharmacognoste, demandait à me parler, ligne trois.

Le chercheur à la retraite, visiblement heureux de trouver une oreille attentive, s'épancha longuement. Il qualifiait l'archiviste du CNRS de nouille et vérifiait avec la rigueur d'un entomologiste, que chacune de ses études et publications était classée au bon endroit pour être certain qu'on les retrouverait facilement après son départ. J'allais conclure l'entretien, convaincu de l'inefficacité du vieil homme sur l'enquête, lorsqu'il me donna un premier avis. Il s'agissait bien d'un poison. Les pieds sur le radiateur, le fauteuil en bascule, je faillis tomber à la renverse. La Crim' avait analysé quantité de substances toxiques et n'avait rien trouvé. Le retraité insista, sûr de lui. Les décès avaient une seule et même origine, un poison très violent.

– Comment ce poison opère-t-il ? lui demandai-je.

– L'alimentation, la respiration, une forme gazeuse, des fumées, tout dépend des propriétés de la plante. C'est un peu tôt pour le savoir, mais j'ai plusieurs pistes très sérieuses.

– Prévenez-moi dès que vous aurez une idée précise.

– Comptez sur moi.

Je relevai la tête. Valentin Amerti, mon vieil ex-ami, se tenait face à moi, dans l'embrasure de la porte.

– Tu écoutes aux portes, maintenant ? m'écriai-je.

– Totalement inutile ! Tu parles tellement fort qu'on t'entend du fond du couloir.

– Qu'est-ce qui t'amène ? Tu as besoin d'aide ? suggérai-je, non sans agressivité.

– Je te rappelle que c'est toi qui m'as appelé la semaine dernière ! répliqua Amerti.

– OK. Je voulais des renseignements sur une affaire que vous aviez récupérée... C'est de l'histoire ancienne, je lirai les infos dans la presse si ça te fait plaisir.

– Donc, t'en as plus rien à foutre ?

– Je suis sur d'autres chiens écrasés, des décès de petites gens, tu sais, notre quotidien, affirmai-je.

– Le bruit court que tu n'aurais pas décroché. Que tu enquêterais en douce...

– Qui a inventé un truc pareil ?

– Personne, des rumeurs...

– C'est des conneries.

– Je voulais juste te prévenir de ce qu'on raconte… C'est pour t'aider que je suis là, dit-il en se frottant l'aile du nez.

Le geste me parut familier et cela me revint. J'avais gardé en mémoire l'attitude embarrassée de mon père qui se frottait invariablement le menton lorsqu'il devait justifier ses absences à ma mère.

– Depuis quand ça t'intéresse ? Je te croyais au-dessus de cette merde !

– C'est quoi cette affaire de poison dont tu parlais au téléphone ? demanda soudain Amerti.

– Un grand-père qui a empoisonné la grand-mère, hurlai-je en brandissant un des dossiers posés sur sa table. Tu veux lire mon compte rendu ?

– Laisse tomber.

– C'est ça. Tu connais le chemin.

Amerti claqua la porte. Je reposai le dossier Luzignan, la main agitée de tremblements. La sueur me coulait le long de la colonne vertébrale. J'essayai de me concentrer. Pourquoi une telle visite ? Avait-il deviné que je poursuivais l'enquête ? La sonnerie du téléphone interrompit mes réflexions.

– Allô ! aboyai-je.

– Qu'est-ce que tu es accueillant, souffla ma mère.

– C'est vraiment pas le moment…

– J'ai compris. Je voulais t'annoncer que j'ai changé de chambre et que, depuis, ma douleur a disparu. C'est un miracle. Mais il en faudrait un deuxième pour que tu te calmes, alors, bonsoir. (Puis elle ajouta :) Je m'inquiète pour toi Yoann, tu es bizarre ces derniers temps.

– Attends, attends. Raconte-moi, tu n'as plus mal du tout ?

– Depuis deux jours. J'ai attendu pour être sûre.

– C'est formidable.

– Tu es en plein travail, je te laisse.

J'appelai aussitôt Alisha. Le père de la jeune femme avait guéri ma mère et ce prodige légitimait un dîner. Je lui servis cet argument sans réfléchir.

– C'est lui qu'il faudrait inviter ! s'exclama Alisha, amusée.

– Pas du tout, c'est le principe des vases communicants, je vous expliquerai, lançai-je.

Elle me dit qu'elle demanderait à son père s'il pouvait garder Nathan, son fils de six ans, et me rappellerait le lendemain. Son fils avait six ans lui aussi… Ça vire à l'obsession, me dis-je en raccrochant. Je me levai et fis le tour de mon bureau avec l'intention de marcher. La chaleur qui m'envahissait n'avait rien à voir avec l'amour – beaucoup trop tôt pour reconnaître ce sentiment – mais à une certitude. Celle que j'allais l'attraper par les hanches avant la fin de la semaine. Je me rendis dans la salle de repos et me fis un café que je vins touiller sous le nez de Berckman, un sourire aux lèvres. Berckman n'avait rien à y voir, mais je ne cessais d'imaginer le corps d'Alisha sans soutien-gorge.

– Une nouvelle piste ou un plan cul ? demanda Christian sans lever les yeux.

– Qu'est-ce que t'es con ! répondis-je en retournant dans mon bureau.

Berckman lisait en moi comme dans un livre.

– Brune ou blonde ? renchérit-il.

– Brune ! Avec une carapace… genre cloporte, hurlai-je du couloir.

Je consultai mes notes. D'où provenait le poison ? Du savon, du pain, de l'eau, de l'air ? J'avais entendu parler de substances que l'on dépose sur les ampoules et dont les effets volatils opèrent dès que la lampe atteint une certaine chaleur. La Crim' avait pourtant analysé toutes les poussières suspectes sans rien trouver. En fin de journée, une nouvelle enveloppe m'attendait dans le bureau d'Emmanuelle. Je passai la chercher, ce qui ne prit que quelques minutes étant donné les rapports que j'entretenais désormais avec mon ex. La brigade étudiait toutes les déposes de colis, visites par coursier et livraisons de nourriture pour trouver comment les victimes avaient pu être touchées simultanément. Les recherches d'ADN et d'empreintes n'avaient rien donné.

Je me rendis à L'Isileko pour dîner. Berckman, blouson épais, casque et gants de cuir, me rejoignit et lança un journal sur la table.

– La Crim' a une fuite, dit-il en me présentant la une du *Parisien*.

« AFFAIRE DES MEURTRES SUICIDES : Les tueurs ciblent les enfants ! » Les premières lignes indiquaient le dénominateur commun : l'âge de six ans.

– C'est la panique ?

– Psychose générale.

– Je vais interroger les familles qu'Honfleur a dénichées aux archives avant que ça ne tourne au vinaigre, décidai-je.

Je réussis à fixer deux des trois rendez-vous au lendemain. La famille des jumeaux, absente pour la semaine, rentrait le lundi suivant.

23

Je me garai dans une petite rue de Malakoff et ouvris le dossier. Le garçon décédé se nommait Jordan Jolih. La famille habitait au rez-de-chaussée d'un immeuble des années soixante. Le père était inspecteur à la Sécurité sociale, la mère, coiffeuse à domicile. Ils avaient un deuxième enfant de trois ans et demi, Brandon. Les Jolih semblaient anéantis par la perte de leur aîné. La tristesse, le manque avaient creusé leurs rides comme il creuse le cœur des hommes. Aucun mot n'était assez fort pour qualifier la perte d'un enfant. Il n'y avait plus de logique, plus de dieu. L'ordre des choses était rompu. Je savais qu'en matière d'interrogatoire, l'expérience ne servait à rien. Chaque cas était différent.

– Dans quelles circonstances est mort votre fils ?

– On est obligés de reparler de tout ça ? demanda la mère, l'air épuisé.

Brandon se manifesta bruyamment en sautant sur le canapé.

– Nous cherchons des similitudes entre plusieurs affaires. La mort de Jordan est peut-être liée à d'autres décès inexpliqués.

La mère porta la main à sa bouche et pâlit. Il y eut un silence, puis elle parvint à articuler :

– Vous parlez des meurtres suicides ?

Je baissai ostensiblement la tête vers mes notes. Elle se tourna vers son mari et lui dit sur un ton de reproche :

– Tu vois, je te l'avais dit !

– Atavédi, atavédi, ATAVÉDI, imita Brandon en hurlant de plus en plus fort.

Le père me fixa et je répondis en éludant :

– Je ne peux rien dire pour le moment. Comment avez-vous eu cette idée ?

– On a lu dans le journal cette histoire de meurtres d'enfants de six ans. Ma femme a réalisé que Jordan avait le même âge.

– Vous ne partagez pas son opinion ?

– Nous cherchons un coupable ! Nous ne savons pas de quoi est mort notre fils. On nous a même soupçonnés de l'avoir tué, asséna le mari.

– Revenons à la soirée qui a précédé sa mort. Qu'est-ce qu'il a mangé ?

– Jordan était très difficile. En dehors des pâtes, du poulet et de la glace, il n'aimait rien.

– Poulet, poulet, poulet ! répéta Brandon.

– Impossible de lui imposer quoi que ce soit, reprit le père.

– Et son emploi du temps ?

– Il n'était pas très actif, précisa la mère. Il avait des problèmes moteurs, vous comprenez. À trois ans, son frère cadet avait déjà le dessus. Jordan restait souvent immobile, perdu dans ses pensées.

– Il était… attardé ? risquai-je.

– Pas du tout, au contraire, le meilleur de sa classe, mais peut-être un peu autiste. Il était capable de dire combien il y avait de coquillettes dans une assiette. Un truc incalculable à moins d'y passer une journée entière.

– Journée en terre, JOURNÉE EN TERRE, chanta Brandon.

J'avais le sentiment d'être le seul à entendre le gamin s'époumoner. Avait-il cessé d'exister pour eux ?

– Brandon, tu veux bien aller jouer dans ta chambre pendant que je discute avec tes parents.

Soulagé d'avoir obtenu un peu d'attention, l'enfant sortit calmement.

– Aurait-il pu parler à des inconnus ? Manger un bonbon qu'il aurait ramassé quelque part ?

– Jamais de la vie. En dehors de sa famille, sa maîtresse, ses leçons et un copain qui le défendait, le reste de l'univers n'existait pas pour Jordan. Il passait toutes ses récréations debout, planté dans un coin de la cour, là où son ami l'avait emmené. Il me donnait du souci, dit-elle en baissant les yeux.

Je leur présentai les photos du lotus et leur demandai s'ils avaient observé ce motif les jours précédant le décès de leur fils. Ils hochèrent négativement la tête.

– Notre petit a été tué par les meurtriers dont parle la presse ? interrogea de nouveau la mère.

J'aurais voulu les rassurer en partageant mes convictions, mais la prudence l'emporta. Je leur promis de les tenir informés.

La deuxième famille habitait une villa bourgeoise du huitième arrondissement. Corentin Villon était fils unique. Ses parents travaillaient à leur compte pour une petite imprimerie située à Courbevoie. Le couple me reçut dans un salon meublé Arts déco. J'observai la jeune femme. Hautaine et ne portant que des vêtements siglés, elle prenait la pose. Le mari me dévisageait comme un cobra devant une mangouste : impossible de savoir qui aurait le dessus.

– Corentin est mort il y a six mois… on ne comprend pas ! dit-il.

– C'est vrai, ajouta sa femme.

Leur fils avait jailli hors de la voiture, sans raison apparente. Deux témoins avaient affirmé que la mère tenait le volant lorsque Corentin avait chuté sur la voie. Le rapport concluait à un accident de la circulation.

– Nous reconsidérons les événements quelques mois plus tard, avec un peu de recul. Une procédure normale. Y a-t-il eu dans l'attitude de votre fils des choses qui vous ont paru étranges ?

– J'ai pensé qu'il avait été possédé ! affirma la mère.

– Pourquoi ?

– Mon mari a perdu ses parents l'année dernière, maintenant c'est notre fils. On nous a jeté un sort ! s'écria-t-elle.

– Et vous avez une idée des personnes qui en ont après vous ?

– Des jaloux, c'est évident !

– Que faisait votre fils avant de tomber de voiture ?

– Il s'est mis à crier des mots incompréhensibles. Possédé, on vous dit.

– Et juste avant ?

– Il buvait un chocolat chaud…

Ce n'était pas le goûter d'un enfant de six ans, j'imaginais plus volontiers des tartines de Nutella.

– Le lait, quelle marque ? questionnai-je.

– C'était de l'eau chaude.

– La marque du chocolat en poudre ?

– Banania.

– Pouvez-vous me l'apporter ?

– On n'allait pas garder ce pot indéfiniment, on l'a jeté.

– Est-ce que la police a analysé son contenu ?

– Mais non ! Ils ont classé l'affaire en accident de la route ! Et puis, à quoi bon se poser la question, il en prenait tous les jours.

– Montrez-moi sa chambre, demandai-je.

L'univers de Corentin était spartiate. Un lit, vraiment petit pour un enfant de six ans, une table et un tabouret. On n'avait pas dû changer ses meubles depuis longtemps. Un carnet, quatre feutres, cinq crayons de couleur et une trentaine de livres traînaient sur la table. J'ouvris le carnet. Des noms, des références et des titres écrits maladroitement.

– Qu'est-ce que c'est ?

– Les livres qu'il empruntait à la bibliothèque. Il avait la cote avec la dame de l'accueil et pouvait en prendre dix d'un coup, le samedi. Ceux-là sont des cadeaux de la bibliothécaire. Elle l'adorait.

– Bien, je vais vous laisser…

En faisant demi-tour, je longeai la chambre des parents et ouvris la porte. Elle offrait le même dénuement que les autres pièces. La seule décoration consistait en un grand nombre d'emballages arborant sigles et logos de grandes marques parisiennes. Tout, ici, trahissait une vie mesquine et écœurante.

– C'est tout ? demanda la mère.

– Je ne peux rien dire de plus, on vous tiendra au courant, répondis-je.

– Vous vous foutez de nous ! s'écria le père. Vous débarquez comme ça, on doit répondre à toutes vos questions… et merci, au revoir !

– Vous savez ce que l'on vit depuis des mois ! ajouta la femme.

– Je suis désolé, répliquai-je en leur tournant le dos.

Je dévalai les marches du perron lorsque j'entendis le père Villon hurler qu'il n'en resterait pas là.

En face de chez eux, se trouvait un petit magasin de proximité. J'entrai et m'achetai du pain et un pot de Nutella.

24

« Monsieur Lentoine, vous êtes là? »

« Oui, monsieur Éliaz. Comment vous sentez-vous? »

L'adresse email d'Éliaz paraissait différente de la fois précédente. Le docteur consulta le dossier. Le 10 octobre, le courriel émanait d'un certain eliaz@eliaz.fr. Le 17 octobre, eliaz@eliaz.com. Le 24 octobre, eliaz@eliaz.org. Cette fois-ci, le 31 octobre, eliaz6@eliaz.fr. Combien de messageries avait-il à sa disposition ?

« À mon grand soulagement, je n' ai pas eu de crises depuis vendredi dernier. »

« Vous êtes sur la bonne voie. Je souhaiterais revenir sur la prophétie évoquée la semaine dernière. Pourquoi pensez-vous qu' elle vous est destinée? »

« Un très grand nombre d' éléments décrits dans ce document présentent des similitudes avec ma vie. J' ai atteint un rang élevé dans ma profession. J' ai réalisé des choses exceptionnelles, je suis une sorte d' élu. Et puis, j' ai compris qu' à cause d' elle, on allait s' acharner sur moi et essayer de me détruire. C' est à ce moment-là que j' ai décidé de ne pas me laisser faire. »

« C' est-à-dire? »

« Je révèle l' obscurantisme des faux innocents. »

« Mais encore? »

« Vous comprendrez plus tard. Je ne sais pas si je peux vous faire confiance. »

« Vous êtes à nouveau dans votre délire. Vous devez sortir de cette logique, revenir à la réalité pour que votre eczéma disparaisse. »

« Tout ce qui m' arrive est bien réel. »

« Je ne parle pas de votre eczéma… »

Et encore, songea Lentoine, il n'a peut-être plus d'eczéma mais s'est convaincu du contraire. Il prit le temps de feuilleter leurs premières communications et nota qu'un des spécialistes estimait Éliaz guéri.

« Tout ce que vous me dites concernant cette prophétie est hors de la réalité. Vous ne vous en rendez pas compte? »

« Vous m' agressez. Vous me prenez pour un débile mental? »

« Il est de mon devoir de vous faire comprendre que vous n' êtes pas sensé. »

« J' ai l' habitude de gérer ma vie, seul, depuis longtemps et tous les gens qui me côtoient me font confiance. »

« Parlez-moi de votre enfance. »

« C' est douloureux. Des personnes indignes d' être évoquées. »

« Ne parlons pas de ces personnes, parlons de vous. Comment avez-vous vécu votre enfance? »

« Seul. »

Le curseur clignota un temps. Lentoine attendit.

« Entièrement seul. Je suis fils unique. J' ai appris grâce aux études et aux livres. Je ne dois mon empire qu' à moi-même. »

« Qu' éprouvez-vous en pensant à cette époque? »

« Je n' ai jamais reçu l' amour que je méritais. Un sort malheureusement réservé aux maîtres, aux faiseurs de la grande Histoire. »

« Vous faites donc partie des grands de ce monde… »

« Vous seriez surpris. »

« Dites-m' en plus sur ces personnes qui veulent vous nuire. »

« C' est compliqué. Lorsque quelque chose me contrarie, j' échafaude plusieurs théories. De la plus neutre à la pire. Je recueille alors tous les indices imperceptibles au commun des mortels et j' observe vers quelle option la problématique tend. C' est la pire qui est toujours validée. J' ai de nombreux exemples. »

« Donnez-m' en un concernant un événement récent. »

Yves Lentoine attendit dix minutes une réponse qui ne vint pas. Il songea qu'Éliaz avait quitté l'entretien et envoya :

« Vous n' avez pas trouvé d' exemples concrets ? »

« J' en ai tellement que je ne sais lequel choisir ! D' autre part, je ne peux pas tout vous dire… »

Le docteur en avait assez de ces fuites et dénégations à tout bout de champ. Ils n'avançaient plus.

« La séance est terminée. À la semaine prochaine. »

« C' est un peu agaçant, la manie que vous avez de toujours avoir le dernier mot. Et après, vous vous étonnez que je ne vous fasse pas confiance ! »

Lentoine ne répondit pas. Ce patient devenait péremptoire. Allait-il continuer à l'analyser ? La question se posait réellement. Il prit une feuille et résuma :

« Éliaz pense être l'élu d'une prophétie ? Il croit accéder à la reconnaissance de personnes de rang supérieur. Puis il réalise que cela le désigne comme cible. Un événement agressif (divorce ?) intervient et concrétise ses craintes (On veut l'anéantir. La prophétie évoque ceux qui s'acharnent sur lui). Il réinvestit l'énergie de sa passion pour la prophétie dans une énergie destructrice. Personnage érotomaniaque ? »

Le docteur nota les adresses d'Éliaz et appela son assistante.

– Ma chère Catherine, qu'est-ce que ces adresses e-mail signifient pour vous ?

– C'est Zorro ?

Le docteur acquiesça d'un signe de tête.

– Il change à chaque fois ? demanda-t-elle.

– Oui.

– Vous avez essayé d'écrire à l'une de ces anciennes adresses ?

– Non. Il prend contact à 18 h 00 précises et je me borne à taper « répondre ».

– Si j'étais vous, j'essaierais.

– Il me faut une raison valable. Nous venons de communiquer, il va trouver ça étrange.

– Je parie que ses anciens mails ne marchent plus.

– S'ils fonctionnent encore, je prends le risque de perdre le client.

– Vous faites comme si vous écriviez à quelqu'un d'autre. S'il s'en rend compte, vous dites que vous vous êtes trompé.

– Je vais prendre notre « Zorro » pour une personnalité importante. Vous avez une idée ?

– Le sergent Garcia ? Tornado ?

– Merci de votre aide, Catherine. Heureusement que vous êtes là !

– Je ne vais pas tarder à rentrer chez moi, Bernardo m'a téléphoné pour un dîner en amoureux, ajouta-t-elle.

– Bernardo était muet, répondit Lentoine qui savait qu'elle vivait seule. Je vous rappelle qu'il s'exprimait avec les mains.

– Vous avez quelque chose contre l'expression corporelle ? lui dit-elle d'un air coquin.

Un petit jeu de séduction s'était installé entre eux, conséquence de leur parfaite entente.

Le thérapeute s'inspira d'un court texte écrit quelques jours plus tôt à l'un de ses collègues réputés. La lettre débutait par « cher confrère ». Il l'adressa à eliaz@eliaz.fr et appuya régulièrement sur la touche « recevoir ». Une minute plus tard, un courrier d'erreur stipulait que l'adresse n'existait pas. Le même e-mail partit à l'adresse qui fonctionnait quinze minutes plus tôt :

eliaz6@eliaz.fr. Le message revint à l'identique, en alerte erreur. Lentoine était fixé.

De son côté, « Éliaz » observait son profil dans le miroir de sa chambre. Il posa les mains sur son cou et remonta vers les tempes. Huit ampoules mitraillaient son visage de leurs watts. Ses yeux écarquillés scrutaient chaque millimètre carré de peau. Il crut déceler une tâche brune sur le haut des pommettes. Fou de rage, il frotta l'épiderme de toutes ses forces, se griffa à plusieurs reprises et ferma les yeux. Plusieurs minutes s'écoulèrent. Ses ongles rougis tremblaient nerveusement. Lorsqu'il s'approcha à nouveau du miroir, de larges traînées vermillon marquaient ses joues. Alors, il prit conscience d'une forte sensation de picotement. Sa bouche se tordait de douleur. La crise d'eczéma était bien là. « C'est la preuve que ce n'est pas le bon », susurra-t-il.

25

Alisha et son fils suivirent le sentier qui menait à la forêt. En compagnie des arbres, Nathan interrogeait sa mère. Un rituel. Cette boule était-elle un fruit ou un champignon ? Quel jour reviendraient les coccinelles ? Que mangeait la salamandre ? Pourquoi le merle sifflait-il si fort ? Les moustiques étaient-ils les seuls à boire du sang ? Pourquoi les escargots bavaient-ils ? Combien de temps fallait-il à un gland pour devenir le roi de la forêt ? Ils se posèrent contre le grand chêne. Alisha lui avait appris comment se ressourcer auprès du doyen végétal, le dos en contact avec le tronc, en n'oubliant jamais de demander la permission, puis de remercier.

– À l'école, ils ont coupé un arbre. On était tous tristes parce qu'on aimait bien jouer avec.

– Qu'est-ce qui n'allait pas ?

– Il était malade, il aurait pu nous mourir dessus.

– Ils l'ont remplacé ?

– Non.

– Alors on vient de perdre un aspirateur à carbone et un créateur d'oxygène…

Alisha expliqua à son fils que la surface cumulée de toutes les feuilles recto, verso d'un jeune châtaignier représentait cinq mille mètres carrés utiles à la production d'oxygène. Un vieux chêne de quarante mètres de haut offrait dix mille mètres carrés de surface absorbant le dioxyde de carbone.

– C'est pour ça qu'il est important de laisser vieillir les arbres, conclut-elle.

– Est-ce que tu crois que les gens qui s'intéressent à la nature, c'est parce qu'ils en ont ras le bol ? interrogea Nathan.

– Ras le bol de quoi ?

– De tout, comme la maîtresse.

– Les gens qui en ont ras le bol de tout ne s'intéressent qu'à eux. Il faut s'aimer soi-même pour se tourner vers les autres et la nature.

– Il y a des gens qui s'aiment pas et qui s'intéressent à la nature pour faire mourir les hommes, dit alors Nathan.

– Utiliser la nature pour tuer..., répéta Alisha.

– Oui, répondit fermement Nathan.

– C'est papi qui t'a raconté ça ? Il t'a fait lire la prophétie ? demanda-t-elle d'un air excédé.

– Non, c'est Gabriel qui me l'a dit.

Alisha fronça les sourcils.

– Quand Gabriel est mort, tu n'avais que deux ans. C'est impossible que tu te souviennes de lui...

– Il est venu me voir, dans ma chambre, l'autre jour. C'est lui qui me l'a dit.

– ...

– Il vient me voir souvent, la nuit. Il ressemble à la photo que papi Derrone a dans son tiroir, mais en plus transparent.

– Tu sais, il y a beaucoup de gens sur cette planète qui ne

croient pas à ces choses-là. Alors c'est mieux de ne pas en parler. À personne. D'accord ?

– D'accord. Pourquoi tu sais tout sur la nature ?

– J'ai appris auprès de quelqu'un qui en sait beaucoup.

– Qui ?

– Ton grand-père, papi Derrone.

– Et lui, il a fait comment ?

– C'est une longue histoire. Tu veux que je te la raconte ?

Nathan fit oui avec la tête.

– Papi habitait dans un village du Tarn-et-Garonne et travaillait comme jardinier, pour la mairie. Il n'utilisait aucun produit chimique et parlait aux plantes. Les gens le trouvaient farfelu, mais le laissaient tranquille. Il faut dire qu'il avait les plus beaux parterres de fleurs du département. Grand-père arrachait les mauvaises herbes à mains nues. Même les plus coriaces, tu sais, celles qui ont des racines d'un mètre de long, les carottes sauvages. Il leur demandait la permission.

– Aux plantes ?

– Oui. Elles sortaient toutes racines dehors, comme si elles avaient poussé dans du beurre. Il leur disait qu'elles devaient libérer le lieu. Ces plantes, pour la ville, ne méritaient plus d'être regardées ni même d'être foulées. Mais il existait un paradis pour la mauvaise chlorophylle. Deux sites pas bien grands, laissés à l'abandon. Un coin du jardin de papi et un espace retiré, situé derrière un entrepôt qui appartenait à la mairie et qui n'intéressait personne. Ronces, orties, chardons, pissenlits et ombellifères fleurissaient là, tranquillement.

– Ça devait être beau ! dit Nathan.

– La ville embauchait du personnel que ton grand-père formait. Un jour, un nouvel assistant est arrivé en l'absence de papi, parti en vacances. Quand le jeune homme a vu le site abandonné, il a acheté du désherbant et, croyant bien faire, il a répandu le poison sur toute la zone franche. Six jours plus tard, ton papi a découvert le terrain où le monstre gorgé d'arsenic avait déployé ses tentacules. Le soleil avait encouragé l'action chimique et, pour la première fois, la terre était nue, couverte de cadavres d'herbes folles.

Nathan écoutait, la bouche ouverte.

– Grand-père a compris que son lien privilégié avec la nature était rompu. Il ne pourrait plus négocier avec les plantes.

Nathan ne disait rien, les larmes aux yeux.

– Il est resté à genoux devant le terrain abandonné du vieil entrepôt. Le soleil s'est couché, papi ne bougeait pas. Certains le croyaient décédé, mais le trouvaient trop original ou trop impressionnant pour le déranger même dans la mort. D'autres pensaient qu'il pleurait. Moi, je sais qu'il demandait pardon aux herbes. Au milieu de la nuit, grand-père s'est levé. Au petit matin, il donnait sa démission. Mais ce papi-là avait encore une petite flamme dans les yeux. Un endroit sur cette planète abritait des populations capables de traiter la nature avec respect. Le lendemain, il partait loin de France.

– Et mamie ?

– Elle avait eu une grave maladie, quelques mois plus tôt.

– C'est pour ça que je l'ai jamais connue ?

– Oui.

– Et toi, t'étais où ?

– Avec papi. On vivait avec des gens qui connaissaient les pouvoirs des plantes. Grâce à eux, ton grand-père a compris qu'il pouvait soigner. Nous sommes revenus en France pour mes huit ans et il s'est installé comme guérisseur. Voilà ! On rentre, je vois

Yoann ce soir, tu sais le monsieur qui est venu voir grand-père l'autre jour.

– Oui, il va venir souvent, maintenant.

– Qu'est-ce que tu racontes ?

– C'est pas moi, c'est dans ma tête.

Alisha se garda d'émettre un commentaire. Les choses se mettaient en place et ça l'inquiétait.

Sur le chemin du retour, Nathan soliloquait, perdu dans ses pensées : « C'est pas normal que des plantes elles peuvent pas vivre tranquillement et qu'il faut leur demander pardon parce qu'y en a qui les ont tuées autre part... »

Je retrouvai Alisha à L'Auberge du boulevard, porte d'Auteuil. J'avais réservé une table à l'abri des regards, placée à proximité des épaisses tentures en velours grenat du restaurant. La jeune femme dégageait une assurance qui me perturbait et m'attirait. Elle travaillait comme chercheur en agroalimentaire à l'université de Paris-Sud à Orsay. Le repas s'acheva sans que je tente de la séduire. Je l'avais imaginée à genoux devant moi, portant seulement sa blouse de jardin, courbée en avant contre une table, puis nue sous les draps, sa peau se découvrant petit à petit.

Nous nous levâmes et prîmes nos manteaux.

– Au sous-sol, la salle de réception a des clefs de voûte, dit-elle.

– C'est moi qui t'invite et c'est toi qui sais ça !

– Oui, monsieur. Tu m'imaginais recluse à côté de mes ruches !

– Que dois-je savoir d'autre ? Tu as couru les plus grands restaurants en compagnie d'un maharadjah ?

– Exactement. Je m'appelais Lisa, il m'a rebaptisée Alisha qui signifie « la protégée de Dieu » en Inde.

– Donne-moi ta carte d'identité.

– Viens la chercher, dit-elle en dévalant l'escalier de pierre.

Les appliques diffusaient une lumière douce qui s'estompait au bas des marches. Alisha avait disparu dans l'obscurité. Plus un bruit. Nous étions seuls. La fraîcheur de l'endroit, les pierres sombres… je me trouvais maladroit. J'enfonçai les deux mains dans les poches de mon blouson, attendis sans un mot et fis un pas. Je sentais sa présence, tout près. Comme un putain d'adolescent, j'entendais les pulsations de mon cœur qui couraient le long de mes tempes. Je pris la main d'Alisha, me glissai dans son dos et l'entourai délicatement, comprimant ses seins contre mon bras.

– Pas une seconde sans penser à toi, murmurai-je.

– C'est impossible, répondit-elle.

Je déposai un baiser dans son cou puis lentement, soufflai sur la peau mouillée comme pour dégager une plume. Elle allait frissonner, je dégageai le col de son chemisier et lui mordis doucement la peau, juste dans le creux formé par l'épaule, là où ses poils commençaient à se dresser. Elle poussa un petit cri de surprise. Je la goûtai enfin. Elle sentait la mie du pain qui sort du four. Cet accès à sa peau et à son odeur alors que nous ne nous étions pas embrassés me fit un effet considérable. Nous étions trop proches pour qu'elle ne s'en rendît pas compte. Elle se dégagea et me laissa seul, à nouveau, dans le noir.

– Je ne peux pas.

– Pourquoi ?

– Ma vie est compliquée, j'ai un enfant…

– Je n'ai pas de problème avec ta vie.
– J'ai quelqu'un…
– Je ne te crois pas.

Je tendis le bras en avant, sans bouger et continuai à allonger la main en espérant qu'elle s'approcherait. Cinq longues minutes à triturer l'invisible. Je m'obstinais à penser qu'elle allait me rejoindre. Soudain, ma main rencontra le bout des doigts d'Alisha et j'eus un choc. Elle aussi tendait la main vers moi ! Je pris son poignet. Elle se dégagea et saisit le mien. Elle relâcha son emprise et fit mine de s'éloigner. Avant qu'elle ne s'échappe, j'enfonçai mes doigts au creux de sa main et la forçai à s'ouvrir pour que nos phalanges s'emmêlent. Mon pouce caressa la partie charnue de sa paume. Tout doucement, j'insistai sur la zone sensible, le centre de la main, là où toutes les lignes de vie, de cœur et de chance se retrouvent. Le grain de sa peau me donnait la chair de poule. Elle se mit à bouger les doigts d'arrière en avant entre mes phalanges. C'était si puissamment suggestif qu'elle devait lire dans mes pensées. Je m'approchai d'elle et glissai mes mains sur ses épaules.

– Alisha…
– Oui…

Je l'embrassai.

– Je vais rentrer, dit-elle.
– Je te raccompagne.
– J'ai ma voiture, ne t'inquiète pas.
– On se voit demain ?
– Oui, appelle-moi.

Impossible de trouver le sommeil. À deux heures du matin j'affichai l'énergie d'un coureur de marathon au départ. Mon portable sonna. Alisha.

– Tu ne dors pas ? demanda-t-elle.

– Non.

– J'hésitais à t'appeler.

– Tu as bien fait. Comment ça va ?

– Je pense beaucoup à notre soirée…

– Si j'étais près de toi, je te raconterais ce à quoi je pense…

– Quel genre ?

– Une image de toi qui m'obsède.

– Dis-moi…

– Je te vois nue, de dos, devant une fenêtre ouverte, avec tes longs cheveux noirs qui descendent jusqu'aux fesses.

– Viens, j'ai une fenêtre qui peut s'ouvrir, dit-elle en riant.

26

Lundi 3 novembre 2008, à la troisième DPJ.

Je me trouvais face à Christian et lui relatai mes entretiens avec les familles des jeunes victimes interrogées trois jours auparavant.

– Et tu n'as trouvé aucun point commun entre les gamins Villon et Jolih ? me demanda-t-il.

– On peut pas faire plus différent.

– Genre ?

– Le fils Jolih, limite autiste. L'autre a des parents obnubilés par le fric. Il passait son temps à bouquiner, sans doute pour oublier.

– Il n'était pas en retard…

– Qu'est-ce que tu veux dire ?

– J'ai un neveu qui a six ans. C'est l'âge où l'on apprend à lire. Je lui ai offert un livre pour son anniversaire, croyant bien faire. Il a pris ça comme une punition. Ton gamin devait être doué.

Le silence qui suivit était de ceux qui précèdent les verdicts. Sans nous concerter, nous prîmes chacun un dossier. Berckman consulta l'affaire Luzignan et lut l'interrogatoire mené auprès de l'institutrice de la petite Vanessa : première de sa classe. Je parcourus le rapport Moulin-Vert. Le fils Arturo, six ans, celui qui vivait avec son père au quatrième étage, lisait également. Cela n'en faisait pas un génie mais démontrait son intérêt précoce pour la lecture. Jordan, malgré une atonie critique, avait des résultats excellents. Sa mère avait insisté sur ce point. Je saisis la prophétie.

– Qu'est-ce que tu penses de « L'enfant éclairé de réponses » ? demandai-je.

– Un surdoué ?

– C'est évident ! Un nouveau point commun avec le testament, ajoutai-je.

– Le meurtrier souhaite que la prophétie se réalise. Peut-être un disciple du Moine, un membre de sa famille… Ton magnétiseur, il est sûr ? interrogea Berckman.

– C'est lui qui m'a confié la prophétie, répondis-je.

– Ce ne serait pas le premier malade à vouloir se mesurer à la police.

– Le Moine avait un fils, proposai-je.

– Faudrait qu'on arrive à le crocher[1]…

Berckman allait ajouter quelque chose, mais il hésita.

– Quoi ?

– Ça fait dix jours qu'on n'a pas eu de nouveaux cas, dit-il.

– Où veux-tu en venir ?

– Notre enfoiré est en phase accélératrice depuis le début de l'année avec un intervalle de huit jours entre les deux dernières affaires et une échéance annoncée à fin décembre. Et depuis qu'on a la prophétie, il ne se passe rien !

---

1. L'attraper en langage policier.

– Peut-être qu'il a atteint son objectif, suggérai-je sans y croire.

– Peut-être. Ou il nous nargue.

– Bon. Et alors ?

– Que représente ce magnétiseur pour toi ?

– Il soigne ma mère…

– Je te connais…

Je fermai la porte de notre bureau et m'approchai de lui.

– Je suis avec sa fille.

– Putain ! On le filoche, tranquille, discret, juste pour nous rassurer… et on demande à Gutineau de le mettre sur écoute.

– Pas question. D'ailleurs, je te signale que son petit-fils aussi a six ans, opposai-je.

– Justement, conclut Berckman.

Ses soupçons faisaient écho à l'un de mes souvenirs. Le jour où j'avais rencontré Alisha, j'avais ressenti le besoin irrationnel de ne pas lui avouer être flic. Se pouvait-il qu'inconsciemment mon œil ait saisi des détails compromettants ? Comme la présence de ces abeilles alors que le journaliste décédé de *Paris Match* en parlait. Suffisait-il d'être apiculteur pour être coupable ? Non. Évidemment. Désormais, je couchais avec elle. Si elle était impliquée, je risquais un renvoi ou, pire, le statut de complice. L'effet pervers de mon attirance pour Alisha est que je n'arrivais plus à penser sereinement à cette enquête.

Le nouveau rapport de la brigade criminelle, copié par Emmanuelle en fin de matinée, validait notre théorie. Cent pour cent des victimes de six ans avaient des résultats scolaires exceptionnels alors que les enfants de ce niveau représentaient seulement 2,2 % de la population française. Les surdoués étaient la cible, les autres avaient eu le malheur de les côtoyer. Ça paraissait évident à la lecture du rapport. En poussant leurs investigations auprès des rectorats de Paris et d'Île-de-France, la Crim' avait découvert qu'une épreuve nationale obligatoire évaluait le niveau de lecture des enfants de six ans. Chaque école primaire transmettait ses résultats sur fichier informatique. Or les ordinateurs des académies de Créteil, Versailles et Paris avaient été piratés en novembre 2007. Un mois après la remise des évaluations. Et deux mois avant les premiers meurtres…, songeai-je. Le rapport de la brigade mentionnait quatre nouveaux cas. Les trois dénichés par Marc Honfleur et… l'affaire Luzignan. Il était noté plus bas : « Interrogatoires en cours. » Ni la famille Jolih, ni celle des Villon n'avaient mentionné ces rendez-vous. Les coups de fil avaient donc été donnés après ma visite.

– On laisse tomber le dernier cas, celui des jumeaux, dis-je à Berckman.

– Pourquoi ?

– La Crim' a consulté les archives, ils doivent déjà être auprès des parents.

– Les Villon et les Jolih, ils ont ton nom ?

– Ce qu'ils ont compris au téléphone. Je ne leur ai pas laissé ma carte.

– Bon et alors…

– La brigade a découvert l'affaire Luzignan.

– Ça nous pendait au nez depuis un moment.

– Le juge De Fréjon va dessaisir Gutineau et nous dans la foulée.

– Va le voir.

– Tu as raison.

Le juge était absent. Sa secrétaire m'indiqua le restaurant où il déjeunait en compagnie d'un avocat que je connaissais. Ils commandaient un café lorsque je me campai devant leur table.

– Désolé de vous déranger, dis-je en fixant le juge, j'ai de nouveaux éléments urgents concernant notre affaire.

– Nous avons fini. Asseyez-vous, proposa le magistrat.

L'avocat comprit qu'il gênait, mais n'en laissa rien paraître et continua de siroter son café. Je ne fis aucun effort pour combler le silence. Finalement, il prit congé.

– Nous pouvons rester là. Je suppose que la situation est critique et l'endroit est sûr, annonça le juge.

Le Symposium, rue de la Huchette, n'avait pas les faveurs de ses confrères du Palais et c'est pourquoi le magistrat adorait l'endroit. Il commanda un cognac.

– Désirez-vous quelque chose ? me demanda-t-il.

J'avais d'autres préoccupations que mon ventre vide.

– La Crim' est sur notre dos, lui confiai-je.

– Expliquez-moi.

– Nous avons trouvé trois vieilles affaires qui correspondent point pour point aux critères des meurtres récents : absence de mobile, décès inexpliqués d'enfants de six ans, tous surdoués.

– Ce sont les points communs ?

– Oui. J'ai interrogé deux des familles, jeudi dernier. La Crim' s'en occupe depuis ce matin. Ils vont être surpris d'apprendre qu'un flic est passé…

– Bon…, dit le juge pensivement.

– Ça s'est mal passé avec une des familles.

– C'est ennuyeux… Quel genre ?

– Bourgeois chiants. J'ai posé des questions sans donner d'explications. Le type a poussé sa gueulante.

Je respirai, puis achevai le tableau :

– La Crim' a fait le rapprochement entre notre affaire Luzignan et les meurtres suicides dont ils s'occupent.

– Ils ne sont pas très rapides, dit le juge en se voulant rassurant.

Après quelques minutes de silence, il reprit :

– Nous restons sur nos positions. L'enquête sur Luzignan vous a mené à ces anciens cas. Il ne s'agit pas de meurtres multiples, n'est-ce pas ?

– Non. Des cas isolés.

– Ce qui établit un lien avec notre enquête. Auriez-vous pris cette direction sans l'aide de la brigade criminelle ?

– Oui. Grâce à une prophétie qui désigne les enfants. La Crim' n'en a pas connaissance.

– Faites-moi un rapport dans ce sens. Je le veux cet après-midi et daté de mercredi dernier. Vous avez un peu d'avance, maintenez-la. Vos pistes ?

– Pas grand-chose, c'est le problème.

– Et la Crim' ?

– Pareil…

– Mettez les bouchées doubles et dormez au QG. J'ai besoin de vous, vingt-quatre heures sur vingt-quatre.

– Et si on nous dessaisit ?

– Nous n'en sommes pas là.

Le juge se leva et me tendit la main.

– À très bientôt, ajouta-t-il en s'asseyant.

Arrivé au bureau, je compris à la grimace de Berckman que les ennuis continuaient.

– Quoi encore ?

– Ponstain veut te voir. Il a été convoqué chez le patron.

– À quel sujet ?
– Si je le savais, ça irait mieux.
– Qu'est-ce qu'il a dit ?
– Il voulait savoir où tu étais, il t'attend, alors grouille-toi qu'on soit fixés...

– Salut, dis-je en entrant dans le bureau du commandant.
Ponstain se leva et ferma la porte. Il me désigna le fauteuil et resta debout, puis me fixa avec un froncement de sourcils sans équivoque : l'affaire était grave.
– Je sors du bureau du commissaire. Il a reçu une plainte d'un M. Villon contre un certain « Clivère » qui les aurait maltraités lui et son épouse. Tu as une idée de qui ça peut bien être ?
– Franchement... je ne vois pas, répondis-je dans un sourire.
– Sans dé... dé..., bégaya-t-il avant de se reprendre. Sache que c'est la soupe que j'ai servie au patron. Mais puisque toi et moi on est au courant que tu furètes sur les plates-bandes de la Crim', pourquoi tu ne fais pas un petit effort de discrétion ?
– T'aurais fait pareil...
– J'en ai rien à foutre ! Je ne suis pas à ta place. Tu t'es mis dans ce merdier tout seul et c'est la dernière fois que je te couvre. Compris ?
Signe que la discussion avec le « taulier » n'avait pas été facile, le crâne du commandant brillait de transpiration.
– Je vais faire gaffe, assurai-je en me levant.
– Je ne plaisante pas, Clivel, ajouta-t-il d'une voix lasse. Je te jure que c'est la dernière fois.
Ponstain s'assit. Je ne l'avais jamais vu si abattu. La discussion avait dû dépasser mon cas. Le patron avait compris qu'il me cou-

vrait et avait sans doute vidé le sac à reproches : Ponstain brillait par son absence sur le terrain. Qui sait s'il ne l'avait pas repris sur sa manie de ponctuer chaque phrase pour qu'il en vienne à bégayer de la sorte ?

– Pour l'instant on est couverts…, glissai-je à l'oreille de Berckman. Par contre, on a intérêt à engranger fissa. Réunion ! hurlai-je à l'attention de Honfleur et de Jane.

Berckman attendait ce moment avec impatience. Depuis la soirée passée chez Jane, il avait tout fait pour l'éviter afin de voir comment elle réagissait. De son côté Jane avait multiplié les occasions. Tardant à quitter le bureau, espérant qu'il la raccompagnerait. Mais Berckman n'avait rien proposé. Certains de ses regards appuyés semblaient prouver à Jane qu'il l'appréciait, mais son attitude disait le contraire. Au bout de trois jours de cette partie de cache-cache, Christian en était convaincu : il avait ses chances. Jane, elle, n'y croyait plus.

Sur Internet, le forum autour de la prophétie avait repris de plus belle. Cela n'avait pas échappé à Honfleur qui consacrait ses nuits à noter ce qui s'y disait. Depuis le mois de novembre, la mortalité des abeilles s'amplifiait. Le phénomène générait une profusion de réactions dont la plupart évoquaient la prophétie. Les théories se bousculaient. La dégradation de l'environnement revenait en concept récurrent. Certains prônaient une agriculture entièrement biologique, vierge de pesticides. D'autres focalisaient sur le danger des OGM. Un seul organisme allait à contre-courant et considérait les organismes génétiquement modifiés comme résolument indispensables à la survie de l'homme. Intrigué, Honfleur s'était concentré sur leur site. Leur discours défiait toute logique : seuls les OGM permettraient la réalisation de la prophétie. Il s'agissait d'une organisation du nom de « Bee Free » dont l'adresse renvoyait à Londres.

– Vous avez remarqué, « Bee Free » signifie « Abeilles libres » mais se prononce comme « Be free », c'est-à-dire « Être libre ». C'est curieux, dit Jane.

– Rappelez-vous ce qui est noté : « L'Homme s'est dissocié des trois règnes pour imposer le sien. Il a creusé la Terre et modifié les volumes, il a transformé les gènes », dit alors Honfleur. La prophétie dénonce les OGM, il y a peut-être une piste à creuser de ce côté…

– Les abeilles, la prophétie, les OGM… les sujets traités par le gars de *Paris Match* ! Un drôle de hasard, dis-je.

– Oui, c'est troublant, répondit Jane. Mais on sait qu'il vise les enfants de six ans, donc aucun rapport avec les OGM.

– Je vous rappelle qu'on ne connaît rien du mobile. Donc, on va également suivre la piste OGM, renchéris-je.

– C'est du boulot pour scientifiques, opposa Berckman en râlant.

– Ce type d'agriculture est trop clairement abordé dans la prophétie pour qu'on fasse l'économie de s'y pencher, conclus-je.

Sitôt la fin de la réunion, Berckman prit le bras de Jane et lança, sans même attendre de réponse : « Je te ramène chez toi. »

Elle hocha la tête d'un air grave, se souvenant avec une certaine angoisse de l'état de son appartement : pantalons, T-shirts et chaussettes traînaient partout. « À quoi bon ranger, il viendra plus… », avait-elle pensé. La jeune femme se mordit la lèvre en réalisant qu'une moitié de croque-monsieur posé dans une assiette sale s'éternisait depuis hier soir au pied de son canapé. Accrochée à lui sur sa moto, elle échafaudait des stratégies pour ranger l'urgent en un minimum de temps. Elle n'eut le loisir que d'ouvrir la porte.

Ils avaient à peine franchi le seuil de l'appartement que Christian avait saisi les poignets de la jeune femme et la poussait fermement en arrière jusqu'à ce qu'elle touche le canapé. Là, sans échanger un mot, il l'avait allongée, s'était couché sur elle, un genou malencontreusement planté dans le croque-monsieur et l'avait embrassée avec violence. Ils avaient repris leur respiration, les yeux dans les yeux, avec le regard de ceux qui ne s'en étaient pas crus capables. Leurs mains fouillaient maladroitement les vêtements, dégrafaient les pressions, ouvraient les fermetures Éclair, s'attardaient sur une bordure de slip. Il lui enleva sa culotte et se déshabilla non sans constater que quelque chose de mou et humide collait à son jean. « Oh merde, pas de bol ! » souffla Jane, rouge de honte en voyant le croque-monsieur. Berckman avait souri. Enfin les choses s'inversaient. Il n'avait plus cette « chance » que tous lui jetaient à la figure, lui rappelant inexorablement les infidélités de son ex-femme.

27

Nous consultâmes quelques spécialistes afin de comprendre les enjeux économiques des OGM. Le plus pointu d'entre eux se nommait Gilles Beauvoit, un journaliste et ami d'Honfleur. Il habitait une vieille ferme dans la vallée de la Loire. Comme il avait peu de temps à nous consacrer, il nous recommanda de venir chez lui. Nous partîmes tous les quatre, afin de mener ces investigations scientifiques assez inhabituelles au sein du service.

Les bois de Langeais se cachaient dans l'ombre de Tours, à trois heures de Paris. Je conduisais. Jane avait lancé à Honfleur un innocent : « Passe devant, m'en fiche d'être à l'arrière », auquel Berckman avait ajouté un bienveillant : « Moi c'est pareil, pas grave. » Ils faisaient en sorte que leurs genoux se touchent. Ce simple affleurement émouvait beaucoup Christian comme pouvait en juger Jane dont le regard passait de sa braguette au paysage, avec un sourire idiot. Un kilomètre avant d'arriver à destination, Jane poussa un cri de surprise. Berckman, prétextant lire le nom de la ville sur le panneau, s'était penché vers elle et avait glissé sa main entre ses cuisses. J'avais jeté un coup d'œil dans le rétroviseur et l'échange de regards avait ôté mes doutes. Ils avaient franchi le pas.

Une maison de pierre apparut au détour d'un bosquet de jeunes chênes. En descendant de voiture, je pris le bras de Berckman et le tançai sévèrement : « Ça fait deux ans que tes hormones sont au chômage et je comprends qu'elles veuillent faire des heures sup, mais si t'es pas plus discret, je me débrouille pour coller Jane sur une autre affaire. » Il haussa les épaules sans rien dire.

L'édifice principal, sur deux étages, se poursuivait en un atelier flambant neuf. L'ancienne étable. Un porcelet gambadait dans un enclos, trois poules caquetaient en liberté. L'une d'elles avait élu domicile dans le vaisselier du salon. Chaque matin, elle confiait un œuf à une assiette à soupe garnie de brins de paille, nous apprit Gilles Beauvoit.

– Cinq ans que j'ai acheté la baraque et j'ai toujours pas fini de m'installer, ajouta le journaliste en poussant une pile de cartons.

Son bureau, une caverne mal éclairée aux stalagmites de livres, exhalait une odeur de vieille cheminée qui devait beaucoup fonctionner. Encyclopédies et dictionnaires empilés les uns sur les autres formaient une tour de Pise de presque deux mètres. L'homme, de taille moyenne, affichait la cinquantaine souriante, un éclat malicieux dans les yeux. Honfleur nous avait mis au parfum. Gilles avait taquiné la mort à deux reprises – une fois en Asie centrale, l'autre fois en haute montagne – et on le sentait soucieux de profiter de la vie.

– C'est quoi le sujet ? demanda le journaliste.

– Les OGM et les abeilles. Tout ce que tu as de costaud là-dessus, répondit Honfleur.

– Agriculture, cette pile à gauche. Les sujets sont notés par centre d'intérêt. Pour les abeilles, j'ai des trucs dans l'ordi, je vais vous trouver ça. Faudrait jeter un œil aux documents planqués sous les beaux livres.

Jane réquisitionna un pouf du salon et l'installa dans un coin de la pièce. Nous nous assîmes dans un espace libre entre les livres, sur un tapis afghan qui avait connu la guerre contre les Russes.

– Ça y est, dit Gilles en consultant l'ordinateur. J'ai trouvé ce que je cherchais. Octobre 1990. Premier cas d'abeilles tueuses, aux États-Unis. Jim Loyer, un pharmacien tué par des hyménoptères. Depuis, ils ont recensé plus de mille cinq cents cas, rien qu'en Amérique. Des personnes âgées, des enfants, des chiens aussi… Ces abeilles attaquent dès que l'on s'introduit sur leur territoire. Une fois, on a trouvé plus de huit mille dards sur un cheval.

– J'ai quelque chose là-dessus, dit Jane en montrant une photo. Cette affaire est sacrément célèbre. À Hidalgo, dans le Texas, ils ont créé une statue d'abeille de cinq mètres de long et se prétendent « killer bees capital of the world », la capitale mondiale des abeilles tueuses.

J'écoutais avec attention. Je me souvenais vaguement qu'Alisha avait évoqué les abeilles tueuses lors de notre première entrevue.

– Écoutez ça, reprit Gilles. C'est un article daté du 23 janvier 2001 :

L'origine de la présence des abeilles tueuses remonte à 1956. Le gouvernement brésilien souhaitait améliorer la production de miel du pays et avait chargé un généticien brésilien de trouver une solution. L'expert importa de Namibie des abeilles connues pour leur grande productivité en miel mais réputées pour leur ardeur à se défendre. Il croisa quarante-six reines africaines avec des espèces brésiliennes. Un an plus tard, vingt-six de ces essaims hybrides s'échappèrent du centre de recherches brésilien dans des circonstances mystérieuses. Ces nouvelles abeilles avaient pris les défauts des deux reines – petites travailleuses et très agressives – et colonisèrent l'Amérique centrale, puis le sud des États-Unis, avec une progression annuelle de quatre cents kilomètres par an.

– Des abeilles génétiquement modifiées ! On cherche des infos sur les abeilles et l'on arrive aux OGM. C'est pas banal ! s'écria Jane.

– Non, c'est un croisement, précisa Gilles. C'est différent. On a forcé la fécondation, pas modifié les gènes techniquement.

Gilles Beauvoit nous présenta la carte de l'évolution du fléau. Les premières abeilles tueuses se manifestèrent en 1957 au Brésil. En 1977, elles atteignirent le Venezuela, en 1987 le Mexique et en 1990 les États-Unis. Elles colonisèrent le Texas, l'Arizona, le Nouveau-Mexique et une partie de la Floride. Depuis 1999, elles progressaient moins vite. En 2004, elles frappèrent aussi le Tennessee et le Missouri.

– La caractéristique principale de ces abeilles est la violence de leur réaction, continua Gilles. Toute présence dans un rayon de cent mètres autour de la reine est perçue comme une agression.

– Leur venin est plus toxique ? interrogea Honfleur.

– Non, le nombre de piqûres fait toute la différence. À l'inverse des abeilles européennes, la ruche entière poursuit sa cible. Elles sont si tenaces qu'elles peuvent attendre au-dessus d'une mare que la personne réapparaisse pour attaquer de nouveau. Les chances de survie sont nulles, se débarrasser d'une colonie, impossible, même à coups d'insecticides. Elles affaiblissent les essaims d'origine, font chuter la production de miel et mettent en péril les agriculteurs dont la production dépend de la pollinisation par les abeilles.

– Une histoire de manipulation animale initiée par l'homme qui finit mal, conclut Honfleur.

– À propos de manipulation, dis-je, je viens de trouver la genèse des OGM.

– Je vous laisse, chuchota le journaliste. Je suis à côté si vous avez besoin.

Je commençais la lecture de l'article :

En 1972, les hommes modifient génétiquement un organisme pour la première fois. L'année d'après, on transforme le squelette chimique d'une bactérie à partir de son ADN. Personne ne sait comment cette chose vivante va agir, ni ce qu'elle va devenir. En 1980, une nouvelle étape est franchie : la Cour suprême des États-Unis autorise le dépôt d'un brevet sur un organisme vivant. Trois ans plus tard, le premier plant transgénique voit le jour en Belgique. Du tabac conçu pour résister à un antibiotique. En 1986, apparaissent les premières cultures OGM et l'homme s'en nourrit. Malgré les risques de dissémination et de contamination, trois millions d'hectares d'OGM poussent à travers le monde en 1996, dix millions en 1997, cinquante-deux millions en 2001, puis cent deux millions d'hectares en 2006. Une des craintes actuelles est que les transformations de gène résistant aux antibiotiques passent dans le corps humain. Nous serions alors incapables de soigner des maladies dites bénignes à cause des résistances aux antibiotiques.

– Le prochain titre du film d'Arnold Schwarzenegger, c'est *Terminator versus Terminator*..., annonça Honfleur.

– Qu'est-ce que tu as trouvé ? demanda Berckman.

– Terminator, c'est le nom que des Américains ont donné à la modification d'un gène qui rend la plante stérile dès la deuxième génération. Un concept créé par les firmes agricoles américaines pour que les pays pauvres continuent à acheter des graines au lieu de semer celles récoltées. Ouvrez grand vos oreilles, c'est de la science-fiction...

Le 3 mars 1998, une société américaine basée dans le Mississippi an nonce avoir obtenu le brevet intitulé *Terminator*. Ces plantes modifiées poussent et produisent une récolte normale, mais la graine ne germe pas. Le grain récolté est biologiquement stérile. On peut l'appliquer au soja, au blé ou au riz. Les agriculteurs ont l'habitude de conserver et d'utiliser les graines récoltées pour semer. *Terminator* les en empêche. Une étude menée par l'université de Wageningen pour la FAO établit que des risques sérieux sont à craindre pour les petits agriculteurs déjà vulnérables. Pourtant, un brevet pour la technologie *Terminator* a été accordé en octobre 2005 par l'Office européen du brevet, dans l'indifférence totale, puis par le Canada ou encore l'Australie. Le droit de semer, principe fondateur de l'agriculture, est aujourd'hui breveté et commercialisé.

– Cette société est basée dans quel État ? demandai-je.

– Dans le Mississippi.

– Coïncidence, c'est aux abords de l'État du Mississippi que les abeilles tueuses ont arrêté leur course. Elles préparent une offensive..., dis-je.

– J'ai trouvé quelque chose qui va alimenter ton délire ! lança Jane. La dernière attaque des abeilles tueuses a eu lieu dans le

Missouri, l'État où s'est implantée la firme mondiale du semencier OGM, Monsanto.

– Imaginez que la manipulation génétique Terminator se transmette un jour à l'homme. La stérilité générale annoncée par le Moine prendrait toute son ampleur, affirmai-je.

– Tu ne crois pas si bien dire, ajouta Honfleur en nous présentant un autre article :

Un chercheur allemand a étudié des plans de colza sous serre dont les gènes, modifiés par le procédé *Terminator*, ont transmis leur stérilité aux abeilles. Les mâles en particulier. Un transfert de gènes, du monde végétal au monde animal ! Le gène étranger, utilisé pour modifier les graines de colza, a été transmis à une bactérie vivant dans l'abdomen de l'abeille… rendue stérile à son tour. Cette bactérie se trouve également dans le système digestif humain.

– Les abeilles mouraient déjà de la dégradation de l'environnement, elles vont devoir faire face à la stérilité. C'est pas gagné pour elles…, dit Jane.

– Pour nous ! précisa Marc Honfleur. Il lut à voix haute la prophétie :

Les sentinelles de la Terre s'éteignent en une ultime alarme,
Celle de la stérilité qui gagnera les végétaux, les animaux et les hommes.

– Les abeilles nous guident vers les OGM, et les OGM nous ramènent aux abeilles. Il faut croire que tout est lié, conclus-je.

Cette discussion me donnait le tournis. Délire prophétique et réelle menace écologique se mêlaient avec trop de concordance. Je sentais l'accablement me gagner. Nous prîmes la route vers

Paris, pleine vitesse, un silence pesant régnait dans l'habitacle. Christian avait pris le volant, laissant Jane et Honfleur à l'arrière, muets et immobiles comme deux poissons pierre. Nul doute que la jeune femme boudait. Berckman s'était plié à mes remarques et cela avait l'air de la contrarier.

28

J'ouvris les yeux, réveillé par un air de piano. Une faible lumière pointait derrière les persiennes. Le réveil indiquait 7 h 30. Alisha coupa la musique et ouvrit les volets. Sa chambre occupait l'aile droite de la maison. Elle l'avait décorée de tentures grenat en soie qui entouraient une photo en noir et blanc. Elle représentait un Massaï armé d'une lance, immobile à l'ombre d'un acacia, fixant l'horizon. Il allait pieds nus, portait trois rangées de bracelets de perles aux chevilles et un drap foncé habilement ajusté autour du corps. Il semblait dire : « Je vous attends. » La photo me fascinait. Je relevai mon oreiller et jetai un œil à l'extérieur. Arbres sans feuilles et herbes givrées. Je remontai la couette sur mon torse et observai Alisha. Elle portait un mini T-shirt saumon et un shorty de la même couleur. Qu'il est bon de dormir contre une femme. Ma meilleure nuit depuis longtemps, songeai-je en me souvenant que la prudence aurait imposé l'arrêt de notre relation.

– Chopin au réveil, ça te plaît ? dit-elle.

– Non. J'ai envie de me rendormir.

– Debout ! Je ne veux pas que Nathan sache que nous avons couché ensemble.

Le mercredi, le garçon n'avait pas école et Alisha prenait sa journée. Le petit-déjeuner avalé, direction les ruches. Je me tenais assis sur des rondins de bois, Nathan près de moi. Avec une grande précision, Alisha souleva un cadre de la hausse, le domaine des abeilles. Elle aménageait de nouvelles ruches, les restaurait et regroupait les colonies affaiblies. Des centaines d'alvéoles dorées s'offraient à nos regards en une géométrie parfaite. Les abeilles, ralenties par le froid, ignoraient l'intrusion.

– L'alvéole est une des figures les plus abouties sur terre, dit Alisha.

– C'est-à-dire ?

– C'est un hexagone, elle a six côtés parfaitement identiques.

– Comment elles font les abeilles pour mesurer les côtés ? interrogea Nathan.

– Elles ne les mesurent pas, c'est un phénomène mécanique. Si tu crées une bulle de savon, elle prendra obligatoirement la forme d'une sphère, expliqua la jeune femme. Cette figure est la seule à obtenir les mêmes tensions entre ses molécules. Mais s'il y a plusieurs bulles de même taille, agglutinées les unes aux autres, elles vont automatiquement se transformer en hexagone. Ici, c'est pareil. La cire est dans un état proche des fluides grâce à la chaleur dégagée par les abeilles. 27 °C en permanence. Il suffit de générer des cellules rondes de taille identique, les unes collées aux autres, pour qu'apparaissent des hexagones.

– Des hexagones, répétai-je.

– Comme la France, ajouta Nathan en me fixant.

– Qu'est-ce que tu veux dire ? lui dis-je en souriant.

– La France a six côtés, comme une alvéole…

Je me figeai.

– Excusez-moi, je dois passer un coup de fil.

Joignant le geste à la parole, je m'éloignai rapidement et pris mon portable.

– Tu es toujours au bureau ? demandai-je à Berckman.

– Je pars dans cinq minutes, répondit-il.

– Lis-moi la prophétie, le paragraphe avec l'alvéole.

– Bouge pas…

L'année 1 du deuxième millénaire,
Au cœur de l'alvéole géopolitique,
L'enfant…

– C'est bon, le coupai-je. L'alvéole est un hexagone. La géopolitique nous évoque les frontières d'un pays. Quel pays a la forme d'un hexagone ?

– La France…

– Et au « cœur de l'alvéole géopolitique », tu penses à quoi ?

– L'Île-de-France ! Des enfants surdoués en Île-de-France !

– On est d'accord, conclus-je en raccrochant.

Pourquoi Derrone ne m'avait-il pas éclairé sur ce point ? songeai-je. Que cachait-il encore ? Je revins vers Alisha, mal à l'aise.

– Qu'est-ce qu'il t'a pris ? demanda-t-elle.

– L'affaire sur laquelle je travaille… c'est réglé, tout va bien.

– Ici, il faut éviter les gestes brusques. Si les abeilles n'étaient pas endormies, tu aurais créé une réaction de panique et elles nous auraient piqués…

– J'ai dit ce qu'il voulait, maman, il bougera plus, confessa Nathan.

Je restai interdit.

– J'ignore de quoi il veut parler, mais vu ta tête, toi, tu sais, claironna Alisha.

Mais c'est quoi cet enfant ?

– Si tu as des infos sur les abeilles, je suis preneur, enchaînai-je pour changer de sujet.

Je ne quittai pas Nathan des yeux.

– Cours d'histoire, monsieur Clivel, dit Alisha avec un sourire qui se voulait rassurant.

S'arrangeant pour que sa mère ne puisse le voir, Nathan souleva la manche de mon bras gauche et me fit un clin d'œil. Un frisson me parcourut le dos. Aussi insensé que cela puisse paraître, ce petit garçon de six ans m'intriguait bien plus que nombre d'adultes. Alisha me raconta ce qu'elle savait des abeilles, ou ce qu'elle voulait bien me dire sur les abeilles. L'attitude du gamin me rendait paranoïaque.

– Depuis l'aube des temps, les abeilles et leurs rites sociaux évolués ont acquis une place à part dans le cœur des hommes. Leur présence sur les papyrus égyptiens, mille cinq cents ans avant Jésus-Christ, l'atteste. On prétendait qu'elles choisissaient les élus des dieux ou les dieux eux-mêmes. Sur les tombeaux, elles figuraient comme signes de survie post-mortuaire en symbole de résurrection. Huit siècles plus tard, les peuples grecs développèrent l'art de l'apiculture. Dans la mythologie, le miel représentait le premier aliment des repas de l'Olympe. Outre-Atlantique, la même passion s'observait pour les hyménoptères. Les Indiens d'Amérique considéraient qu'elles détenaient le secret de l'immortalité et donnaient la vie.

– Tu as une idée de la raison de leur disparition ? questionnai-je.

– Les pesticides. Ou plus précisément la recombinaison des

molécules entre elles. Un fongicide, contre les champignons, a peu d'impact sur les abeilles. Un herbicide contre les mauvaises herbes, non plus. Mélangés, ces deux produits interagissent et créent de véritables hécatombes chez les insectes. Ces cocktails mortels se font à l'insu des agriculteurs, dans la terre à cause de la persistance des effets des produits dans le temps. Entre quinze et trente-cinq traitements par an, selon les cultures. Les firmes phytopharmaceutiques prétendent que leurs produits ne sont pas responsables parce qu'on observe des mortalités d'insectes sur des champs qui ne sont plus traités. Mais le problème est plus grave que l'on croit : une étude vient de montrer que quatre-vingt-dix pour cent des eaux de surface et cinquante-trois pour cent des eaux souterraines contiennent un nombre inquiétant de ces produits chimiques, des désherbants pour la plupart. En arrosant son champ avec l'eau des lacs et des rivières, on verse des pesticides ! Affaiblie par les produits chimiques, l'abeille est attaquée par des champignons ou des virus, présents dans la ruche et qui, d'ordinaire, ne la tuent pas. Une aubaine pour les firmes qui brandissent ces conséquences comme des causes, en arguant l'aspect multifactoriel : c'est pas nous, c'est la nature ! Un moyen de se dédouaner.

– Et qu'est-ce qu'on peut faire ?

– Réagir, vite. Notre rapport à la nature doit changer radicalement, une nouvelle gestion de l'agriculture avec beaucoup moins de pesticides s'impose. Aujourd'hui on encourage la production de produits gorgés de substances chimiques à coups de subventions pharaoniques. Il suffirait de renverser la vapeur et d'inciter financièrement à cultiver sain. Les pays qui agiront en ce sens seront moins dépendants des autres. Un vaste programme, une décision gouvernementale. Sinon, c'est impossible. Allez, on va déjeuner, conclut Alisha.

Nathan partit en courant vers la maison.

– C'est fou comme il t'écoute alors qu'il ne doit pas comprendre la moitié de ce que tu racontes…

– J'évoque ces sujets avec lui depuis des années. En présence d'un adulte, les mots sont plus compliqués. Il le sait et il est très attentif. À quatre ans et demi, il avait compris le principe de la photosynthèse…

– C'est un génie ? demandai-je brusquement.

– Pas du tout. Il a des centres d'intérêt.

– Tu me parlais des programmes agricoles, repris-je, désireux de ne pas m'appesantir sur ma remarque.

– Quatre-vingts pour cent des espèces végétales cultivées dans le monde dépendent directement de la pollinisation par les insectes, les abeilles en particulier. Cerisier, pommier, tomate, melon, colza, tournesol, poireau, scarole ou même érable, tilleul et romarin doivent leur survie à l'hyménoptère. L'abeille, sacrée première ouvrière de la biodiversité par les naturalistes, œuvre, les pattes gonflées de pollen, en alliée de l'agriculture.

Alisha avait son idée : pour sauver l'abeille, il fallait trouver le moyen de nettoyer la cire des ruches. Elle m'expliqua que dix kilos de miel étaient nécessaires à l'abeille pour fabriquer un kilo de cire. L'apiculteur, pour éviter cette perte, fournissait aux abeilles la cire sous forme de cadre gaufré. Cire qu'il recyclait d'une année sur l'autre. Or les produits chimiques sont, pour la plupart, liposolubles. C'est-à-dire qu'ils se dissolvent dans les corps gras. On retrouvait, encore aujourd'hui dans la cire, certains organochlorés pourtant interdits à la vente depuis dix ans ! Pour finir, ajouta Alisha, si la nature disparaît, les insectes mourront en grand nombre, puis les oiseaux et les animaux. Or les espèces animales dispersent les graines assurant la biodiversité végétale. On allait donc vers une accélération de la désertification.

– Finalement, tu adhères aux propos du Moine.

– Je n'ai pas dit le contraire. Simplement, je n'ai pas attendu le testament pour me faire une idée. C'est ma branche, monsieur Clivel, faudrait pas l'oublier.

Je lui pris la main et l'attirai contre moi.

– Je suis heureuse que tu aies pu venir hier soir, me confia Alisha.

– Je n'avais pas le choix, ton père ne pouvait pas garder Nathan, dis-je en me moquant.

– Il revient ce soir, ajouta-t-elle.

Nous avançâmes, silencieux, vers la maison. Je songeai au magnétiseur, parti la veille. Où était-il ? Que faisait-il ? Pourquoi n'avais-je pas accédé à la requête de Berckman et lancé une filoche sur le dos de Derrone ?

Alisha proposa de préparer le repas. Je rejoignis Nathan dans sa chambre. Un enfant exceptionnel se reconnaît à sa façon de se mouvoir, de s'exprimer, de vivre la vie, de raisonner. À son humour, aussi. Et je sentais en Nathan toutes ces qualités. Le garçon exposa ses peluches, une par une, face à moi. La dernière, un serpent à poils orange et noir de deux mètres de long, semblait s'être beaucoup battu. Le reptile, privé de fourrure sur l'ensemble du corps, présentait quelques rares touffes d'origine au niveau de la tête. L'aspect de la bête était catastrophique.

– Tu l'aimes bien, lui, ou il te fait peur ?

– Mon préféré. Il s'appelle « King », le roi de la jungle.

– Il est dans un drôle d'état…

– Il était tout « poileux » avant. Les serpents, ça porte des écailles, alors je lui ai tout enlevé pour qu'il soit plus vrai. Pour la tête, j'ai pas pu. Parce que, sinon, les yeux ils tiennent pas. On a essayé avec maman, elle a dû « recoudure ». Je joue tout le temps avec lui.

– C'est lui qui gagne contre les autres animaux, forcément.

– Non, des fois, il meurt. Hier, il s'est « fait décéder » par l'aigle… Mais c'est pas grave parce qu'après, il revit. Il est magique en fait.

– Et ça c'est quoi ?

– Des pompons que maman m'a faits avec de la laine.

– Tu leur as collé des yeux en papier ?

– Ben oui, pour regarder la vie. Le grand-père, la grand-mère, le père, la mère, le frère et la petite sœur. Ils sont six en tout. Quand je serai grand, je dirai à mon fils que j'ai eu une famille de pompons…

– Moi, j'ai jamais eu de pompons avec des yeux quand j'étais petit.

– C'est parce que t'as pas eu l'idée. Je peux t'en prêter, si tu veux ? Ma grand-mère, elle est morte, mon père, il est mort et j'ai jamais eu de petite sœur. Alors, je peux t'en donner trois… Les autres, je préfère pas te les passer.

– Non, garde-les tous, c'est mieux.

J'eus envie de lui dire que mon père aussi, était mort, mais je m'abstins.

– Maman m'a expliqué ce qu'on peut faire quand quelqu'un il meurt. On va dans un truc en bois, et après on est déposé en terre, comme ça la famille, elle peut venir voir la boîte. Parce qu'il y a plus rien d'autre dedans. La chose qui est dans la tête et qui fait les rêves, c'est parti depuis longtemps, dans l'air. Sinon, on peut brûler le corps et après on a…

– Des cendres.

– Oui. La cendre, on la fait s'envoler dans un endroit où la personne elle se sentait bien, et comme ça elle revit dans la nature, dans les animaux ou même dans la mer. Mon papa, il était marin. Maintenant, c'est un dauphin ou une étoile de mer, on sait pas…

Cet enfant, qui mêlait dans son imagination son père et un animal, m'entraîna immédiatement vers un autre petit garçon qui, une éternité plus tôt, avait lui aussi mélangé la mort de son père avec la présence d'une araignée. Je revivais mon passé dans les yeux brillants de Nathan. Je comprenais à l'instant pourquoi la présence de ce petit bonhomme m'ébranlait plus que de raison. Il était moi, j'étais lui. Il n'avait que six ans.

– Quand je serai mort, j'irai en poussière dans un trou où il y aura des centaines de serpents. Comme ça, je deviendrai plusieurs serpents, j'aurai plein de vies et je pourrai ramper dans la jungle. Tu sais, je vois bien que tu as les yeux un peu « enfarouchés » quand je dis ça, mais faut pas parce que c'est génial de devenir une autre vie ailleurs.

– C'est prêt ! cria Alisha.

La table était joliment dressée, deux bougies en son centre. Je m'approchai d'une chaise avec le sentiment de sortir d'une impasse.

– Je vais te montrer quelque chose, dit Nathan avec un sourire. Mets-toi là et penche-toi vers la bougie. Reste debout, te baisse pas, au-dessus, comme ça… Tu es prêt ?

– Nathan, on mange !

– Attends, maman.

Le gamin souffla sur la flamme avec précaution. Elle vacilla et s'éteignit. Une volute de fumée bleue se tortilla puis s'éleva.

– Tu vois, dit le garçon, l'ombre de la lumière monte vers toi… Si tu souffles doucement, elle fait toujours ça. Quand maman me laisse aller dans une église, j'éteins toutes les bougies. Comme ça, j'ai plein d'ombre de la lumière qui monte.

– Et tu aimes bien ?

– Les rallumer. Oui…

Après le déjeuner, j'interrogeai Alisha.

– Ils sont tous comme ça, à six ans, ou ton fils est spécial ?

– Qu'est-ce que tu veux dire ?

– Il m'a parlé de ce que tu lui as dit au sujet des enterrements…

J'espérais qu'elle me parlerait de son mari défunt. Mais elle n'en fit rien. J'aurais pu lui poser la question directement mais j'ignore pourquoi, je n'arrive pas à aborder ces questions autour de la mort avec sérénité.

– Cinq, six ans, c'est l'âge où les enfants prennent conscience de la mort. Dans leurs jeux, leurs peluches meurent, ils se posent des questions. Nathan est attiré par les églises, je ne sais pas pourquoi… à cause des bougies peut-être.

29

Jeudi 6 novembre 2008

J'étudiais la prophétie et résistais au découragement en carburant au Coca-Guronzan. J'avais annoté chacune des phrases et, dictionnaire en main, tentais de les décrypter. À quatorze heures, un stagiaire se présenta et me tutoya d'emblée. C'était l'usage.

– Un gars de l'état-major a appelé pendant que tu déjeunais.

– La sécurité publique ?

– Oui. Je lui ai dit que je te donnerais le message.

– Je t'écoute.

– Dans le troisième arrondissement, il y a vingt minutes, deux familles, six morts en tout, cause inconnue. La première DPJ a été appelée.

– Les victimes, tu as des détails ?

– Quatre adultes et deux enfants dont un de six ans…

– On ne bosse plus dessus, affirmai-je en ouvrant un dossier.

– Ah bon, je croyais…

– On a perdu l'affaire, on est passés à autre chose. Merci quand même.

Le jeune homme tourna les talons. Je filai dans le bureau de Berckman.

– Une autre affaire dans le troisième…, annonçai-je.

– Le lotus ? demanda Christian.

– On dirait.

– Ils nous ont appelé ?

– Pas du tout, c'est mon pote de la sécurité publique…

– La Crim' va s'y pointer, tu veux saluer ton ami Amerti ?

– OK, OK, dis-je en jouant nerveusement avec la poignée de la porte.

– Ton moine me donne du fil à retordre, ajouta Berckman. Son fils, je devrais dire.

– Tu as trouvé quelque chose ?

– Il s'appelle Marcus Comte. Inconnu aux impôts et à la Sécurité sociale. On a cherché aux permis de conduire, pas d'immatriculation à son nom. Pas mort. Il vit probablement à l'étranger.

– Date et lieu de naissance ?

– États-Unis, en 1963. Ça lui fait quarante-cinq ans. Il en avait vingt et un quand son père est parti en Ouganda. À la mort de sa mère, il s'installe en région parisienne et se fait naturaliser français en 2000. On ne lui connaît aucun métier, apparemment il se contente de l'héritage de sa mère. Jamais marié, sans enfants, non fiché. J'ai contacté mon pote aux renseignements généraux. Il me rappelle s'il a quelque chose.

– Il aurait pu retourner aux États-Unis ?

– Il n'a plus de Carte verte et n'a pas la double nationalité.

– Rien ne l'empêche de travailler six mois aux States, de revenir en France quelques semaines et d'y retourner !

– Sauf que le gars ne bosse pas, n'a jamais bossé et ne bossera jamais… C'est une verrue, il vit sur le système.

– Lorsque le Moine arrive en France, que fait son fils Marcus ?

– Il le rejoint. Ils ont vécu ensemble jusqu'à la fin. Ensuite,

Marcus vend la baraque, les ruches et le terrain. L'acte notarié est la dernière trace qu'on ait de lui, en août 2004.

– Il serait où depuis quatre ans ?

– J'en sais rien. En Afrique, sur les traces du paternel…

– Tu le vois prendre un charter pour perpétrer chaque crime ?…

– Il a peut-être des hommes de main.

– Faut beaucoup de fric.

– S'il ne bosse pas : pas d'impôts, pas de Sécurité sociale. Il vit chez quelqu'un, paie un loyer grâce à l'héritage de ses parents et, comme c'est un gars prudent, il n'est pas fiché. Donc, si ça se trouve, il vit en France et peut-être même à Paris.

– Exact.

– Il n'y a plus qu'à espérer qu'il ait fait deux ou trois conneries en revenant des States et que les RG en aient une trace…

Christian et Jane filaient le parfait amour. Un soir sur trois, ils quittaient ensemble le bureau et dormaient chez la jeune femme. Les autres nuits, Berckman jouait. Poker et tarot gardaient l'avantage. Jane allait à la salle de sport, tout en y trouvant un intérêt très relatif depuis qu'elle fréquentait Christian. Une fois, elle lui avait confié son envie de partager ces moments qu'il vivait seul. Il avait refusé, prétextant que sa présence le déconcentrerait. Ce soir-là, il s'était engagé à la rejoindre à deux heures du matin au plus tard. Le petit matin, pourtant tardif à cette époque de l'année, avait fini par poindre sans que Christian ne se montre.

30

Aussi loin que remontaient mes souvenirs, jamais je ne m'étais senti à ce point démuni. Qui, en dehors du fils du Moine, pouvait être impliqué ? Mon cerveau occultait volontairement les questions que je me posais au sujet du magnétiseur, absent de chez lui la veille des nouveaux meurtres du troisième arrondissement. Sans y réfléchir, j'appelai Alisha.

– On a eu un nouveau cas cet après-midi. Deux familles dont un enfant de six ans, lui dis-je sur un ton de reproche.

Mes sentiments pour elle m'empêchaient de raisonner et je lui en voulais.

– Encore ! s'écria-t-elle.

– Quel âge a ton fils, Alisha ?

– Qu'est-ce que tu essaies de me dire ?

– Tous les gamins décédés ont six ans ! Et Nathan ?

– C'est ridicule, il n'y a jamais rien eu en dehors de Paris, je lis les journaux

– Ils ne savent pas tout. On a un cas à Malakoff et un à Neuilly.

– Et alors ? souffla-t-elle.

Alisha n'avait pas peur. Depuis l'article du *Parisien*, toutes les familles avec enfant de six ans vivaient dans la terreur. Pas elle. Pourquoi ?

– Viens habiter chez moi avec ton fils, proposai-je. Le temps que l'on trouve le meurtrier.

– Non. Je suis à dix minutes de mon travail, Nathan est à côté de son école. Passe quand tu veux, si ça te rassure.

– OK, à ce soir.

Je raccrochai un peu vite – évitant ainsi de tirer des conclusions fâcheuses – et constatai que le voyant lumineux de mon téléphone clignotait, indiquant un double appel. Il s'agissait de Lauran Saléni.

– L'Irlandais ! Je vous préviens, aujourd'hui, je ne supporte que les bonnes nouvelles...

– D'autres meurtres ? demanda le vieil homme.

– Oui.

– J'ai trouvé notre poison, annonça le pharmacognoste.

Je souris en l'écoutant dire « notre » poison. Saléni s'impliquait comme un enquêteur nouvellement recruté. La visite inopportune de Valentin Amerti à la PJ, la dernière fois que nous avions abordé cette affaire de poison, me revint et je décidai de ne pas prendre de risque.

– Vous êtes à Paris ?

– Oui, j'habite chez un de mes amis, un ancien collègue du CNRS.

– Donnez-moi son adresse.

– J'ai promis à ma femme de faire quelques achats, des choses qu'elle ne trouve pas en Irlande. Je voudrais me débarrasser de cette corvée avant que les magasins ferment. Voyons-nous un peu plus tard, dit le scientifique.

– Que proposez-vous ?

– Dix-huit heures à la Coupole, ça vous va ?

– C'est parfait.

À dix-sept heures cinquante-cinq, je poussai les portes de la brasserie et m'installai face au boulevard du Montparnasse. Dix-huit heures quinze, personne. Je commençai à regretter mon excès de prudence et imaginai Saléni mort, fauché par une voiture lors d'un banal accident de la circulation, emportant avec lui sa découverte. J'essayai de le joindre et raccrochai en entendant sa messagerie. Il avait peut-être eu un empêchement. Je téléphonai au bureau et demandai si on avait essayé de me joindre. Négatif, me répondit le standard. Où avait-il disparu ? Je sortis de la brasserie pour me dégourdir les jambes. C'est alors que je reconnus la démarche courbée du pharmacognoste qui avançait en trottinant vers moi, son visage empli de perplexité.

– Cher ami, je suis confus ! dit Saléni.

– Que vous est-il arrivé ?

– J'ai égaré mon portable, j'ai dû le laisser quelque part, je n'arrive pas à me souvenir. C'est très préoccupant.

– Ça arrive à tout le monde, le rassurai-je.

– Je n'ai jamais perdu un objet de ma vie ! s'exclama Saléni. J'ai une mémoire infaillible…

– Voulez-vous avertir votre opérateur ? proposai-je en songeant que la retraite avait dû perturber le vieil homme.

– Merci bien. Un monsieur m'a aidé dans cette démarche. Oublions ça et venons-en au fait de ma visite.

Un dossier orange jaillit d'une mallette de cuir noir. À l'intérieur, des publications scientifiques. Saléni exposa le résultat de ses recherches : il s'agissait bien d'une plante poison. La *Mandrava Rici Natura* avait fait l'objet d'une seule étude en dix ans. Ce qui expliquait son absence des services de criminologie.

Très répandue en Afrique, au Sénégal tout particulièrement, sa toxicité était parfaitement connue des populations locales. En France et même en Europe, où elle ne poussait pas naturellement, elle avait échappé aux études des services affiliés aux drogues et toxicomanies, par manque de budget. Le CNRS, comme la police pour les criminels, possédait un système informatique de recoupement des poisons par critères sélectifs. Saléni avait sélectionné la plante d'après le critère d'hallucination, à cause des suicides associés à la folie. Il avait confronté les pouvoirs de la *Mandrava Rici Natura* aux symptômes observés lors des différents meurtres suicides et estimait qu'on ne pouvait trouver plus grande concordance. Le fait de n'avoir pas décelé le poison dans les corps donnait une confirmation supplémentaire. La *Mandrava Rici Natura*, cousine de la tomate et de la pomme de terre, appartenait à la famille des solanacées. Ses propriétés remarquables existaient grâce à trois alcaloïdes et un polypeptide. L'herbe du diable, comme l'appelaient les Gabonais, possédait deux actions conjointes et pourtant dissociées. Un cas rare. D'une part, des alcaloïdes : l'hyoscyamine, la scopolamine et l'atropine, provoquaient des effets variables allant de l'hallucination à la mort par arrêt respiratoire. Et, d'autre part, un polypeptide, composé de deux chaînes de glycoprotéines, responsable de l'inhibition irréversible de la synthèse des protéines dans les cellules du corps et de la fixation de cette toxine à la surface de la cellule.

– J'ai du mal à vous suivre, avouai-je.

– La partie alcaloïdique de la plante provoque de graves hallucinations. La partie polypeptidique déclenche la mort par défaillance multiple des organes vitaux, répondit Saléni.

– D'un côté le délire, de l'autre l'arrêt cardiaque, résumai-je.

– Exactement. La plante possède également l'avantage d'une forte fixation tissulaire. Cela signifie que la substance toxique se fige dans les tissus – la matière organique – et devient indécelable dans les fluides tels que le sang, l'urine ou le plasma.

– Ça explique pas mal de choses…

– Il est très difficile de mettre en évidence l'empoisonnement. Les taux circulants ne reflètent pas la concentration corporelle. Quelques milligrammes seulement sont mortels et il n'existe pas d'antidote.

– C'est contagieux ?

– Absolument pas. L'absorption de la plante est indispensable.

– C'est-à-dire ?

– Toucher le végétal ne suffit pas à causer l'intoxication. Il faut une ingestion, une inhalation ou éventuellement une injection sous-cutanée.

– On peut manger cette plante sans le savoir ?

– Grâce à son caractère hydrosoluble, on peut la dissoudre dans une boisson sans en modifier le goût, l'introduire dans un aliment ou, éventuellement, la disperser par aérosol sans que l'on s'en rende compte.

– Quels sont les symptômes ? demandai-je.

– C'est là que ça devient intéressant pour l'aspect de l'enquête, si je puis dire.

L'Irlandais m'expliqua que les signes précurseurs se caractérisaient par une sécheresse de la bouche et une sensation de soif. Une tragédie dans le cas où la plante était associée à une boisson puisque l'on augmentait la dose de poison ingéré en buvant. Tachycardie, difficultés d'élocution, agitation suivaient invariablement. La phase de délire achevait souvent la liste des manifestations. La teneur des hallucinations visuelles et auditives, réputées démoniaques et effrayantes, décidait du sort de la victime. Saléni prit pour exemple l'utilisation de la *Mandrava Rici Natura* durant l'Inquisition. On obligeait les sorciers présumés à consommer la plante. Ayant enduré des visions terrifiantes, ils « avouaient » leurs connexions avec le diable avant de finir brûlés vifs. En Afrique et en Amérique du Sud, les chamanes sachant « dompter » la plante lors de situations rituelles très préparées, utilisaient ses propriétés hallucinogènes à des fins magico-religieuses. Au Sénégal, où elle poussait en abondance, elle avait pour épithète : « *Yegul ngone* », qui signifiait : « Il ne passera pas la soirée… »

– C'est amusant de constater la faculté que nous avons, nous autres scientifiques, d'étudier les effets de compositions chimiques complexes issues de la nature alors qu'il suffirait de traduire le dialecte local pour obtenir quelques indications précieuses, ajouta Saléni.

– Je ne pensais pas que les scientifiques puissent avoir une telle humilité.

– Je suis à la retraite. C'est étonnant comme on prend du recul sur son métier en quelques jours ! Et puis vous savez, les certitudes monolithiques de mes collègues m'ont toujours embarrassé.

– On a des détails concernant les hallucinations ?

– Dans la seule étude, intitulée *Psychopathologie africaine 1986-1987 XXI*, on trouve une dizaine de cas très documentés. Les hallucinations développées suite à l'ingestion de la plante généraient des comportements effrayants.

Certains malades éprouvaient une peur intense, déchiraient leurs vêtements, essayaient de fuir et devenaient dangereux pour eux-mêmes et pour les autres. Ils se croyaient poursuivis par des bêtes féroces, des monstres effrayants, convaincus que les objets parlaient et se déplaçaient sur de petites jambes. D'autres avaient la sensation d'une force musculaire accrue, ne sentaient plus la douleur, se pensaient invulnérables et s'imaginaient en loups-garous. Deux tiers des cas, des Européens, avaient testé la plante en Afrique. Le dernier tiers concernait de jeunes Sénégalais non préparés à l'usage de la plante pour qui le dosage n'était pas adéquat. Les événements, souvent tragiques, avaient fait l'objet d'une enquête : un homme, se croyant sur une île déserte et craignant que son chien ne puisse le suivre dans l'eau, poignarda l'animal. Un garçon de dix-sept ans, voulant échapper à des monstres, mit le feu à son appartement et périt brûlé. Une femme cherchant des étoiles de mer géantes dans un lac se noya. Un dernier, convaincu d'avoir des ailes, s'envola du sixième étage avant de s'écraser au sol.

– Vous avez pratiquement décrit deux de nos affaires, dis-je. Louis Luzignan croit que sa femme et sa fille sont des monstres, il les élimine et lutte dans le salon contre des ennemis invisibles. Enfin, il se débarrasse des horreurs qui s'acharnent sur lui en se mutilant, sans rien ressentir.

– Il n'a probablement jamais compris qu'il se tuait, ajouta Saléni.

– Rosa Arturo Costa saute du cinquième étage pour se débarrasser de ses visions d'enfer... D'où l'appel au secours alors que l'appartement est vide. Pour les autres...

– Lorsque le poison est très concentré ou si les victimes sont plus sensibles à l'action du polypeptide, il n'y a pas de folie, mais un coma, puis une mort par arrêt cardiaque ou des fonctions vitales, coupa Saléni.

– Quelle dose pour un adulte ?

– C'est variable. Cela dépend de la forme physique et de la taille de la personne. Un gramme de feuilles suffit à provoquer un délire hallucinatoire pour un adulte ou le décès d'un enfant. Avec douze grammes, vous atteignez la dose létale pour dix personnes environ.

– Faut-il être qualifié pour préparer un tel poison ?

– Non. Il suffit d'utiliser la plante sèche, de réduire ses feuilles, graines et tiges en poudre. Des précautions s'imposent néanmoins. Toutes les parties du végétal contiennent des allergènes puissants qui provoquent souvent des eczémas ou des urticaires.

– Vous avez une idée du moyen utilisé pour répandre le poison ?

– La plante est hydrosoluble… Je ne crois pas à l'aérosol car la quantité de *Mandrava Rici Natura* requise pour une telle préparation serait trop importante. Une telle culture ne passerait pas inaperçue.

– Donc ?

– D'autre part, continua Saléni sur sa lancée, la solubilité des alcaloïdes est suffisante pour que le principe actif passe en totalité dans une eau tiède ou chaude. Le principe de l'infusion, si vous voulez. Votre meurtrier utilise certainement une décoction à base de feuilles séchées de *Mandrava Rici Natura.*

– Tout simplement ?

– Absolument. À votre place je chercherais du côté des boissons.

31

Le docteur Lentoine avait reçu une nouvelle enveloppe le matin même. Sa correspondance avec Éliaz venait de débuter. Une phrase en latin s'inscrivit sur l'écran.

«Oderint, dum metuant.»

«C'est une devinette?»

Éliaz ne répondit pas.

Lentoine saisit son dictionnaire et s'arrêta aux locutions latines. « *Oderint, dum metuant* »... Une citation de Lucius Accius reprise par Caligula et Cicéron. Elle signifiait : «Qu'ils me haïssent, pourvu qu'ils me craignent.» La devise des tyrans.

«Qu'ils me haïssent, pourvu qu'ils me craignent. Qu'entendez-vous par là?»

«Vous avez essayé de me contacter alors que je vous l'avais interdit.»

Instantanément, un filet de sueur glissa entre les épaules du docteur. Machinalement, il enleva ses lunettes et se mit à les tripoter.

« De quoi voulez-vous parler? »

« Ne faites pas l' innocent. J' ai reçu un courriel à l' une de mes anciennes adresses e-mail. »

« Je n' en ai pas le souvenir. J' ai sans doute fait une erreur de manipulation. »

« Je m' attendais à ce que vous me serviez un mensonge de ce genre. On ne fait pas DEUX FOIS la même erreur. Les messages étaient identiques. Internet est rempli de mouchards, vous ne le saviez pas? Vous m' avez trahi. Vous ignorez de quoi je suis capable ! »

Lentoine répondit, un message d'erreur suivit. Éliaz avait coupé la communication. Le docteur relut la fin de leur échange, consulta ses notes et réfléchit. L'homme le menaçait. Il ferma le dossier et appela son assistante. La jeune femme fut surprise de le voir porter ses montures rouges. Il ne les mettait jamais.

De son côté, Christian Berckman reçut un appel des RG.

– Ton Marcus Comte n'est pas fiché chez nous. Par contre, il est connu à la DGSE comme gourou d'une secte dont le siège est à Londres.

– Une secte ? Laquelle ?

– Les « Bee Free », une bande de malades qui veulent tout cloner.

Le fils du Moine, gourou d'une secte. Je me fis la réflexion qu'une fois de plus, Berckman avait fait preuve d'une intuition étonnante. Dès les premiers lotus trouvés sur les lieux des meurtres, il avait évoqué l'œuvre d'une secte, et la possibilité d'une trace laissée pour signer leurs actes.

32

Samedi 8 novembre 2008

J'avais convaincu Lauran Saléni, le pharmacognoste, de nous rejoindre chez moi, à Gentilly, pour un compte rendu en présence de l'équipe. Jane refusa, prétextant qu'elle réservait ses samedis à ses amis, pas au bureau. Berckman ne fit aucun commentaire. Il avait essayé de joindre la jeune femme sur son portable pour s'excuser mais elle n'avait pas répondu. Honfleur lança un : « Vous me raconterez » sans plus d'explication.

Nous nous installâmes dans le salon, face à la baie vitrée.

– Commençons sans tarder, proposa le pharmacognoste.

– Comment déceler la présence de la *Mandrava Rici Natura* ? demanda Berckman.

– Vous devez prélever les tissus stomacaux de la victime et chercher la présence des alcaloïdes et polypeptides dans un délai de six à huit heures après l'ingestion. Passé ce laps de temps, les sucs gastriques nettoient les parois et font disparaître les traces de poison.

– Où trouve-t-on la plante ?

– Hors de nos latitudes, à moins d'avoir une serre chauffée, perfectionnée, avec diffuseur d'humidité.

– Encore une serre ! Pour les lotus et maintenant la *Mandrava* ! s'écria Berckman.

– Un système professionnel ? suggérai-je.

– Pas forcément. Certains amateurs sont très éclairés sur la question.

– Où pourrions-nous obtenir quelques échantillons ?

– En France, je n'en sais rien, mais il existe un jardin des poisons dans le nord de l'Angleterre.

J'échangeai un regard avec Berckman en songeant à la secte des Bee Free, située elle aussi en Angleterre.

– The Poison Garden, un parc installé dans la propriété du château d'Alnwik, réunit les spécimens les plus toxiques de la flore, reprit Saléni. On doit cette initiative à une très grande famille aristocratique britannique. Un de mes amis, le professeur Pétrier, les connaît bien. La duchesse Jane Northumberland l'a invité à l'inauguration, en 2006. Nous pourrions le consulter.

– Excellente idée. Que pensez-vous des OGM ?

– Quel rapport avec la *Mandrava Rici Natura* ?

– Il se peut qu'il existe un lien, dit Berckman.

– Certaines personnes les considèrent comme des aliments sûrs. Mais, douze années de production ne sont pas suffisantes pour étudier les effets réels sur l'organisme. Nous n'avons pas de recul. Des recherches menées en 2006 par l'université d'Urbino en Italie prouvent néanmoins que des rats ayant consommé du soja transgénique ont subi des lésions sur différents organes tels que le foie, le pancréas et les testicules. Nous n'avons aucune idée du rôle de ces plantes modifiées génétiquement dans l'apparition de nouvelles maladies.

– Tout le monde ne mange pas d'OGM, dis-je.

– C'est ce que vous croyez. Pendant des années, on a

alimenté les bovins et les ovins avec des farines animales sans informer le grand public. Ces pauvres herbivores ont mâché des granulés de viande jusqu'à contracter la maladie de la vache folle. Il a bien fallu l'avouer : en les nourrissant de viande morte, on avait transformé les herbivores en charognards. Aujourd'hui, on a remplacé ces farines animales par des protéines végétales.

– Du soja ?

– Parfaitement. Il faut fabriquer de la viande, vite et à tout prix. L'histoire remonte au temps du plan Marshall, après la Seconde Guerre mondiale, au moment où l'Amérique aidait l'Europe à se reconstruire. Un traité international stipulait que l'Europe ne devrait jamais produire de soja. À l'époque, les Français trouvèrent l'idée saugrenue, mais ils signèrent, tout en se gargarisant de la fantaisie d'un tel accord. Puis, on encouragea la production de fourrage à base de maïs bien français, l'ensilage, une alimentation bovine connue pour sa déficience en protéines qu'il fallait compléter de granulés de... soja. Or le soja importé des États-Unis est à 90 % OGM. Il nourrit l'ensemble de nos vaches, porcs et moutons français, asséna le pharmacognoste. Il n'y a pas obligation d'étiquetage outre-Atlantique. Le porte-parole du ministère de l'Agriculture français a d'ailleurs reconnu que la majorité des bêtes élevées en France sont alimentées en plants génétiquement modifiés. La viande, le lait, les œufs sont issus, sans qu'on le sache, de l'agriculture expérimentale. Des OGM conçus pour être stériles, pour résister aux antibiotiques ou encore générer leurs propres insecticides.

Saléni demeurait très pessimiste. L'émergence de la maladie de la langue bleue, un sérotype viral transmis par un moucheron piqueur, montrait combien le bétail européen semblait fragilisé. Premier cas aux Pays-Bas, le 31 août 2006. Le 26 octobre 2007 – un an après ! – on dénombrait plus de trente et un mille élevages de bovins et d'ovins européens décimés par la fièvre catarrhale ovine, son petit nom scientifique. Réponse du ministère de l'Agriculture en mars 2008 : on traitait l'ensemble du bétail français avec une double dose de vaccin obligatoire mis au point en quelques mois seulement.

Encore un traitement que l'homme s'inflige sans aucun recul, conclut Lauran. Qui sait ce que ce vaccin va provoquer chez l'homme ? Par ailleurs, on écoule le stock de farines animales en le donnant aux saumons d'élevage. Pas besoin d'être grand prophète pour dire que l'apport de protéines est en train de devenir une source de gros ennuis de santé pour les humains.

– C'est hallucinant, dit Berckman.

– Aujourd'hui, il est, semble-t-il, plus valorisant de gérer un problème que d'agir avant que le problème n'apparaisse. Voici un exemple : si un chercheur étudie le moyen d'empêcher des milliers de personnes d'attraper le chikungunya – maladie virale grave transmise par le moustique –, il trouvera qu'une méthode pérenne, naturelle et efficace consisterait à favoriser la présence des chauves-souris. Le mammifère volant ingurgite plus de six cents moustiques à l'heure et s'adapte remarquablement à de petites maisons en bois dissimulées dans les arbres.

Malheureusement, disait Saléni, personne aujourd'hui ne finançait de tels projets. À l'inverse, on privilégiait les actions radicales : la vaporisation de tonnes d'insecticides qui tuaient aussi les dernières chauves-souris. Il n'y avait plus d'insectes, puis plus d'oiseaux, etc. Et l'on oubliait un peu vite que coccinelles, abeilles pollinisatrices et fruits disparaîtraient par la même occasion. Le plus absurde était que les moustiques reviendraient l'année suivante, résistants au produit chimique, sans prédateur et porteurs du chikungunya. C'est comme ça pour tout. Les villes ne sont plus que béton. Les trottoirs, le tour des arbres, les routes. L'eau ne peut rejoindre la terre. À chaque nouvelle inondation grave, les présidents de la République cherchent le coupable. La réponse est évidente : les mairies qui couvrent leur espace d'asphalte et de béton. Ces mêmes mairies feront appel à des subventions de l'État pour financer les dégâts. Pourquoi anticiper si l'on peut réparer à coups de millions d'euros ? On cherche la cause, sans jamais remettre en question l'intelligence humaine. Même chose : pourquoi évoquer les dangers de l'aluminium lorsqu'on peut financer la recherche sur la maladie d'Alzheimer ? L'aluminium, métal présumé coupable de l'émergence de la maladie, intègre quotidiennement le corps des femmes et hommes depuis la fin des années quatre-vingt-dix à cause, notamment, des déodorants antitranspirants. Fait troublant, cette maladie connaît un essor spectaculaire depuis huit ans, au point qu'on la surnomme la maladie de l'an 2000.

– Tenez, je suis sûr que votre déodorant contient de l'aluminium, conclut Saléni.

– Je vais voir, dis-je en me dirigeant vers la salle de bains. C'est noté où ?

– Au dos, à ingrédients.

– Vous avez raison.

– Les personnes atteintes d'Alzheimer présentent, toutes, une concentration importante d'aluminium dans le cerveau. Par précaution, vous devriez changer de déodorant. Certaines marques n'en utilisent pas. Autre aberration (Saléni s'emportait) : le dioxyde de carbone. Les molécules de ce gaz, soluble dans l'eau, achèvent leur pérégrination dans les océans. Le phytoplancton, un micro-organisme végétal qui dérive dans la mer à faible profondeur a pour mission de l'absorber, puis de rejeter de l'oxygène. La qualité de notre atmosphère dépend donc directement de la capacité de la mer à engloutir ce gaz. Mais s'il devient trop important en quantité, cela saturera les océans, qui deviendront acides et asphyxieront le phytoplancton. À terme, le dioxyde de carbone ne sera plus absorbé par les océans, en réalité les vrais poumons de la terre.

Christian écrasa sa cigarette.

– Demain, les plus fortunés ne seront pas les grandes familles pétrolières, il n'y aura plus de pétrole en 2040, mais ceux qui auront mis au point un procédé capable d'absorber le dioxyde de carbone à grande échelle. Alors pourquoi s'arrêter de polluer quand on peut dépenser des fortunes pour faire disparaître le gaz ? Pourquoi dirait-on que notre fertilité dépend directement de la proximité de l'homme avec la nature, alors qu'il est plus rentable de le gaver d'hormones ? On en revient aux mêmes constats qu'avec les OGM. Agir après, pour réparer, plutôt qu'anticiper.

– Nous possédons un document qui évoque en substance ce que vous venez de dire sur la stérilité. Qu'en pensez-vous ? lui demanda Berckman en lui présentant la prophétie.

Saléni prit le testament, le parcourut lentement puis le déposa sur la table.

– Ce document traite les producteurs d'OGM de savants fous incapables de gérer à long terme les changements qu'ils provoquent. Quant aux autres notions, j'ai peur de ne pas tout comprendre.

– Nous travaillons actuellement à son décodage, précisai-je.

– La prophétie est écrite par le meurtrier ?

– Non. Mais il est probable qu'il s'en inspire. Autre chose, ajoutai-je. Grâce à une sorte de signature (je songeais au lotus), nous savons que les coupables ont déposé la *Mandrava* deux jours avant les meurtres dans le deuxième cas, un jour seulement dans le troisième. Pourquoi le poison ne réagit-il pas, chaque fois, dans les mêmes délais ?

– Tout dépend de sa concentration et du mode de dispersion. Rappelez-moi les circonstances des différents meurtres, je vais vous expliquer.

– Cas numéro un. Une famille vient de petit-déjeuner. L'homme prend une douche, puis il tue sa femme, sa fille et se suicide.

– Il peut s'agir d'un empoisonnement des aliments ou de l'eau de la douche si elle est avalée. Quels comportements ont eu la femme et la fille face à l'agressivité du père ?

– Elles se sont défendues.

– Alors, je pencherais pour l'eau de la douche. Si c'était alimentaire, vous auriez eu une attitude similaire à celle du père.

– Les crimes suivants sont multiples. Une femme, au cinquième étage, dîne chez elle et se couche. Un peu plus tard dans la nuit, elle saute par la fenêtre. Un père et son fils lisent une bande dessinée sur le lit du gamin et meurent. Une autre famille dîne et s'écroule. Un étage plus bas, deux enfants décèdent dans leur bain. La mère, le père et l'aîné meurent, sans bouger de leur place. Le dernier locataire est photographe, il revient de voyage, se lave les dents et décède.

– L'aspect alimentaire me semble incongru. Cela impose au meurtrier un empoisonnement de toute la nourriture. Sur un immeuble entier, ça ne tient pas.

– Je me demande si l'eau du robinet ne serait pas le denominateur commun, dis-je.

– Effectivement. Ce mode de dispersion permet d'éliminer, en simultané, toutes les personnes présentes dans un même bâtiment. Je suis prêt à parier que la plante a été déposée dans les canalisations, juste après le chauffe-eau. Les cinquante litres d'eau chaude requis pour le bain des deux enfants ont certainement déclenché l'infusion de la plante. Les feuilles ainsi délitées ont continué à se désagréger et à se répandre dans les tuyaux. Le bain a servi de catalyseur, ça me semble évident. Il a suffi à tous les autres de boire un ou deux verres d'eau du robinet, peu de temps après, pour être empoisonnés. La dissolution de la plante a eu lieu suffisamment rapidement pour que la concentration du poison dans l'eau provoque des morts instantanées, sans aucun délire.

– À part celle du cinquième.

– Elle se couche tôt, boit une eau moins concentrée en poison au milieu de la nuit, devient folle… et saute.

– C'est pour ça que les heures des décès n'étaient pas les mêmes ! dis-je.

– On va inspecter les canalisations et le ballon d'eau chaude des Luzignan, proposa Berckman avec enthousiasme.

– Il y a deux autres gamins. Le premier, Jordan Jolih, j'ai peu d'éléments. Le deuxième, Corentin Villon, a bu un chocolat chaud avant de se jeter sur la route…

À cet instant, je compris : la mère de Corentin s'était contentée de faire couler l'eau avant de l'ajouter, chaude, au Banania.

– OK pour l'eau du robinet dans ce cas-là aussi, conclus-je.

Le moment était venu d'informer le juge Gutineau de l'avancée de l'enquête.

33

Samedi, 14 heures

Jean Gutineau nous reçut chez lui, dans un appartement du dix-septième, un ancien atelier de couture dont il avait gardé les présentoirs en guise de bibliothèque. Le résumé de la situation ne nous prit que quelques minutes.

– À réception des échantillons de la plante, vous lancez les analyses de l'eau chez les Luzignan. Cumulus et tuyauterie. Vous avez une idée du délai ? demanda le magistrat.

– Si Saléni arrive à joindre le professeur Pétrier aujourd'hui, on peut recevoir la plante dans deux ou trois jours.

– Bien. Je demande au greffier de vous rédiger un supplétif.

– Notre premier suspect habite Londres, rappelai-je.

– Envoyez-moi les éléments, je prépare la commission rogatoire internationale. Soyez prêts à partir. Ne négligez pas la piste des serres. On cherche la *Mandrava* et le lotus ! insista Gutineau.

– Jane Velin et Marc Honfleur s'en occupent, répondit Berckman. On va fouiller l'ensemble de l'Île-de-France et demander aux Anglais d'en faire autant chez eux.

– Parfait. Revenez de Londres avec un coupable et un quintal de preuves, dit le juge en nous raccompagnant.

– Qu'est-ce qu'on fait ? demanda Berckman, une fois dehors.
– Avec ce qui nous attend, on prend des forces.
Il éclata de rire :
– Elle est vraiment canon, alors ?
– Ta gueule, Berckman.
– Ah ! Respect. C'est du sérieux.
– Et toi, tu en es où ?
– Elle fait la gueule… On se voit plus.
– Pourquoi ?
– Devine…
– Le jeu ?
– Yes !
– Tu parles comme elle, dis-je.
– Je l'ai dans la peau.
– Apparemment pas assez.
– Une soirée sur trois, il me semble que c'est déjà pas si mal…
– Va la voir. Allez, à lundi ! lançai-je en lui tapant dans le dos.

Je rejoignis Alisha à 15 h 00. En sa compagnie, je me sentais vivant, presque amoureux. La présence de son fils ne me gênait pas, au contraire, il me fascinait. J'avais le sentiment de m'observer à la loupe.

– Nathan a invité des copains, me confia Alisha.

– Tu verras, il y a Élodie, elle est belle, il lui manque deux dents, dit Nathan.

– C'est ton amoureuse ? demandai-je.

– Oui, elle est plus grande que moi, mais c'est pas grave. Les copains, ils l'appellent le Géant Vert, mais sa couleur préférée, c'est le bleu.

– Au fait, et tes devoirs ? s'enquit sa mère.

– Rien du tout !

Elle fronça les sourcils. Nathan la regarda très sérieusement et ajouta :

– C'est une expression qui veut dire « que y en a » pas beaucoup. J'ai « juste presque un peu » de lecture et un calcul. Dans ma classe, il y en a que trois qui savent faire les additions sans mettre une barre entre les chiffres. Élodie et moi, parce que je suis à côté d'elle.

– Qui est la troisième ? demanda Alisha.

– La maîtresse. Tu sais Yoann, ce matin, à l'école, c'était super.

– Qu'est-ce que tu as fait ?

– On a trouvé un bourdon mort. On lui a fait un petit lit, avec des feuilles, on l'a enterré et puis on a dit des prières avec Allan et Michaël.

– Quel genre de prière ?

– Je sais plus, mais c'est pas grave.

– Tu aimes beaucoup les animaux, on dirait, dis-je avec envie en songeant à l'enfant que j'avais été.

– Mes préférés, c'est les serpents, mais j'aime aussi les insectes. Viens, je vais te montrer...

Nathan courut vers la salle d'attente du magnétiseur. Dans un angle, à l'extérieur, les piquants d'un buisson d'euphorbe accueillaient une toile de bonne taille en forme d'ouragan lilliputien. Trois pattes noires et deux mandibules dépassaient du gouffre miniature. Des gouttes de rosée prisonnières des fils de soie s'offraient aux rayons de soleil, en minuscules miroirs. Je tressaillis. Une vision très précise du passé me sautait à la gorge. Il y avait trente-deux ans exactement que je n'avais pas vu une araignée d'aussi près. Je me souvins de mon père qui disait que les araignées velues annonçaient les ennuis. Il n'y avait que le soir, lorsqu'on les voyait moins, qu'elles annonçaient l'espoir.

– Tu as vu cette araignée immonde comme elle est belle ! C'est Viviane.

– Tu lui as donné un nom ?

– Ben oui, pour quand je lui parle.

Je me penchai pour mieux l'apercevoir. Une épeire diadème. Ma respiration s'accéléra, j'avais du mal à déglutir. Une infinie tristesse m'envahit. J'avais dix ans, je venais de découvrir le mot de mon père… que par ma faute, je n'avais plus.

– Attention, faut pas qu'elle te voie, sinon elle va rentrer. C'est une arachnide. On dit que c'est un insecte mais en vrai, c'est pas vrai parce qu'elle a huit pattes alors que les insectes, ils n'en ont que six. Je la regarde tout le temps. Des fois, je sais qu'elle a rien eu depuis longtemps, alors j'attrape une mouche et je lui donne.

– Elle la mange ?

– Oui, mais il faut qu'elle soit encore vivante et que je la lance fort dans la toile, sinon elle bouge pas assez et elle croit pas que c'est une proie. Elle pense que c'est une feuille d'arbre ou un truc pas bon à grignoter.

– Elle doit être contente de t'avoir comme copain.

– Tu rigoles ! Elle sait même pas que j'existe. Y a quelqu'un qui l'appelle Viviane, mais elle sait pas qui. C'est pas important pour elle. Je la regarde par en dessous, pour pas lui faire peur. Tu sais une araignée, c'est énormément petit. Si elle me voit tout en entier, elle va penser que je vais la « massacrifier », elle aura super la frousse… Et je la verrai plus, alors…

– Tu sais quel âge elle a ?

– Non. Elle était là avant que je la connaisse, alors on sait pas son âge. C'est comme mon papa. Maman, elle dit qu'il est mort à trente-quatre ans, mais en fait, il est pas vraiment mort. Moi, mon père, il a quarante ans, parce que trente-quatre et six, ça fait quarante. J'ai demandé à Élodie pour le calcul, alors je sais que c'est vrai.

– Et toi, tu penses que ton papa est vivant ? chuchotai-je.

– Mon père, il est pas mort parce que je le sens profond dans mon cœur. Et tu vois, mon père, je l'ai jamais vu et, pourtant, je l'aime plus fort que tout l'univers... Quand je pense à lui, des fois, je pleure, alors je vais à l'arbre, là-bas.

– Pour quoi faire ?

– Mon papi, il m'a expliqué que les hommes, on est les seuls à rien donner à la nature. La gazelle, elle prend l'herbe pour se nourrir, mais elle se donne au lion, des fois. Le lion, il tue des proies, mais comme il a plus faim, il laisse des choses pour les charognards, les vautours, les hyènes et les mouches bleues. Il mange les animaux faibles, comme ça, la maladie, elle attaque moins les vivants. Nous, on donne rien de rien. On prend tout pour être plus forts.

– Vu comme ça, c'est pas terrible d'être un humain.

– Moi, j'y pense tout le temps. J'aurais voulu être un animal. Quand la tristesse elle remplit mon corps, je colle ma tête sur le tronc de l'arbre, comme ça mes larmes, elles glissent sur lui. Je lui donne l'eau de moi et il est content. Et moi, je suis moins lourd, c'est normal. C'est comme pour les Indiens, on échange des trucs de la vie. Pourquoi tu es triste ?

– Je ne suis pas triste, répondis-je sans réfléchir.

– Ben si. Et c'est qui Valentin ?

Sa question me désarçonna, si bien que je restai bouche bée quelques secondes.

– Un ami.

– Il t'a piqué un truc à toi.

– À moi ? Comment tu sais ça ? dis-je, ne sachant lequel de nous deux devenait fou.

– C'est dans ma tête. Y a quelqu'un qui me parle. Mais maman, elle dit qu'y faut tout garder secret.

– Et tu peux m'en dire plus ? me surpris-je à demander au petit garçon.

Il fit non avec la tête. Alisha s'approchait, je changeai de sujet.

– Tes copains, ils aiment bien les araignées ?

– Pas trop. Élodie non plus. Pourtant, c'est un garçon « perdu »...

– Perdu ?

– Un garçon manqué, expliqua Alisha.

La sonnette du portail retentit et deux garçons et une fille sautèrent au cou de Nathan. Ils se précipitèrent vers une cabane de fougères et de cageots empilés. Je les regardai s'amuser en réfléchissant. Se pouvait-il que Valentin Amerti m'ait volé quelque chose ? Je n'avais rien perdu dans cette affaire. Où Nathan allait-il puiser cette information ? Et le prénom de Valentin, d'où l'avait-il sorti ? Je n'avais aucun élément de réponse.

Quelques minutes plus tard, je me trouvais allongé sur le lit d'Alisha. La jeune femme roulait ses pouces sur des points invisibles de mon dos, appuyant sur une douleur, stimulant les énergies et dispersant les mauvaises humeurs au gré de sa respiration. Je sentais mes muscles se dénouer, se relâcher. Elle prit un flacon d'ilang-ilang et répandit le liquide sur mes reins en remontant vers les épaules. Des effluves poivrés imprégnaient chacun de ses mouvements. Les yeux clos, je glissais lentement vers l'inconscience, envahi par les bienfaits d'une sieste sans rêves.

Les vibrations de mon portable interrompirent le charme.

– Ne réponds pas… J'en ai pas fini avec toi, dit Alisha.

– Je ne suis pas de permanence, laisse-moi deux secondes, dis-je d'une voix rauque.

J'agrippai mon téléphone. Numéro masqué. Un gardien de la paix, commissariat du onzième arrondissement, me sollicitait suite à un cambriolage. Ça n'avait pas de sens. Un homme insistait pour qu'on m'avertisse personnellement. Il s'agissait de Lauran Saléni. Le professeur m'expliqua avoir raté son avion et décidé de revenir chez son collègue qui le logeait, en attendant le départ du lendemain. Il avait laissé sa sacoche chez son ami durant le déjeuner, sacoche que l'on avait touchée en son absence. Or il n'y avait personne dans l'appartement. On ne lui avait rien pris, insistait Saléni, seulement manipulé la pochette contenant les éléments sur la *Mandrava Rici Natura*.

– Je vous rejoins chez votre collègue, attendez-moi là-bas, dis-je au scientifique.

La teneur des documents obligeait à une vérification. Je raccrochai et découvris Alisha, habillée d'un jean et d'un pull blanc, un petit sourire en coin.

– Je suppose que c'est toujours comme ça avec les flics ?

– Non, répondis-je en la prenant dans mes bras. Je suis de permanence une semaine sur trois… Sauf quand un pauvre type me donne un coup de main sur une affaire et qu'il se fait cambrioler.

– Tu dois y aller ?

– Oui, dis-je en regardant ma montre. Je serai de retour à 19 h 00, si tu veux encore de moi.

– Dépêche-toi.

– Ton père sera là ce soir ? tentai-je.

– Ce n'est pas prévu… Tu as envie de le voir ?

J'hésitai à lui répondre. Je souhaitais simplement vérifier sa présence, pas l'inviter.

– OK, je verrai avec lui. Tu es bien le premier…

– Laisse tomber, je disais ça comme ça…

– On invite ta mère aussi, dans ce cas ? ajouta-t-elle, moqueuse.

– Ça va faire officiel, répliquai-je avec le sentiment de m'empêtrer.

– Mais non, je vais faire un repas simple… Je l'appelle, vas-y.

Et merde. Une fois sur la nationale, je téléphonai à Berckman.

– On fait comme tu as dit. Lundi, on colle une filoche sur le dos du magnétiseur.

– Du nouveau ?

– Je ne veux plus m'en mêler. Tu prends des gars sérieux, discrets, sinon, je suis mort. Sylvain, s'il est disponible… Pas des bleus.

– D'ac.

– Je rentre à Paris. Saléni m'a appelé pour un cambriolage. Ça a l'air bizarre, je vais jeter un œil.

– Tiens-moi au courant…

Je me garai rue de La Roquette, près de Bastille. L'hôte et ancien collègue de Lauran Saléni, absent pour la journée, habitait une maison de ville en duplex. Le pharmacognoste arpentait le salon en énonçant son emploi du temps depuis le départ de l'aéroport. Il avait déjeuné à treize heures trente, précises, une habitude prise au CNRS. Auparavant, il avait déposé sa sacoche dans l'appartement. À son retour, la pochette initialement placée sur la table se trouvait en biais sur la chaise. Prête à tomber, précisa-t-il. Le détail avait son importance. Il possédait un coquillage en nacre offert par sa petite-fille qu'il transportait dans sa sacoche et ne s'en séparait jamais. Le porte-bonheur était si fragile et lui si méticuleux, qu'il n'aurait pas pris le risque de le poser, sur une chaise, là où n'importe qui aurait pu s'asseoir.

– Et c'est tout ? Je veux dire, vous n'avez pas d'autre élément que ça ?

– J'ai une excellente mémoire, insista le vieil homme, et je suis sûr de moi.

Il avait pourtant égaré son portable, songeai-je.

– Se pourrait-il qu'une femme de ménage… ?

– Non.

– Avez-vous reçu des invités ?

– Pas le moins du monde.

– Quelqu'un susceptible de s'intéresser à vos recherches actuelles ?

– Je n'en ai parlé à personne. Pas même à ma femme.

– Très honnêtement, Lauran, il ne s'agirait pas de vous, je vous prendrais pour un farfelu…

Je demandai à Saléni de décrire les événements précédant notre rencontre à La Coupole. Il avait acheté des assiettes pour sa femme, rue de Rennes, puis chiné des livres sur les plantes péruviennes dans une librairie du sixième arrondissement. Tout à ses découvertes – un document en espagnol sur les plantes maîtresses écrit par Guillermo Arevalo et sa traduction française –, il avait perdu la notion du temps. À 18 h 00, il avait souhaité m'avertir de son retard, avant de constater la perte de son portable. Il ignorait encore comment l'objet avait pu quitter la poche droite de son manteau. Un homme, présent dans la librairie, l'avait aidé en lui proposant de faire opposition avec son mobile personnel.

– Que vous a-t-il demandé ?

– Mon opérateur, mon nom et numéro. Lorsqu'il les a joints, mon numéro de code pin.

– On n'a pas besoin du code pin pour faire opposition… Vous permettez ? dis-je en prenant mon portable.

Je composai son numéro et lui tendis mon téléphone. Personne n'avait fait opposition.

– Mais alors… ?

– On vous l'a volé pour appeler l'étranger. S'il avait été intéressé par le téléphone lui-même, il ne vous aurait pas demandé le code pin, il aurait juste changé la puce. Décrivez-moi l'homme.

– Il avait un manteau sombre, je ne sais plus.

– Vous aviez conservé des messages ?

– Celui de ma femme me dictant les références des assiettes et celui de mon collègue qui m'indiquait son adresse, le code et l'endroit où il cachait la clef au cas où j'arriverais en son absence. Vous croyez…

– Il n'y a pas de traces d'effraction, assurai-je.

– Peut-il s'agir du meurtrier ?

– Peu probable. Soyez vigilant, avertissez-moi si cela se reproduit et dites à votre ami de changer les serrures et la cachette de la clef.

Une fois dans ma voiture, je résumai les faits à Berckman.

– Tu en penses quoi ? lui demandai-je.

– C'est pas méchant… On va faire une recherche des numéros composés depuis hier et je suis sûr que la facture sera salée.

– Évident ! m'exclamai-je.

J'arrivai chez Alisha à vingt heures et saluai son père et ma mère qui discutaient. Ma mère m'ignora. Elle s'acharnait à me faire payer notre discussion. Son attitude me surprenait. J'allais devoir lui parler à nouveau.

– Il existe même des maisons qui tuent, disait Derrone.

Je m'installai dans un fauteuil non loin d'eux et me concentrai sur le magnétiseur. Le vieil homme m'avait dissimulé certains décryptages de la prophétie. Il était absent la veille des nouveaux meurtres. Que cachait-il encore ?

– J'ai connu une famille qui vivait près de Pau, dont le mari et la femme ont fait cinq chutes graves en moins d'un an. Ils ont failli mourir, reprit Derrone. Le moyen de s'en prémunir, ajouta-t-il à l'adresse de Maria, consistait en la purification de l'endroit. Allumer des bougies, de l'encens, mettre des icônes, des représentations d'entités vénérées, des images saintes, la Vierge Marie, Bouddha, en fonction de ses croyances. Quelque chose de discret suffit.

Charabia ? Homme sincère ? Manipulateur ? Je n'arrivais pas à cerner Derrone qui poursuivait :

– On doit se débarrasser des objets porteurs de mauvaises énergies. Les animaux morts, empaillés, les objets cassés, tout ce qui a souffert doit disparaître. Des rituels de prière ou de bénédiction aident à effacer ces cicatrices négatives. Dans les cas extrêmes de mort, il vaut mieux appeler un spécialiste, un médium qualifié dans la purification des maisons.

– Oh, regarde, elle va se « pétaler » !

Je découvris Nathan, penché au-dessus d'un bouquet de fleurs. Le fils d'Alisha s'approcha délicatement du vase.

– J'aimerais tellement voir un microbe en vrai. Tu en as déjà vu un, toi ? La tête surtout, elle doit être bizarre, dit-il.

– Tu as passé un bon après-midi ? lui demandai-je en le rejoignant.

Je m'attachais au gamin plus que je ne l'aurais imaginé.

– Oui. On a fait tellement les fous qu'on était « bouffés » de rire. Maintenant, je me sens tout moelleux.

– Allez, au dodo…, le coupa Alisha.

Le jeune garçon quitta la pièce.

Nathan se jeta tête la première sur son oreiller et leva ses pieds vers le plafond.

– Au lit, vite, vite, nous, on n'a pas encore dîné…, lui dit Alisha.

Le petit se glissa sous la couette et fixa le mur, droit devant lui.

– Qu'est-ce qu'il y a ?

– Je peux te faire un bisou, maman ?

– Bien sûr… quelque chose ne va pas ?

– Pourquoi on appelle ça la joue ? dit-il en y déposant un baiser.

– Ça ressemble à une question du soir pour gagner du temps…

– Et ça, pourquoi on l'appelle le menton ?

– Je n'en sais rien.

– Tu sais, maman, c'est dommage que tu n'es pas ma sœur. C'est vrai, tu es tellement jolie que j'aurais pu me marier avec toi…

– On ne se marie pas avec sa sœur.

– Mais si, pas maintenant, quand on est adulte.

– Non, petit chou. Ni maintenant, ni après, ni avec sa sœur, ni avec sa mère.

– Maman. Qui va me protéger si tu pars avec Yoann ?

– Je ne vais pas partir. On reste ensemble quoi qu'il arrive. Allez, tu fermes les yeux et demain matin, tu dors ! C'est dimanche.

– Je déteste quand tu dis ça, papi me dit la même chose . demain matin, tu dors. Moi, c'est pas demain que je suis au lit, c'est maintenant.

Nathan avait sorti sa tirade en croisant les bras. Ses yeux luisaient malgré la pénombre. Assise au bord du lit, Alisha lui caressa les cheveux. Elle remonta la couette sur les épaules de son fils qui se détendit. Son regard s'était perdu. Il fixait un coin du plafond et ne souriait pas. Lui, d'ordinaire si expressif, semblait ne rien ressentir. Elle aurait juré qu'il ne respirait plus, mais elle savait que tout allait bien. C'était juste une attitude bizarre qu'il avait depuis peu en s'endormant.

34

Je reçus un appel du pharmacognoste un peu avant huit heures du matin. Il me communiqua les coordonnées du professeur Pétrier qui, par chance, possédait des feuilles séchées de *Mandrava Rici Natura*. Je l'appelai un peu plus tard de mon bureau. Le professeur proposa d'envoyer les échantillons par Chronopost. Berckman me rejoignit au moment où j'achevais mon compte rendu.

– On aura le poison demain, lui dis-je. J'apporte le rapport au juge, ajoutai-je en brandissant une enveloppe.

– Donne les coordonnées du magnétiseur. Je lance la filature…

J'ouvris mon portefeuille et saisis la carte de visite de Derrone.

– 12, route de Gisy, Châtenay-Malabry, indiquai-je.

– Tu plaisantes ? s'écria Berckman.

– Quoi ?

Christian prit le dossier Luzignan dans lequel étaient répertoriées toutes les affaires du lotus et s'arrêta à l'onglet intitulé « administratif ».

– Regarde ! s'exclama-t-il en dépliant un bordereau.

J'avais un mauvais pressentiment.

– L'acte notarié de Marcus Comte, le fils du Moine. L'adresse : 12, route de Gisy, Châtenay-Malabry. Il a vendu la maison de son père à Derrone, le terrain ainsi que les ruches. On a ce type sous la main depuis le début !

Je sentis mes jambes mollir.

– Tu manques de flair, lâcha Berckman.

Je songeai à Alisha et gardai le silence en me maudissant.

– Le gars te donne la prophétie en te faisant croire à une faveur alors qu'il habite la maison de l'auteur…, renchérit Berckman.

– Bon ! assenai-je brutalement. On le fait suivre, c'est ce qu'on a dit, putain !

Je m'apprêtai à prendre les escaliers, mais me ravisai et fis demi-tour devant le bureau de Honfleur.

– Salut, Marc, file-moi la liste des bouquins écrits par le Moine aux abeilles.

– Il n'y a pas de livres… Les sites sur Internet disent tous la même chose et je n'ai pas trouvé mieux que ce que ton guérisseur nous a dit…

– OK, OK, répondis-je, plus irrité que jamais.

Derrone connaissait le Moine et l'avait bien connu ! maugréai-je en m'asseyant dans ma 306. Depuis le début, il se moquait de moi. Je sortis du parking et me faufilai dans une impasse, cinq cents mètres plus loin, pour réfléchir. Quel con ! Le magnétiseur vivait dans la maison du Moine et l'avait rencontré. Je frappai sur le volant et déclenchai le klaxon. Je sursautai. Quel con j'étais. Plusieurs détails me revenaient. Le guérisseur avait dit ne pas connaître le nom du fils, Marcus Comte, alors qu'il lui avait acheté la maison. Un mensonge de plus. Et que savait Alisha ? Était-elle mêlée à cette histoire ? Qu'allais-je dire au juge ? Je redémarrai.

– Je m'apprêtais à vous appeler, dit le juge Gutineau alors que je pénétrais dans son bureau.

– Mauvaises nouvelles ? demandai-je.

Je crois en la loi des séries.

– De Fréjon veut me voir cet après-midi.

– Vous n'allez pas abandonner maintenant ?

– Je vais faire mon possible. Qu'aviez-vous à me dire ?

– Voici mon rapport.

– Merci. J'ai pensé à votre fils du Moine, le gourou de la secte des « Bee Free ». Demandez l'avis d'un psy. Il se peut que l'on ait assez d'éléments concernant les meurtres pour obtenir un profil de l'assassin et nous confirmer que c'est notre homme.

– Entendu, dis-je en le notant sur mon carnet, sans me douter de l'importance de cette réflexion.

Je dois admettre aujourd'hui que Gutineau a eu une idée de génie. Je n'y aurais jamais pensé. J'hésitai un instant et restai planté devant lui, embourbé jusqu'à la glotte dans mes problèmes de conscience.

– Autre chose ? demanda le magistrat.

Je décidai d'attendre le résultat des filatures pour aborder le cas Derrone.

– Vous me tenez au courant pour De Fréjon ? éludai-je.

– Bien entendu. À tout à l'heure.

Mon portable sonna : Alisha. Je n'avais pas la force de lui parler et ne lui répondis pas. Un nouveau bip : un texto d'Emmanuelle. Elle avait reçu les dernières conclusions de la brigade criminelle et me donnait rendez-vous dans un quart d'heure à la machine à café.

La Crim' s'était vue confier l'affaire du troisième arrondissement où quatre adultes et deux enfants avaient péri. L'un d'eux, six ans, présentait les meilleurs résultats des CP de son école. La brigade avait constaté sur les lieux les traces d'une inondation survenue la semaine précédant les meurtres. Le plombier expliquait avoir posé et lissé un joint à durcissement progressif. Une trace de doigt suspecte s'y trouvait pourtant. La Crim' parlait d'une signature stérile car dénuée d'empreintes. Finalement, ils avaient rouvert le tuyau et trouvé des résidus de plante, des squelettes filandreux de végétaux. Les experts entamaient les analyses.

Il leur suffirait de vingt-quatre heures pour identifier la *Mandrava*. Notre avance sur la Crim' ne tenait plus qu'à notre voyage à Londres. À 16 h 30, le juge Gutineau m'appela.

– Nous continuons, dit-il.

– Magnifique !

– J'ai dit à De Fréjon qu'à la lumière de ses éléments et de ceux en ma possession, je n'étais pas convaincu du lien entre les affaires.

– Il peut revenir à la charge ?

– Rien n'est jamais acquis… C'est un homme intelligent.

– Ce qui signifie ?

– Il s'est vite rangé à mon avis. Deux solutions : soit il me suit, un cadeau en fin de carrière, une sorte d'accord tacite entre personnes non dupes et consentantes, soit il guette la faute. Dans les deux cas, vous savez ce que j'attends de vous : une efficacité à toute épreuve, une vigilance accrue et une absence totale de vagues.

35

Nathan finissait ses devoirs sur la grande table de la cuisine, sa mère assise à ses côtés.

– Et votre sortie à Paris ? lui demanda-t-elle.

– Génial ! Une immense caverne avec des milliards de plantes.

– C'est le Conservatoire botanique. On l'appelle le Globe, précisa Alisha. Tu as appris des choses ?

– Pas trop parce qu'avec le bus, j'étais malade.

– Pourquoi tu n'as rien dit à la maîtresse ?

– Je lui ai dit.

– Quoi, exactement ?

– Maîtresse, j'ai mal au cœur… Et là, elle m'a dit : « Tu veux que j'appelle quelqu'un ? » J'ai dit que je ne savais pas.

– Tu ne savais pas quoi ?

– Je ne savais pas qui c'était « quelqu'un », alors j'ai rien dit. La maîtresse, elle a peut-être appelé quelqu'un, mais je crois qu'il était pas là, où c'était occupé, je ne sais pas… Alors je suis resté avec mon mal au cœur toute la journée.

Alisha leva les yeux au ciel en comprenant.

– Elle t'a demandé si tu voulais qu'elle appelle quelqu'un… que tu connaissais, ta maman, ton papi… tu comprends ?

– Et si j'avais répondu mon papa, elle serait allée le chercher ?

– Nathan, il est mort, tu sais bien…

– Si je meurs, je retrouverai mon papa ?

– Bien sûr. Mais tu ne peux pas mourir, tu as toute la vie devant toi.

– Tu sais, maman, ça se peut de mourir quand on est petit…

– On n'est pas à l'abri d'un accident, mais c'est rare.

– Ça va arriver bientôt…, annonça l'enfant.

– Mais de quoi tu parles ? Je n'aime pas que tu dises des choses pareilles…

– Cette nuit, j'ai rêvé de la mort. C'était une grosse méduse noire et elle se jetait sur moi à toute vitesse. Elle allait super vite, c'est ça qui faisait le plus peur dans mon rêve. Le truc noir méchant, il fonçait sur moi et je courais pas assez vite. Au dernier moment, je bougeais mon corps ou ma tête, elle me ratait et puis elle continuait à me courir après.

– Quel vilain cauchemar !

– Tu crois que c'était un seul rêve ? Eh bien non, il y en avait deux parce que je me suis réveillé pour me reposer un peu. Le premier rêve s'est accroupi et le deuxième s'est accroché au premier. C'était de plus en plus dur d'échapper à la méduse noire, je pouvais presque plus bouger la tête. J'étais prisonnier. Si j'arrivais à bouger la tête d'un « milligramme », eh bien je mourrais pas. La fin, je te la raconte pas parce que c'était horrible…

Alisha le prit dans ses bras.

– Mon pauvre chat, comme tu as dû avoir peur…

– Très, très peur. Une « trouille de bleu », même.

– Pourquoi tu ne m'as pas appelée ?

– Parce que je savais que tu dormais à fond et que tes oreilles m'entendraient pas. Et puis moi, j'arrive pas à parler dans mes rêves.

– Tu sais, les cauchemars ne se réalisent pas. C'est différent des visions que tu as parfois.

– Gabriel me dit que ça va arriver quand même…

– Gabriel a dit ça ?

– Oui…

Soudain, le père d'Alisha entra par la porte de derrière, celle qui donnait sur le jardin.

– Je peux te parler quelques petites secondes ? demanda-t-il à sa fille.

– Nathan, va jouer dans ta chambre. Je viens te voir tout de suite après.

– Est-ce que tu as dit quelque chose à « ton » Yoann ? demanda le magnétiseur.

– Je n'aime pas la manière dont tu dis « mon » Yoann. Tu lui reproches quoi, au juste ?

– Je ne sais pas. J'ai eu une drôle de sensation toute la journée.

– Nathan aussi. Il a des rêves étranges, il me parle sans arrêt de Gabriel Comte, ça m'inquiète.

– Nathan est médium, Gabriel nous avait prévenus. Tout ce qu'il a dit se réalise, tu le vois bien, les choses s'accélèrent et j'ai le sentiment que quelqu'un me cherche.

– Tu sens si l'on est après toi ?

– Ma pauvre fille, on voit bien que le don a sauté une génération…

– Tu es blessant, papa, franchement si c'est pour…

– Toute personne vivante émet des signaux quasiment imperceptibles…

– Oui, bon, tu les sens. Et alors ? dit-elle en plaquant les mains sur ses hanches.

– Lorsqu'on fait appel à moi pour des personnes disparues, je sais que j'émets, moi aussi, des ondes que la personne recherchée ressent, surtout si c'est un fugueur. Tout à coup, elle se sent traquée, précisément au moment où je « prends contact », lorsque les parents me donnent un élément lui appartenant, par exemple. Et là, je me sens bizarre…

– Et alors ?

– Clivel est flic. Qui d'autre que lui pourrait en avoir après moi ?

On frappa à la porte, ils s'interrompirent.

La petite Élodie, amie de Nathan, sa mère Chantal et moi-même, nous tenions sur le perron. Alisha, stupéfaite, ouvrit la bouche sans prononcer un mot. Le hasard nous avait menés sur le sentier de son domicile au même instant. Chantal venait pour un service. Elle souhaitait accompagner son mari, hospitalisé en urgence pour une hernie, et demandait à Alisha de garder Élodie pour la nuit. Nathan, alerté par le bruit, les avait rejoints et poussait des petits cris de joie. Il prit son amie par la main et l'emmena dans sa chambre.

– J'avais envie de te voir, lui dis-je, une fois la porte fermée.

– Tu as bien fait, répondit Alisha.

– Qu'est-ce qu'il y a ? Tu as l'air préoccupé ? demandai-je.

– Non, je dois parler à mon père. Donne-moi cinq minutes, je reviens.

– Je vais dire bonjour à Nathan, répondis-je.

J'avançai dans le couloir éteint et m'approchai de la chambre.

Aux murmures qui s'en échappaient, je compris que les deux enfants discutaient et décidai de rester invisible derrière la porte.

– Tu le gardes avec toi et comme ça, il va te protéger…, disait Nathan.

– D'accord.

– Mon papi, il m'a expliqué que pour se « faire protéger » encore plus fort, il faut dire des prières…

– Des prières ?

– Oui, il faut raconter des trucs spéciaux, dedans. « Jésus », « Marie », des mots comme ça. Je connais une chanson drôlement belle, je vais te l'apprendre. Dans l'église de Harlem… Allez vas-y, chante exactement pareil que moi. Sauf la voix de garçon, c'est pas la peine.

– J'ai pas trop envie de chanter…

– Mais t'es folle, c'est hyper important !

– Comment tu me trouves ? demanda Élodie en refaisant ses lacets.

– Gentille, répondit Nathan.

– Est-ce que tu me trouves belle ?

– Oui. Tout le monde est beau à sa façon.

– J'ai envie d'aller voir si ma maman est partie. Tu m'accompagnes ? C'est tout noir dans le couloir, j'ai peur, avoua Élodie.

– Moi aussi j'ai peur. Je me raconte des histoires dans ma tête et j'y vais.

J'entrai dans la chambre.

– Bonsoir les enfants !

Nathan se jeta dans mes bras.

– Tu vas me manquer, lança-t-il.

– Pourquoi tu dis ça ? demandai-je.

– Parce qu'on va plus trop te voir avec maman…

– Ta maman ne veut plus me voir ?

– Je sais pas. Dans mon rêve de dimanche, tu pars.

– Je suis là ! cria Alisha.

Je la rejoignis, soucieux. Qu'est-ce que l'enfant savait pour qu'il fasse un tel rêve ?

– Tout va bien ? demanda-t-elle en me dévisageant.

– Ton fils me disait qu'on allait se séparer.

J'avais lancé ma tirade en plaisantant, espérant un démenti de sa part.

– Magnifique ! C'est la journée des paranos ! dit-elle.

– Explique-toi.

– Mon père est persuadé que tu le fais suivre !

Mon visage impassible sembla confirmer les doutes de la jeune femme. Elle me gifla de toutes ses forces.

– Qu'est-ce qu'il te prend ? m'écriai-je.

– Ne te fatigue pas. Tes yeux te trahissent. Dégage !

– Est-ce que j'ai une raison de faire suivre ton père ? m'exclamai-je. Calme-toi. Je suis venu te dire que je pars demain matin à Londres !

– Très bien, Nathan a raison, tu pars. À moins que ce soit la fin de notre histoire. Je ne sais pas. Écoute, Yoann, je suis à cran, je ne sais plus où j'en suis. Laissons-nous un peu de temps et on verra plus tard.

– Bon. Puisque c'est ce que tu désires.

Je me surpris à capituler aussi vite. Ma relation avec Alisha m'empêchait de raisonner. Il devenait urgent que je cesse de réfléchir avec mes couilles. À cent mètres de la maison, je me retournai et vis s'éteindre les lumières de la cuisine, puis s'allumer celles de sa chambre. Je m'engouffrai dans ma voiture, me souvins de la filature et cherchai le planqué. Invisible. Je mis le moteur en route en songeant à la décision de la jeune femme. Peut-être la voyais-je pour la dernière fois, et malgré le sentiment d'avoir fait le bon choix, un grand vide m'envahit. Son odeur, sa peau allaient me manquer.

Le petit Nathan aussi.

36

Le voyage à Londres annonçait un dénouement et le commandant Ponstain estimait l'occasion rêvée pour renouer avec le terrain. Je l'accompagnai, Berckman ne partait plus. Il enrageait.

– Y a pas de scène de crime ! Tu m'étonnes qu'il y va. Et en courant, hurla Berckman.

– Vas-y mollo, soufflai-je en fermant la porte.

Berckman saisit sa boîte d'allumettes et la lança à travers le bureau. Je la rattrapai avant qu'elle ne tombe à terre.

– Fais gaffe, ça va nous porter la poisse, annonçai-je un sourire aux lèvres.

– M'en balance ! dit Berckman.

J'ouvris la boîte.

– Il y en a un qui est sur le dos. C'est normal ?

– Merde ! J'ai oublié de leur donner à bouffer, dit Berckman en prenant son blouson.

– Ça mange quoi ? demandai-je en l'imaginant en train de disposer les six cloportes en rond autour d'une gamelle de poupée remplie de pâtée pour chats.

– Des pelures de pomme de terre, des déchets. Toute la merde de notre société, dit Berckman en claquant la porte.

Peu après, il revint et se rendit dans le bureau de Jane pour lui demander de le rejoindre dans la salle de réunion. Il allait passer ses nerfs sur elle. Pas une bonne idée.

– Il claque des doigts et j'accours, juste après il me jette. Je suis pas un de ses lévriers que les Espagnols abandonnent juste après la chasse ! dit-elle de manière à ce que tout le monde l'entende.

– Un galgos, dit Honfleur.

– Tout juste, il me prend pour un galgos ! Merde !

– Ils ne les abandonnent pas, ils les tuent, leur crèvent les yeux, les écorchent vivants en les traînant derrière leur voiture ou ils les pendent. Cinquante mille chiens chaque année, dit encore Honfleur en relevant ses lunettes.

– Merci pour les détails. C'est pour me dire que j'ai du bol d'être vivante ?

Christian revint et, sans se décontenancer, la prit par le bras, l'emmenant de force. Notre bureau jouxtait la salle de réunion, j'entendis toute la discussion.

· Je ne suis pas rentré à temps. D'accord, disait-il. Je ne t'ai pas appelée. D'accord. Excuse-moi. Me suis pas rendu compte que le temps passait. Y en a qui sont alcooliques, moi c'est le jeu. Plus fort que moi. Alors va falloir faire un petit effort parce que je suis incurable. Tu comprends ?

Elle ne répondit pas. Il enchaîna :

– Je crois que je suis amoureux de toi... Jane, laisse-moi une chance.

– Donc, deux nuits sur trois je dois me faire une raison, dormir sans toi et accepter que la fois où tu me retrouves, tu t'écroules de sommeil ?

– Et une nuit sur deux, ça irait ?

– J'ai une tête à attendre mon tour ? hurla-t-elle.

Berckman pénétra en trombe dans notre bureau, l'air aussi effaré que moi, et claqua la porte sans un mot.

Le commandant Ponstain et moi-même, nous fûmes pris en charge par la première unité de police judiciaire de Londres. Le voyage en Eurostar avait duré à peine plus de deux heures et je n'en gardais que le souvenir de mon reflet dans le double vitrage du wagon. Deux heures de répit avant de mobiliser toute mon énergie pour l'enquête. Deux heures où je n'avais cessé de penser à Alisha. Était-elle impliquée ? À quel jeu jouait son père ? Partagions-nous les mêmes sentiments ? J'ignorais jusqu'à mes propres sentiments. Je me laissai aller à un bref instant de désespoir qui me permit de conclure que j'étais sans aucun doute amoureux. Les choses évoluaient, elle m'avait plaqué, cela ne venait pas de moi. La belle affaire ! Ponstain m'avait laissé à mes digressions, préoccupé par son niveau d'anglais. Il rafraîchissait ses souvenirs de lycée en consultant un dictionnaire de poche, ponctuant chacune de ses découvertes par un « sans déconner » qu'il prononçait avec un léger accent anglais, sans même s'en rendre compte. Je ne savais plus si je le trouvais drôle ou pathétique.

Trois officiers en blouson bleu marine et une pluie diluvienne composaient le comité d'accueil. Nous nous rendîmes à New Scotland Yard, dans le quartier de Westminster, au cœur de Londres. Vingt étages d'acier et de verre faisaient face à de vieux bâtiments de briques rouges. J'étais convaincu que leurs bureaux se cachaient dans la brique avant de constater que les murs gris et tout en miroirs présentaient, sans les dissimuler, une caméra tous les deux mètres. Une plaque, où il était inscrit New Scotland

Yard en acier brossé, me confirma que nous nous dirigions vers le bâtiment moderne. Nous découvrîmes le dossier Bee Free constitué par les Anglais : il n'existait qu'une seule photo de Marcus Comte, le fils du Moine. Celle de son arrivée à Londres, en septembre 2004. L'homme ne quittait pas son quartier général et n'avait jamais été personnellement impliqué dans une action revendiquée par l'organisation que pourtant il dirigeait Les activités de la secte se concentraient autour des cultures OGM qu'elle valorisait à coups de tracts et de slogans. On ne déplorait aucune plainte hormis quelques voisins dénonçant des activités nocturnes bruyantes. Qualifiés par les médias de « doux dingues », les Free Bee s'autofinançaient grâce aux sommes versées par les disciples. Les coordonnées de l'organisation indiquaient une boîte postale à Londres mais elle avait établi son quartier général à Richmond, en banlieue, dix kilomètres à l'ouest de la capitale britannique. Accompagné de quatre officiers, le capitaine Richard Brenson commandait les opérations. Cinquante-trois ans, aussi grand que Ponstain, en plus maigre, il se tenait digne comme un général alors que notre commandant voûtait sensiblement les épaules.

Je consultai la carte et pointai le doigt sur une tache verte conséquente, située à proximité de là où nous nous rendions. Il s'agissait du Royal Botanic Gardens – autrement dit les jardins de Kew –, cent vingt hectares de nature, la plus grande collection de végétaux au monde, m'expliqua un officier. Je décidai de visiter le site, juste après l'entretien avec Marcus Comte, afin de vérifier si la *Mandrava Rici Natura* y poussait. Nous nous garâmes devant un imposant bâtiment blanc en forme de « L ». Herbes folles et volets sombres fermés conféraient au centre des Bee Free un air d'abandon. Un brouillard enveloppait le domaine et accentuait son aspect sinistre. Le capitaine Brenson s'avança, suivi de ses hommes. Le commandant Ponstain et moi-même nous mêlâmes au groupe. Brenson sonna puis patienta avant que la porte ne s'ouvre sur une femme vêtue de noir. Le grain de sa peau était si transparent que l'on devinait le réseau bleuté de ses veines. Le capitaine énonça le motif de leur visite : la police judiciaire française souhaitait entendre Marcus Comte dans le cadre d'une enquête.

– Il n'y a pas de Marcus Comte ici, répondit-elle.

Brenson lui présenta une photo.

– Connaissez-vous cet homme ?

Elle marqua une légère surprise. Apparemment, il s'agissait bien de Marcus Comte, mais il avait changé d'identité.

– Que lui voulez-vous ? demanda-t-elle.

– Je viens de vous le dire…

– Vous voulez interroger le Maître ?

– Comment se fait-il appeler ?

– Je n'ai pas le droit de prononcer son nom lorsque je ne suis pas en sa présence.

– Nous souhaiterions le rencontrer.

– Je ne crois pas que ce soit possible.

– Nous sommes ici dans le cadre d'une commission rogatoire internationale. M. Comte n'est pas cité à comparaître en tant qu'accusé ni même en tant que témoin, c'est une simple audition. À moins que vous ne décidiez de faire obstruction au bon déroulement de l'enquête ?

– Je vais voir, dit-elle en refermant la porte.

J'ai toujours trouvé la police anglaise trop fair play. Malheureusement, le protocole m'interdisait d'intervenir. Quel que soit le pays d'origine de l'enquête, seuls les officiers du territoire qui accueille le présumé coupable mènent les interrogatoires. Après quelques minutes, la porte s'ouvrit de nouveau et la jeune femme au visage d'albâtre nous fit entrer dans un long couloir haut de plafond. Il régnait une odeur de savon de Marseille et de paraffine. Une rangée de bougies posées à même le sol projetait des ombres qui s'étiraient sans qu'un seul meuble ne rompe leur halo. C'était si spartiate que je m'attendais à ce qu'un écriteau indique : « Ici, nous n'utilisons que ce que nous produisons. » Le bâtiment n'était pas chauffé et la température semblait aussi faible qu'à l'extérieur, l'humidité en moins. Une ambiance à se flinguer. Pas besoin d'en visiter plus pour deviner qu'ils ne devaient pas consommer de Rocher Suchard tous les jours.

– Si vous voulez bien patienter, le Maître va vous recevoir, dit-elle.

Une porte de trois mètres de haut s'ouvrit sur une salle vide plongée dans l'obscurité. Six bougies disposées en hexagone éclairaient faiblement la pièce. Nous aperçûmes la silhouette d'un homme imposant, assis dans un fauteuil au fond de la salle. Même en nous approchant, nous ne pouvions distinguer ses traits.

– Un problème de vue m'empêche de vivre dans une clarté plus vive que celle-ci, dit l'homme d'une voix très grave, en anglais.

La seule réaction qui me vint était que Ponstain n'avait pas dû trouver comment traduire en anglais « sans déconner ». À moins qu'il n'ait pas compris ce que l'autre disait. La fatigue ou les nerfs, je faillis éclater de rire.

– Monsieur Comte, je suis le capitaine Brenson de la police judiciaire britannique. J'ai quelques questions à vous poser dans le cadre d'une affaire française.

Marcus Comte se tourna vers la femme qui nous avait ouvert.

– Laissez-nous, lui dit-il.

– Oui, Mwulana, répondit-elle en baissant la tête en signe de respect.

Je sursautai à l'évocation du nom cité dans la dernière strophe de la prophétie.

– Vous n'avez pas l'électricité ? demanda Brenson.

– C'est un choix de notre congrégation. Nous voulons être prêts pour l'avènement de la nouvelle ère. Nous prônons le 100 % naturel.

– Combien avez-vous de disciples ?

– Cent quinze.

– Y a-t-il d'autres membres en dehors de Londres ?

– Non.

Ponstain avait fait parvenir la liste des questions que nous souhaitions poser au suspect et le capitaine Brenson commença son interrogatoire.

– Avez-vous entendu parler de la prophétie du Moine aux abeilles ?

Marcus Comte éclata de rire.

– Je suis le fils du Moine !

– Quelle est votre opinion concernant ce document ? ajouta le capitaine.

– Je ne vois pas en quoi les écrits de mon père pourraient être mêlés à une affaire criminelle.

– Je n'ai jamais parlé d'affaire criminelle…

– Je lis les journaux. Je suis au courant de ces meurtres à répétition, en France, dit le gourou.

– Alors évitez de poser des questions dont vous connaissez la réponse. Quel est votre avis concernant le testament de votre père ? l'interrompit le capitaine.

– C'est un interrogatoire ?

– Si vous refusez de répondre, j'émettrai un rapport qui incitera le juge français à vous mettre en examen.

L'homme garda le silence.

– Répondez à ma question, ajouta Brenson sur le même ton.

– La prophétie va se réaliser, ce n'est plus qu'une histoire de temps. L'humanité disparaîtra tout entière. Seuls quelques élus demeureront pour reconstruire. Il n'y aura plus de pétrole, plus d'énergie. La nature réveillera ses pouvoirs et fera germer des graines que l'on croyait perdues.

– Quel est l'objectif de votre organisation ?

– La désertification de notre planète progresse, la nourriture manque déjà, l'eau, les combustibles s'épuisent… La recrudescence de l'espèce humaine va provoquer sa propre perte. Nous sommes ici pour accélérer le processus, renforcer les moyens qui entraîneront l'extinction, afin que des personnes préparées – notre organisation – prennent le relais.

– Vous n'avez pas peur de disparaître au même titre que les autres ?

– Dans quelques années, maladies et virus deviendront incontrôlables car la terre sera gorgée de pesticides et de produits chimiques recombinés entre eux. Les antibiotiques seront inefficaces car nous ingurgitons trop de médicaments. Partout, nous devrons faire face à des souches résistantes. Une petite infection sera capable de décimer des populations entières. Notre organisation vit sans énergie fossile, en vase clos, sans médicaments ni produits de synthèse, à l'abri du monde extérieur. Actuellement, on nous traite par le mépris, mais demain nous serons les hommes forts de la situation.

– Quels moyens employez-vous pour accélérer le processus de désertification ?

– Nous incitons les ministres, les députés, les politiques en général, à accepter les OGM afin que le plus grand nombre de pays donnent leur accord. Nous suivons les travaux menés à l'échelle mondiale par les professionnels des biotechnologies et nous finançons ceux qui nous semblent essentiels.

– Un exemple ?

– Grâce à nous, le gène Terminator est arrivé en Europe. Nous avons réalisé des choses exceptionnelles, mais je suis très fier de celle-ci.

– Comment faites-vous pour diffuser vos idées ?

– Internet. Nous avons une bonne maîtrise de cet outil, dit Marcus Comte avec fierté. Je vous défie de trouver une seule page de référence à la prophétie sur la Toile, ajouta-t-il. Nous avons tout supprimé. Il est impératif de maîtriser ce qui est dit et que personne, vous entendez, personne ne récupère les valeurs défendues par mon père dans son testament.

Je songeai à Marc Honfleur qui avait cherché, des semaines durant, des traces anciennes de la prophétie, sans succès.

– À combien se monte le capital de votre organisation et comment faites-vous pour l'augmenter ?

– Cette question me semble sans rapport avec l'enquête…

– Vous refusez d'y répondre.

– Absolument.

– Dans ce cas, nous souhaiterions connaître votre emploi du temps ainsi que celui de vos disciples.

Marcus Comte éclata de rire à nouveau.

– Pour moi, ce sera facile. Votre question se résume à ce fauteuil ou à celui de la grande salle…

– Vous ne sortez jamais ?

– Non. Question de santé. Quant à mes collaborateurs, il suffit de leur demander.

– Avez-vous des assistants, des personnes plus proches de vous que d'autres ?

– Absolument pas. Il vous faudra les interroger toutes.

J'étais sûr que Marcus Comte souriait.

37

Après avoir quitté les Bee Free, j'insistai pour visiter le Royal Botanic Gardens. Surpris par la présence des hommes en uniforme, le directeur nous accueillit à contrecœur. L'homme chargé de la sélection des variétés présenta les registres et assura que la *Mandrava Rici Natura* n'avait pas l'honneur d'y figurer. La plante, connue de leurs spécialistes pour sa dangerosité, ne pouvait pousser dans un endroit public. Les renommés jardins de Kew concentraient toutes les merveilles de la nature. Forêt amazonienne, savane africaine, cactées ou jardins japonais s'épanouissaient à l'ouest de Londres dans des serres monumentales. Je souhaitais les visiter toutes, avec une idée en tête. Je parcourus les dédales fleuris et arborés, accompagné de trois officiers et d'un botaniste. Une serre, créée en 1909, se nommait « Waterlily[1] House ». Un spectacle digne de mes attentes. Le jardin aquatique, protégé du froid et de la pluie par un écrin de verre octogonal, présentait de multiples spécimens de lotus dont le blanc rappelait le velouté de la soie. Des fleurs identiques à celle de la fontaine de la rue du

1. La maison des nymphéas.

Moulin-Vert. Je retrouvai Brenson et lui glissai, en anglais, à l'oreille :

– Pourrait-on confronter la liste des employés du parc avec celle des Bee Free ? L'un d'eux se charge peut-être de l'entretien des lotus ?

Le capitaine envoya un de ses hommes se renseigner. Nous nous réunîmes pour un débriefing. Certaines questions restaient en suspens : de quelles sommes disposaient les Bee Free pour leurs opérations financières ? Le « Poison Garden » évoqué par le pharmacognoste et situé au nord de l'Angleterre proposait-il la *Mandrava Rici Natura* à la vue de tous ? On attendait le nom des employés. On savait désormais que ceux des jardins de Kew n'appartenaient pas à la secte. À 19 h 00, la police judiciaire anglaise reçut les chiffres. L'an passé, les Bee Free avaient déclaré une recette nette de deux cent quarante millions de livres sterling (trois cents millions d'euros). Une somme considérable, d'autant que l'organisation ne comptait aucun milliardaire en son sein. J'émis un sifflement. Les « doux dingues » s'avéraient doués pour les affaires. Expliquer l'origine de cette manne permettrait sans doute de mettre au jour d'autres activités. Nous devions retourner à Richmond au petit matin. Avec le commandant Ponstain nous partagions le même avis : Marcus Comte confirmait sa position de suspect numéro un. S'il ne pouvait sortir du centre, les finances de la secte l'autorisaient à payer un homme de main.

Le même jour, un peu plus tôt, l'histoire s'accéléra. Il y a dans cette notion de vitesse quelque chose d'irréversible. Une toile d'araignée, petit à petit, remplissait l'espace autour de moi. Je ne me doutais pas que ce serait si brutal. La vie allait se charger de me donner un cauchemar de plus. La vie ou, devrais-je dire, la mort.

38

Mardi 11 novembre, 18 h 10

L'homme sourit en se félicitant de la bêtise humaine. Comme de coutume, on verrouillait la porte d'entrée en oubliant de sécuriser celle du garage ou de la cave. Il ouvrit la porte de service, accessible par l'arrière du jardin, et se remémora les informations dictées par l'éclaireur. Le mardi, la maison restait inoccupée jusqu'à 19 h 00. Accéder à la tuyauterie et déposer la boule de plantes séchées ne prendraient qu'une dizaine de minutes. Il portait un bleu de travail, sans marque ni logo, et enfila une paire de chaussons de chirurgie par-dessus ses chaussures. Après une rapide inspection, il se décida. Comme pour les Villon, les Jolih et les Luzignan, il déposerait le poison dans le ballon d'eau chaude. Sa méthode préférée, la plus simple et la plus efficace. Un coup d'œil à la cuisine et à la chambre de la mère, le cumulus ne s'y trouvait pas. Il entra dans la chambre de l'enfant. Un long serpent orange et noir traînait en travers de la pièce. Son aspect misérable le fit sourire. En voilà un qui cesserait d'abîmer ses jouets. La salle de bains était attenante, le ballon d'eau chaude ne devait pas être loin. Il le trouva dans le placard. Muni de sa lampe torche, il purgea le réservoir et ouvrit le clapet de sécurité.

L'homme se limita à une dose. Le conglomérat végétal suffisait à terrasser huit adultes. Il referma le tout, épongea l'eau, essuya ses traces et revint dans la chambre de l'enfant. Des feuilles de papier recouvraient la table. Sur l'une d'elles, une énorme araignée, dessinée façon mygale, maladroitement signée : « Nathan ». De sa main gantée, l'homme prit un feutre et griffonna dans un coin un lotus. Il se plut à imaginer l'enfant se plaignant auprès de sa mère d'une intervention sur son dessin. Ses derniers mots avant de mourir. Satisfait, il se dirigea vers la porte de service qu'il referma soigneusement et regarda sa montre : 18 h 25.

Il se fondit dans la nuit avec un sourire de satisfaction. Celui d'un perfectionniste qui venait de mener à bien une mission délicate.

39

Le mercredi 12 novembre, la PJ londonienne se présenta chez les Bee Free à six heures du matin. L'horaire devait inciter la secte à se tenir sur ses gardes. En fin de journée, on avait interrogé soixante-huit personnes. La concertation semblait manifeste car ils se servaient mutuellement d'alibi. Seule une femme enceinte, membre depuis les origines, mais fragilisée par une grossesse difficile, révéla un point nouveau. La discussion portait sur l'accouchement.

– Que vous ayez plusieurs médecins parmi vous est une chose, mais que ferez-vous si l'état de l'enfant nécessite un service de réanimation ? dit l'officier qui l'interrogeait.

– Cela n'arrivera pas, répondit-elle, l'air angoissé.

– Et si la vie de votre enfant est menacée ?

La jeune femme éclata en sanglots.

– L'organisation ne fait pas appel à des membres extérieurs. Nous sommes libres ! Nous sommes les Bee Free, dit-elle en reniflant.

– Nous connaissons les théories du Moine aux abeilles. La disparition des végétaux devrait entraîner la stérilité des hommes, les grossesses ne seront plus menées à terme et les enfants ne grandiront plus sans leurs parents. Qu'en pensez-vous ? m'écriai-je, rompant le protocole.

L'officier me lança un regard réprobateur, mais je connaissais le dossier mieux que lui et son silence était une manière d'en convenir.

– Cent vingt hectares de nature poussent à moins de cinquante mètres de notre propriété. À l'inverse d'une forêt quelconque, personne ne détruira ce sanctuaire végétal ! Les jardins de Kew sont la garantie de notre survie, notre apport d'énergie, la raison même de notre présence ici. Les végétaux protègent de la prolifération des virus, rendent les hommes plus forts. Lorsque la nature se raréfiera, comment voulez-vous qu'on s'en sorte sans végétaux à proximité !

Au silence qui suivit, la jeune femme comprit qu'elle en avait trop dit. Elle se mordit la lèvre et se leva. Décidément, les « doux dingues » avaient de la suite dans les idées, pensai-je. Par contre, cet excellent motif de leur point de vue modérait l'intérêt des jardins de Kew pour ses lotus. Et cela gâchait mon enthousiasme. Quelque chose m'échappait.

Le matin suivant, deux hommes de la brigade financière interrogèrent le comptable. La fortune des Bee Free venait de royalties issues de dépôts de brevets. Ils spéculaient et touchaient un pourcentage lorsque les recherches aboutissaient. La vente d'OGM à travers le monde leur avait permis de multiplier par cent leur mise de départ. J'assistai au deuxième interrogatoire de Marcus Comte. La mention du montant exact de leur capital et de leurs actions auprès des industries en biotechnologie ne le troubla point.

– Certaines personnes nous prennent très au sérieux, ce n'est pas le cas du plus grand nombre. L'important est de rester discrets jusqu'au grand avènement, dit-il.

Je m'approchai du capitaine anglais et lui suggérai de poser deux questions. Ce qu'il fit.

– Pourquoi avez-vous quitté la France ? demanda Brenson.

– Vous connaissez les lois à l'égard des sectes ? Vous tenez votre réponse.

– Soyez plus précis, répliqua le capitaine.

– En Angleterre, on peut exprimer ses idées tout haut pour peu que les renseignements généraux soient au courant. Personne n'interfère dans nos actions. En France, c'est le contraire. Tant que l'on fait des secrets, on nous laisse tranquille. Dès qu'il y a manifestation publique, les ennuis commencent.

– Pourquoi vous appelle-t-on Mwulana ?

– C'est le surnom que me donnait mon père.

– Qu'est-ce que cela signifie ?

– C'est du swahili. Le Moine, mon père, le parlait couramment après son séjour en Afrique.

Marcus s'arrêta là, souhaitant probablement ménager ses effets.

– Faut-il que l'on se rapproche d'un traducteur ou aurez-vous l'amabilité de nous éclairer ? s'enquit Brenson.

– Il suffisait de demander, confessa le gourou avec une mauvaise foi évidente. Cela signifie « petit enfant ».

– C'est étonnant que le maître d'une secte se fasse appeler « petit enfant »... Et « Mwulana apportera la lumière », récita Brenson avec un délicieux accent français. Vous avez choisi ce nom pour vous attribuer la paternité de la prophétie et vos disciples n'y ont vu que du feu.

Comte s'énervait. Même dans la semi-obscurité, je percevais

son agitation. Pourtant, il reprit d'une voix qui ne laissait rien trahir :

– Mon père m'a toujours appelé ainsi, je n'ai rien inventé. Plusieurs personnes vous le confirmeront.

– Quel âge aviez-vous à l'heure de sa mort ?

– Trente-sept ans.

– On n'est plus un enfant à cet âge… Sans doute un moyen de vous rabaisser.

– Pour mon père, je représentais la solution ! s'emporta Comte.

– En vous associant à des concepteurs d'OGM, cela m'étonnerait.

Brenson attendit un peu avant de continuer :

– Par ailleurs, la prophétie évoque les meurtres suicides. Qui d'autre que vous peut souhaiter qu'elle se réalise ?

– Votre raisonnement ne tient pas, dit Comte en gardant son calme. Quelqu'un cherche à me nuire en validant, à sa manière, la prophétie de mon père. Je n'ai rien à voir avec ces meurtres monstrueux. D'ailleurs, comment le pourrais-je ? Je ne sors jamais.

– Et vos disciples…

Marcus Compte le coupa :

– Vous perdez votre temps.

40

Depuis que les unités spécialisées de la police judiciaire anglaise avaient entamé les interrogatoires des membres de la secte, on ne déplorait aucun nouveau meurtre. Brenson y voyait le résultat de la pression que lui et son équipe exerçaient. Je tempérais ce succès en refusant de me contenter d'un statu quo. Il nous fallait des aveux.

Je m'isolai dans un des bureaux des collègues anglais et appelai le juge Gutineau pour mon compte rendu quotidien. Je lui appris que nous avions contacté le Poison Garden, parc au nord de l'Angleterre dédié aux végétaux dangereux. La *Mandrava Rici Natura*, appréciée des naturalistes pour ses grandes fleurs à hampe violette, poussait dans une serre à l'abri de toute tentation, au creux d'un bac vitré inaccessible. Les interrogatoires menés par les Britanniques auprès des botanistes du Poison Garden avaient démontré qu'ils ignoraient ses propriétés meurtrières. Ils possédaient deux pieds de *Mandrava* et lui prêtaient des qualités urticantes. Hautes de soixante centimètres, toutes feuilles déployées, les deux spécimens se révélaient intacts. La découverte des lotus dans l'une des serres des jardins de Kew et les spécimens de *Mandrava* du Poison Garden confortaient le juge Gutineau dans son opinion. Il ne cessait de répéter : « Nous touchons au but ! Les deux jardins anglais sont hors de cause mais le meurtrier n'est pas loin. » Pourquoi avais-je alors le sentiment de m'éloigner de la vérité ? Je téléphonai à Berckman et ma sensation se renforça. Christian savait que l'enquête à Londres piétinait et s'amusait en listant, avec un plaisir non dissimulé, les résultats de leurs investigations parisiennes. Le point fort était que l'eau de la tuyauterie de l'appartement des Luzignan présentait des résidus de plante. Les analyses avaient démontré la présence en quantités infinitésimales de la *Mandrava Rici Natura*, confirmant le diagnostic du pharmacognoste. Quatre hommes se succédaient pour surveiller Derrone. Le magnétiseur soignait une vingtaine de personnes par jour et sortait rarement de chez lui. On n'allait pas maintenir la filature très longtemps. Leur quotidien avec Jane consistait à visiter toutes les serres avec humidificateur d'Île-de-France. À ce jour, aucune d'entre elles ne présentait de spécimens de *Mandrava Rici Natura*, ni même de lotus. Ils poursuivaient leurs recherches. À entendre la voix enjouée de Christian, je conclus que ce n'était pas la partie la plus désagréable de leur travail. Il avait dû faire quelques concessions et leur relation avait repris. Je lui rappelai de mandater un psychiatre réputé afin qu'il définisse le profil du tueur. Il pouvait confier la mission à Honfleur. Berckman ajouta qu'un climat de terreur régnait en France. Les Parisiens dévalisaient les supermarchés, craignant une attaque terroriste et s'enfermaient chez eux en calfeutrant les portes, s'imaginant qu'un gaz invisible et inodore allait les exterminer. Au sein du gouvernement, la rumeur prétendait que le premier suspect, coupable ou pas, paierait le prix fort. Apaiser les esprits devenait une mission d'État. Christian acheva son exposé en précisant avoir reçu la liste des numéros composés à partir du téléphone du pharmacognoste. Quatre appels, tous en Afrique du Nord, pour la somme de six cent trente-deux euros.

– Un voleur à la manque qui tombe sur une belle occasion de cambrioler un appartement en écoutant les messages, puis qui se débine une fois sur place.

– C'est clair, confirma Berckman.

Je raccrochai. Avant de l'appeler, je peinais à croire Marcus Comte coupable. À l'issue de notre discussion, mon intuition que l'essentiel se jouait en France se confirmait. Nous perdions notre temps à Londres.

Une jeune femme officier entra dans le bureau et me proposa un thé. J'aime le thé dès que quelqu'un d'autre que moi le prépare. Je lui tendis ma tasse en la remerciant. Elle avait des cheveux très noirs, coupés au carré, et dégageait un parfum qui m'était familier. Alors qu'elle repartait et refermait la porte, je me fis la réflexion que je n'avais pas cherché à voir sa peau, ni regardé la forme de son cul, je n'étais pas en chasse. J'entendais encore claquer ses talons sur le plancher lorsque je reconnus le parfum. Il s'agissait de la fragrance d'ilang-ilang de l'huile de massage d'Alisha. Cela faisait trois jours que je n'avais plus de ses nouvelles. Ni elle ni moi n'avions essayé de contacter l'autre. Il fallait que je l'oublie, cela devenait crucial pour l'enquête. Et pourtant, en dehors des mystères qui l'entouraient elle et son père, j'aimais la vie à ses côtés. Je nous imaginais chez moi à Paris. Nathan aurait sa chambre au premier. Voudrait-elle un autre enfant ? Je lui envoyai un texto : « Tu me manques… », et le regrettai aussitôt. J'attendis qu'elle me réponde en feuilletant un magazine, patientai encore, puis sortis du bureau. Nous avions rompu et j'agissais comme une gamine. La colère me chatouilla le nez.

Alors que je parcourais le long couloir qui menait à la sortie, je reçus un nouvel appel de Berckman. Le ton de sa voix avait quelque chose de très inhabituel.

– Il a frappé de nouveau, bredouilla-t-il.

– On en est sûrs ?

– On a un lotus sur un dessin d'enfant. Le SRPJ vient de nous contacter. Ils ont découvert les corps, il y a une heure.

– Et la Crim' ?

– Pas encore. Il y a un mois, j'avais envoyé aux collègues d'Île-de-France une note leur demandant de prendre contact avec nous dans le cas de meurtres où un lotus apparaîtrait. Le SRPJ de Versailles a joué le jeu.

– Qui sont les victimes ?

– Une mère et son enfant de six ans.

– Morts comment ?

– Apparemment, comme d'habitude, la plante poison.

– À Paris ?

– Île-de-France…

– Où ?

– À Châtenay-Malabry. Yoann… tu vas pas le croire… route de Gisy…

Je pris mon téléphone et le lançai de toutes mes forces contre le mur. Il explosa littéralement.

41

J'ignore combien de temps il s'est passé entre le moment où tous les officiers anglais se sont tournés vers moi, me faisant constater d'un sourcil levé qu'on ne raccrochait pas ainsi un téléphone portable et l'instant où je me suis assis dans l'avion en partance pour la France. Je ne crois pas que ça m'ait pris plus de deux heures. J'ai tout juste confié à Brenson que je revenais en France pour des raisons privées, ai demandé d'avertir Ponstain et Berckman puis j'avais filé. Pourquoi Nathan et Alisha ? La stratégie du meurtrier avait-elle évolué ? Nathan n'était pas un génie ! Dire que j'avais suspecté Derrone ! Tuer sa propre fille et son petit-fils : impossible ! L'araignée de Nathan..., comment s'appelait-elle déjà ? Ce n'était pas Derrone, je ne croyais plus à Marcus Comte, mais qui alors ? J'avais l'impression que mes poumons, mon cœur, allaient sortir de ma cage thoracique. La mort, encore. Violente, encore. Un premier meurtre m'avait pris mon père, un deuxième m'enlevait la femme que j'aimais. Oui, je l'aimais. Et si l'assassin de mon père était l'auteur des meurtres suicides ? Quelqu'un cherchait à me détruire... Impensable. Je divaguais.

Coincé sans pouvoir bouger entre un jeune loup au costard

trois pièces qui lisait un rapport empli de chiffres et un vieil Hindou très digne qui semblait méditer, je devenais fou. J'aurais voulu hurler. Quel sens avait ma vie ? À qui ressemblais-je ? À ce jeune de trente ans, sûr de son charisme et de ses arguments financiers, ou à cet homme âgé qui n'avait l'air de se soucier que de sa paix intérieure ? Ni l'un, ni l'autre. Je croyais qu'il suffisait de se lever le matin en ayant le sentiment d'apporter une pierre à l'édifice, en l'occurrence résoudre les sales affaires de meurtres, pour se sentir utile. Je croyais maîtriser ma vie. Depuis l'âge de dix ans, personne n'avait décidé à ma place. J'étais mon propre père. Trente-deux ans plus tard, la vie bafouait mes certitudes et la mort me jetait à la figure mes illusions : nous n'étions rien de plus qu'une énergie de l'instant. Et cette énergie pouvait s'éteindre dans la seconde, comme celle d'Alisha et de Nathan. À quoi allait ressembler ma vie, demain ? Je savais qu'à l'arrêt de l'appareil, je bondirais à l'extérieur. Courir. Ne pas cesser de courir… Où irais-je ? Croyais-je pouvoir changer le passé ? Qu'espérais-je ? L'appareil se rangea sur la zone de stationnement et je sentis mes mains devenir moites. L'avion s'immobilisa enfin. Je bousculai les autres passagers, brandissant ma carte de police, en sueur, me contrôlant avec peine.

– Laissez-moi passer ! criai-je.

Je sortis de l'appareil et me dirigeai comme un automate dans les couloirs glacés de l'aéroport. Je débouchai finalement dans la zone d'arrivée. Berckman m'attendait, debout devant les escalators, en faisant de grands gestes. Il s'avança vers moi, avec un air d'incompréhension.

– Yoann, c'est pas eux !

– Quoi ?

– La fille du guérisseur, le petit, c'est pas eux, ils sont vivants.

Chantal Philibert et sa fille Élodie – la copine de Nathan – une enfant surdouée là encore, avaient succombé à l'empoisonnement. Ils étaient les voisins directs de la famille Derrone et habitaient 14, route de Gisy. Le père, hospitalisé pour un problème aux lombaires, n'arrivait pas à joindre sa famille depuis la veille. Il avait donné l'alerte. Berckman proposa de m'accompagner mais je refusai. J'allais retrouver Alisha et souhaitai m'affranchir de cette épreuve, seul. Dans le taxi qui me conduisait à Châtenay-Malabry, je réalisai que je connaissais Chantal pour l'avoir rencontrée le soir de ma rupture avec Alisha. Je songeai à Nathan, amoureux de la petite fille.

La maison était déserte, la porte grande ouverte. Je courus jusqu'à la salle d'attente de Derrone et entrai sans frapper. Personne. Je regagnai la cuisine, là où nous nous étions quittés quelques jours plus tôt, et me posai sur une chaise. Alisha était vivante, Nathan aussi. Mais où étaient-ils ? Je n'avais plus de téléphone et restai planté là, un long moment, ne sachant que faire. Perdu dans mes pensées, j'aperçus Derrone qui me dévisageait du seuil de la pièce.

– Où est-elle ? lançai-je sans cacher la colère qui montait.

– Avec Nathan. Il est inconsolable. Ils sont allés chez Élodie avec vos collègues. Ils ne devraient pas tarder, ajouta-t-il d'une voix lasse.

Le magnétiseur ne semblait ni affecté ni surpris de ma présence, mais déçu. Il s'éloigna vers son bureau. Je ne tenais plus en place. La mort présumée d'Alisha et Nathan avait innocenté Derrone, celle des voisins changeait la donne.

– Il faut qu'on parle, lui dis-je en le suivant.

À cet instant, j'entendis des pleurs et me précipitai vers l'entrée. Alisha portait Nathan, la tête lovée contre son cou. Le serpent orange et ses deux mètres sans poils traînaient derrière eux, prisonnier de la petite main.

– Quelle chance, tu es là, dit Alisha en soupirant.

Je pris l'enfant et le posai sur mes genoux.

– C'est la méduse, je l'ai vue ! cria Nathan. C'est elle qui a tué Élodie…

– Quelle méduse ? demandai-je.

– Dans un de ses rêves, une méduse noire attaquait Nathan. Il a pensé que c'était la mort, répondit Alisha.

Elle tentait de maîtriser sa voix, de rester calme. Elle cherchait du regard les yeux de son fils, essayant de lire ses craintes, ses questions, ses angoisses. Elle poussait une mèche brune qui glissait sur le front de l'enfant comme si percevoir l'ovale parfait de son visage l'aidait à mieux lire ses émotions.

– À la fin, dans mon rêve, c'était pas moi qu'elle touchait, c'était Élodie, reprit Nathan. Elle mourait tout en dernier. L'autre jour, quand elle est venue à la maison, je lui ai donné mon serpent magique pour la protéger et un dessin de mygale…

Nathan ne s'arrêtait plus.

– Elle voulait pas chanter pour se protéger. Et mon serpent, il y est pas arrivé non plus, dit-il en éclatant en sanglots. Mon serpent, il est nul ! Je veux plus le voir, ajouta-t-il en le jetant à terre.

– Tu n'y es pour rien et ton serpent non plus, le rassura sa mère.

– M'en fiche. J'en veux plus.

Le gamin se dégagea et se rendit dans sa chambre. Alisha le suivit et le coucha. Un peu plus tard, elle vint se blottir dans mes bras.

– J'ai essayé de t'appeler…, lui confiai-je.

– J'ai éteint mon portable. Chantal était une très bonne amie.

– Je t'ai envoyé un texto de Londres.

– J'ai été ridicule. J'ai cru que tu soupçonnais mon père.

– Je t'ai menti, nous le faisons suivre.

– Qu'est-ce que tu racontes ? dit-elle, abasourdie.

Elle s'éloigna de quelques mètres en me fixant. Une fatigue extrême m'envahit. La question autour du coupable s'imposa à nouveau. Le sentiment d'avoir été abusé par cette famille s'insinuait un peu plus, chaque seconde.

– Vous vivez dans la maison du Moine aux abeilles, dis-je le plus lentement possible pour ne pas m'emporter.

– Mais qu'est-ce que ça peut faire ? répondit-elle.

– La date des meurtres, l'âge des enfants, les surdoués… Le meurtrier suit la prophétie à la lettre. À quoi tu joues ? À quoi joue ton père ? hurlai-je.

– OK, j'ai compris, dit-elle.

– Tu as compris quoi ? Explique, bon sang !

Elle ne répondit pas. J'avais déjà bondi dans le couloir et me dirigeai vers le bureau de Derrone. J'ouvris la porte de toutes mes forces. Elle cogna bruyamment contre le mur. Le magnétiseur sursauta. Il s'était assoupi dans un fauteuil. J'éructai, plein de rage :

– Maintenant plus de bobards, plus d'énigme à la con, vous me dites tout avant que j'explose.

– Que voulez-vous savoir ? dit le vieil homme, visiblement décontenancé.

– Vous connaissiez Gabriel Comte !

– C'est parfaitement exact. Nous vivons chez lui, confirma Derrone.

Je serrai les poings pour ne pas céder aux tremblements qui

rongeaient mes nerfs et restai debout, tendu, devant le guérisseur qui reprit :

– Nous avons été amis, je l'ai connu durant toute sa période française. Alisha s'occupe de ses ruches, du terrain, de tout..., ajouta-t-il en posant les deux mains sur la table.

– Vous n'êtes qu'un vieux fou ! hurlai-je. Pourquoi tant de secrets ?

– J'ai volontairement édulcoré l'histoire de Gabriel Comte pour attirer votre attention sur son fils, Marcus. Vous n'auriez jamais prêté attention au contenu de la prophétie si je l'avais aussitôt décryptée. Je n'ai pas imaginé que mon mensonge pouvait se retourner contre moi et que vous puissiez me soupçonner.

Je songeai à la filature qui n'avait rien donné malgré les nouveaux meurtres. D'une certaine manière, la PJ assurait à Derrone un alibi en or. Je me gardai de l'en informer et repris :

– Vous réalisez dans quelle merde vous m'avez mis ?

– Oui, je vous ai menti. Mais c'est un peu grâce à moi que vous poursuivez Marcus Comte. Dieu sait pourquoi vous ne l'avez pas encore incarcéré...

– Je reviens de Londres. Ça fait cinq jours qu'on les cuisine, lui et sa bande. On n'a rien. Ils sont fous mais clean, répliquai-je.

– C'est lui, j'en suis sûr. Vous êtes passés à côté, croyez-moi.

Je compris pourquoi Derrone avait semblé exaspéré à mon arrivée : il croyait Marcus coupable et estimait que son emprisonnement aurait empêché la mort des amis de sa fille.

– Comment pouvez-vous être sûr de sa culpabilité ? demandai-je en m'asseyant.

– Le Moine était médium. Il appelait son fils Mwulana, ce qui le désigne avec certitude.

La tête entre les mains, je ne savais plus que penser. Je quittai Derrone sans un mot et me dirigeai vers l'aile où habitaient Nathan et Alisha. Je restai devant la porte, sans bouger et l'observai. Elle me tournait le dos et préparait le repas. J'y voyais clair dans mes sentiments. Je m'approchai et la pris dans mes bras.

– Je suis convaincu que ton père n'est impliqué d'aucune manière dans cette affaire. Maintenant, j'en suis sûr.

– Merci, dit-elle.

– Je t'aime, dis-je pour la première fois de ma vie.

Elle ne me répondit pas mais, étrangement, cela m'était égal. J'étais bien trop heureux d'avoir livré mes sentiments et ses yeux semblaient dire la même chose.

Resté à Londres, le commandant Ponstain participa à la fin des interrogatoires. Le juge Gutineau croyait Marcus Comte coupable des nouveaux meurtres perpétrés en France. De son côté, la police londonienne renforça la surveillance des Bee Free. Je pris un jour de repos en compagnie d'Alisha et Nathan. À Paris, Berckman reçut un nouveau rapport de la Crim' transmis par Emmanuelle. La brigade avait rencontré les académies d'Île-de-France afin d'évaluer le nombre de victimes potentielles. Cent vingt-sept mille quatre-vingts enfants de la région suivaient un CP. En sélectionnant le meilleur enfant de chaque classe, il restait quatre mille deux cent trente-six enfants à protéger. Une tâche impossible.

Honfleur trouva les références de psychothérapeutes parisiens en se rapprochant de l'Institut de recherche sur les expériences extraordinaires, l'INREES, qui travaillait auprès des plus réputés d'entre eux. Il prit contact avec dix thérapeutes afin de leur confier une mission de profilage, profession qui n'existait pas en France. La plupart repoussèrent l'offre, prétextant leur manque d'expérience et les risques de dénigrement dans le cas où le criminel demeurerait introuvable. Restaient cinq thérapeutes : Stéphane Chancelor, Olivier Sismer, Patrick Patovsky, Yves Lentoine et Christine Lannelongue. Les deux derniers, en congés, restaient injoignables. Marc Honfleur laissa un message à leurs assistantes. Le juge Gutineau convoqua les trois autres. Il espérait un éclairage sur le profil psychologique et le sexe du ou des meurtriers présumés.

42

L'araignée dessinée par Nathan et offerte à Élodie en même temps que son serpent avait intégré les pièces à conviction à cause de la présence du lotus esquissé en bas de page. Nous essayions de comprendre comment le meurtrier avait choisi Élodie Philibert ainsi que les victimes précédentes parmi quatre mille deux cent trente-six enfants premiers de leur classe.

– Il recoupe la liste des surdoués avec une autre, proposa Jane. Faut juste trouver laquelle.

L'interrogatoire du père d'Élodie mit au jour un élément important. Sa fille participait à un concours de dessin autour de la préservation de l'environnement. Le journal *La Tortue verte* avait présélectionné vingt enfants, dont la fillette et… Jordan Jolih. Le nom du vainqueur serait annoncé le premier décembre 2008.

– Deux gamins, c'est beaucoup ! dit Honfleur.

– Pour que ce soit la bonne liste, il aurait fallu que tous les surdoués tués y figurent, rectifia Christian.

– Faut chercher les concours pour enfants, organisés depuis fin 2007, suggéra Jane.

– Peut-être que le meurtrier organise lui-même un concours, proposa Honfleur.

Nous prîmes rendez-vous l'après-midi même avec Philippe Brunoit, directeur des publications de *La Tortue verte*. Le journal organisait un concours tous les trois ans. Le dernier, réalisé en novembre 2005, avait eu pour gagnante Victoria Nilhous, neuf ans. Le nom ne correspondait à aucune victime du meurtrier en série. Cette année, le prix, sponsorisé par des fonds privés, avait pour mécènes Pharmacop, dont le P-DG se nommait Nicolas Véraneau et Semagrain, dirigé par Olivier Sirlon. Le premier fabriquait des médicaments à base de plantes. Son industrie se plaçait dans le top dix des entreprises de la région. Il exportait de Vitry-sur-Seine vers toute l'Europe et les États-Unis. La deuxième entreprise avait Créteil pour siège social et se positionnait au quatrième rang mondial des semenciers. Le directeur de la publication, Philippe Brunoit, les connaissait bien et les rencontrait régulièrement. Je lui demandai de les décrire. Véraneau, un homme de terrain, avait contracté la malaria lors de ses nombreux voyages et vivait reclus en laissant ses associés le représenter. Sirlon était attiré par la politique et le pouvoir. Il sponsorisait le concours et nombre d'autres, pour le plaisir de donner des interviews. Les années passées, Brunoit avait trouvé un autre mécène, Jean-Paul Friedel, le créateur du Conservatoire botanique de Paris. Le Globe, avais-je conclu en me souvenant l'avoir interrogé pour connaître la variété de lotus trouvée dans la fontaine. Friedel avait refusé de participer au concours de cette année par manque de temps.

Le lundi 17 novembre, en fin de journée, je pris connaissance des dernières investigations menées par la Crim'. Ils venaient de se voir attribuer le cas d'Élodie comme se rapportant à la série des meurtres suicides. Ils cherchaient également la « deuxième liste » qui permettait au meurtrier de choisir ses cibles parmi les enfants premiers de leur classe. Depuis la découverte des noms de Jordan Jolih et d'Élodie Philibert en lauréats intermédiaires, la Crim' étudiait sérieusement la piste du concours de dessin. Ils surveillaient Véraneau de Pharmacop, Sirlon de Semagrain et Brunoit de *La Tortue verte*, estimant que le vainqueur pourrait être la prochaine victime. Restaient quatorze jours avant les résultats du concours de dessin, le 1er décembre 2008.

L'après-midi suivant, le journal *Le Monde* fit le rapprochement entre les meurtres suicides et la prophétie publiée dans son intégralité, page trois. Le journaliste mettait en avant le paragraphe évoquant les enfants de six ans et désignait 2008 comme étant « l'année 1 du deuxième millénaire ». Deux questions concluaient l'article : Quel lien existait-il entre le criminel et le Moine aux abeilles ? Et s'agissait-il d'un fou ?

– D'où peut bien venir la fuite ? interrogea Honfleur.

– Cherche pas. Le journaliste a mené son enquête. Il est parti dans la bonne direction, répondit Jane.

43

Mardi 18 novembre à 9 h 20

Marc Honfleur entra dans le bureau avec une assurance que je ne lui connaissais pas.

– J'ai un type au téléphone. Un psy. Il était en vacances. C'est pour ça que je n'arrivais pas à le joindre.

– Viens-en au fait sinon on y est encore à Noël…, lançai-je.

– Il s'appelle Yves Lentoine et pense qu'il a été en rapport avec l'auteur des meurtres suicides…

– Balance-le sur ma ligne !

Honfleur partit en courant et revint aussitôt. Le téléphone sonna. Je claquai des doigts en désignant Berckman qui accourut suivi de Jane. Je posai mon index sur ma bouche et branchai le haut-parleur.

– Major Clivel à l'appareil…

– Bonjour, Yves Lentoine, je suis médecin et psychothérapeute.

– Vous possédez des éléments sur le meurtrier dont parlent les journaux ?

– S'il existe des corrélations entre la prophétie et le meurtrier tel que décrit dans *Le Monde*, il a été mon patient.

– Expliquez-vous.

– Il m'a évoqué une prophétie qui l'obsédait.

Lentoine nous communiqua son adresse.

– Je suis tellement nerveux qu'il vaut mieux que tu conduises, dis-je à Berckman en lui lançant mes clefs.

Rejoindre le Pont-Neuf de l'avenue du Maine nous prit six minutes. Le docteur présenta ses conclusions : l'homme qui avait été son patient présentait les symptômes d'une agoraphobie sévère. Une névrose qui empêche de sortir de chez soi, provoquée dans son cas par un eczéma facial purulent, suite à son divorce. Il soupçonnait aussi une forme de paranoïa.

– En d'autres termes, précisa le docteur Lentoine, il imagine des choses de manière à ce que les événements de tous les jours lui confirment qu'il est victime de machinations. Il se croit au centre d'un complot. Il ne ment pas, mais s'arrange avec la réalité.

– Vous avez d'autres coordonnées que ces e-mails, une adresse ? demanda Berckman.

– Je recevais ses euros sous enveloppes anonymes et il changeait d'adresse mail à chaque fois. Les anciennes ne fonctionnent plus.

– Il utilise certainement une adresse IP flottante. C'est la méthode utilisée par les hackers pour rester anonymes, lança Honfleur.

L'opération consistait en la multiplication de serveurs en relais. Le nom de l'utilisateur n'apparaissait pas, à moins de remonter la filière des réseaux et d'y passer beaucoup de temps.

– Avez-vous gardé les enveloppes ? demandai-je.

Lentoine appuya sur une touche du téléphone et demanda à son assistante qui répondit par la négative.

– Quels éléments pourraient nous aider à le confondre ?

– C'est un homme. Mon assistante l'a entendu s'exprimer et se souvient d'une voix grave. La cinquantaine, d'après elle, mais je ne garantis rien.

– Comment se présente un eczéma au visage ? demanda Jane.

– Il n'est pas forcément défiguré. Il l'a été, c'est certain puisque c'est la raison de son agoraphobie. Mais il se peut que l'eczéma ait disparu et qu'il se convainque du contraire. Un des spécialistes l'avait estimé sorti d'affaire... Plus que des marques sur le visage, je chercherais quelqu'un d'apparence normale ayant consulté des spécialistes. Des dermatologues, par exemple.

– Vous avez précisé qu'il était divorcé, ajouta Christian.

Lentoine reprit ses notes et continua :

– Depuis deux ans environ. Il est fils unique. L'homme se dit très entouré mais ne sort pas de chez lui. Je pencherais pour quelqu'un vivant sur son lieu de travail. Un chef d'entreprise. Il ne rend des comptes à personne.

– Vous êtes sûr qu'il est incapable de sortir de chez lui ? demandai-je.

– Ses symptômes sont sévères et même dans le cas, extrêmement rare, d'une dissociation de la personnalité, il est incapable de franchir la porte de son domicile.

– OK. Instigateur mais pas acteur. Il paie un homme de main, conclut Berckman.

– Je précise qu'il a une très haute estime de lui-même. Il n'a jamais consulté pour son agoraphobie ou sa paranoïa dont il n'a pas conscience, seulement pour son eczéma, conclut le médecin.

Nous nous réunîmes. Un fait supplémentaire nous permettait de croire que nous tenions une piste sérieuse. Le meurtrier avait développé un eczéma. Or d'après Lauran Saléni, la manipulation de la *Mandrava Rici Natura* était très allergisante et pouvait provoquer ce type de manifestation. Il existait trop de professions ne nécessitant pas de sortir de chez soi pour que ce soit un critère de recherche. Nous allions devoir solliciter tous les dermatologues d'Île-de-France en les appelant un à un. Nous cherchions un homme qui avait présenté un eczéma au visage deux ans plus tôt. Deux noms seraient en priorité soumis aux spécialistes : Véraneau, le patron de Pharmacop, qui ne quittait pas ses appartements. La Crim' suivait chacun de ses faits et gestes, notre équipe se contentait de leurs rapports pour connaître ses agissements. Le deuxième restait Marcus Comte. Fils unique, fortuné et incapable de sortir des locaux de la secte, il correspondait parfaitement aux critères énoncés par le thérapeute. On pouvait supposer qu'il avait camouflé sa maladie de peau en s'inventant une affliction aux yeux.

Je reprenais espoir. Grâce au docteur Lentoine, nous possédions des éléments tangibles : l'agoraphobie, l'eczéma et la paranoïa du meurtrier. Si l'assassin visait le lauréat du concours, les résultats publiés le premier du mois nous laissaient douze jours pour le confondre. Plus de temps qu'il n'en fallait pour conclure l'enquête une bonne fois pour toutes.

44

Lundi 24 novembre

Sept jours s'étaient écoulés depuis l'article paru dans *Le Monde*. Les vacances du mois de décembre approchaient et les dermatologues, submergés de travail, prétextaient le secret médical pour éviter de se pencher sur la longue liste des patients des deux dernières années. La mise en examen de Marcus Comte n'avait pas tardé. Le juge De Fréjon l'avait rédigée le mercredi suivant l'article du *Monde*. Tous à la Crim' étaient désormais convaincus du lien entre prophétie et meurtrier et ils souhaitaient interroger Marcus Comte, seul, en France. Le gourou n'avait opposé aucune résistance. L'émotion soulevée en Europe par cette affaire avait permis son extradition quasi instantanée vers Paris.

Je lui rendis visite à la prison de la Santé, au « quartier des particuliers », en entrant, comme le voulait l'usage, par l'entrée du personnel. Écrouer les personnalités « haute sécurité » est une des spécificités de la prison parisienne. Maurice Papon, Jacques Mesrine et bien d'autres y avaient purgé leur peine. La médiatisation et le nombre de victimes de ces pensionnaires très spéciaux obligeaient à un isolement des autres prisonniers et Comte n'avait pas échappé à la règle. Corpulent, les cheveux longs bouclés et luisant de sébum, l'homme visiblement se négligeait. Ses mains semblaient recouvertes d'un curieux épiderme rose et flétri. Une peau de lézard. Les ongles noircis par la crasse, il se cura une oreille et s'essuya à son pantalon déjà constellé d'auréoles. À l'évidence, les miroirs n'existaient pas dans le monde de Marcus Comte. Aucune trace d'un eczéma, même ancien, au visage. D'autre part, le suspect pratiquait le célibat depuis plus de quinze ans et on ne lui connaissait aucune liaison, même au sein de la secte. J'étais désormais convaincu de son innocence.

Restaient cinq jours avant les résultats du concours.

« Éliaz » saisit son téléphone et composa le numéro du père Antoine. Les deux premiers chiffres indiquaient une localité dans le Sud-Ouest.

– Bonjour mon père, dit-il. Je vous appelle de la part de monseigneur Billoguet qui m'a conseillé de vous consulter.

– Bonjour monsieur.

– Je réalise une étude sur des textes anciens pour le compte d'une société privée. Des collectionneurs.

– Je vois, dit le prêtre.

– Nous avons un passage difficile à clarifier et je vous avoue que mes connaissances sont limitées.

– De quoi s'agit-il ?

– De noms de saints, je souhaiterais savoir à quoi ils se rapportent.

– Je ne les connais pas tous, loin s'en faut, mais dites toujours, je vais faire mon possible.

– Eloïm, Murathron, Adonaï et Semiphoras…

– Ce ne sont pas des saints, j'en suis presque sûr, dit le vieil homme. Donnez-moi quelques minutes, je vérifie… Voulez-vous me rappeler plus tard ?

– Je reste en ligne, c'est important.

Éliaz l'entendit déposer un épais volume à côté du téléphone et tourner plusieurs pages. Le prêtre reprit le combiné.

– C'est bien ce que je pensais, dit-il en chevrotant légèrement. Adonaï est une manière différente de dire Dieu en hébreu. Les autres noms sont des intermédiaires entre le ciel et la terre. Des anges en quelque sorte.

– Des anges ?

– Absolument.

– Je vais vous lire le paragraphe où ces noms apparaissent afin que vous puissiez me donner votre avis, renchérit Éliaz. « L'enfant éclairé de réponses croisera l'ombre, en une folie meurtrière, au chiffre 6, l'unique, l'élu, commandera au nom d'Eloïm, Murathron, Adonaï et Semiphoras et Mwulana apportera la lumière. »

– Vous pouvez la répéter lentement, je vais la noter.

– Ce n'est pas nécessaire, je vais vous décrypter les points dont je suis sûr. « L'enfant éclairé de réponse », signifie un être surdoué.

– Si vous permettez, je l'entends différemment. À mon humble avis, « éclairé » évoque quelqu'un de bon, doué spirituellement, éclairé par la lumière de Dieu. Mais je suis influencé par notre Père, d'autant que les noms que vous citez après, sont des anges. Il me semble que le mot « élu » vient ensuite. On ne parle pas ainsi d'un surdoué, vous ne croyez pas ?

– C'est votre opinion, dit Éliaz.

– Certes.

– Un dernier point. Quelle signification donnez-vous à la phrase : « L'élu commandera au nom d'Eloïm, Murathron, Adonaï et Semiphoras. »

– Ça me revient maintenant ! s'exclama le prêtre. Guérisseurs et sourciers invoquent ces anges lorsqu'ils se préparent à œuvrer avec leur baguette en bois de coudrier.

Éliaz se figea et son visage s'éclaira d'un sourire. Il raccrocha sans même remercier le père Antoine.

45

Nathan sortit de la cuisine et se dirigea vers le salon.

– Va te coucher, je suis fatiguée, lui dit sa mère.

Il resta debout devant la porte, hésita à protester, puis comme elle approchait, courut se blottir sous ses couvertures. Elle déposa un baiser sur son front, lui sourit et éteignit sa lampe de chevet. La lumière du couloir traversait la pièce en une fine diagonale. Il voulut lui parler, mais déjà elle s'éloignait. Il enfouit sa tête sous son oreiller et pleura doucement. Son cœur lui comprimait les poumons. Les images qui venaient le terrifiaient.

Le lendemain, la sensation se fit plus forte, alors il sut qu'il devait agir.

Alisha attendait son fils devant la grille de l'école. Elle fixa la porte de la classe, espérant le voir avant qu'il ne découvre sa présence. Elle savait le jeu perdu d'avance. Nathan se cachait et, tout à coup, apparaissait à ses côtés. Souvent, elle sursautait. Alors, il enroulait un bras protecteur autour de son cou et lui disait bonjour pour la deuxième fois.

Sur le chemin du retour, le garçon se confia.

– Y a quelqu'un qui veut « m'emprisonnier », maman.

– Qu'est-ce que tu veux dire ?

– Je me sens comme la mouche que je lance à Viviane, la grosse velue dans sa toile.

– Pourquoi ?

– C'est comme si j'avais peur, mais au lieu de me raconter des choses qui me font rigoler, j'arrive pas, j'ai mal au cœur et j'ai encore plus peur…

– On rentre et on demande conseil à papi.

En arrivant chez elle, Alisha eut un mauvais pressentiment. La porte du bureau de son père était grande ouverte. Elle enferma Nathan dans la voiture et se rendit dans la salle d'attente. Une seule personne s'y trouvait.

– Bonjour, où est monsieur Derrone ? demanda Alisha.

– On est venu le chercher. Il est venu s'excuser. Ça fait plus de deux heures que je l'attends, les autres personnes sont parties.

Alisha se mordit la lèvre.

– Revenez un autre jour, je doute qu'il revienne avant un petit moment.

D'ordinaire, son père la prévenait lorsqu'il s'absentait. Quelque chose ne tournait pas rond. Alisha verrouilla les portes du cabinet et courut vers son fils. Elle le fit sortir de la voiture, s'agenouilla devant lui et le fixa.

– Nathan, c'est quoi cette sensation que tu as ?

– Un monsieur veut me « massacrifier », répondit l'enfant.

– C'est un rêve que tu as fait ?

– Non, je le sais et c'est tout.

– Il te cherche toi ou papi ?

– Moi.

– On appelle Yoann. C'est un policier, il va nous protéger.

Alisha essaya le portable, puis le bureau. Personne ne savait où Clivel se trouvait. Elle laissa un message en demandant qu'il la rappelle au plus vite.

– Maman, j'ai peur.

– On file chez Yoann.

– Je vais « m'enfouir » loin pour pas qu'il me trouve, dit-il, la tête dissimulée par la capuche de son blouson.

Elle le prit par la main et se dirigea vers la maison.

– Prends une peluche et ton pyjama, lui dit-elle.

Alisha saisit une boîte de gâteaux et dévisagea son fils qui revenait, le serpent orange et noir en bandoulière. Le reptile a de nouveau ses faveurs, s'étonna-t-elle.

Prisonnière d'une circulation très dense, la jeune femme traversa Châtenay-Malabry en vingt minutes. Au deuxième feu rouge de Sceaux, un homme klaxonna et lui fit signe. Elle abaissa sa vitre.

– Votre porte arrière est mal fermée !

Elle se retourna, Nathan avait disparu. Alisha sortit et ne le vit nulle part. Elle hurla son nom, réprimant des sanglots qui déjà lui comprimaient la poitrine. La mort de son amie, la disparition de son père et maintenant celle de son enfant… Alisha ne pensait plus, ne savait plus, elle suffoquait. Une main sur la portière ouverte, tournant la tête dans toutes les directions, elle n'entendait pas les klaxons des voitures qui dépassaient son véhicule. Elle respira longuement et reprit ses esprits. Elle se gara sur le côté, puis remarqua l'emballage des gâteaux sur lequel on avait griffonné : « Je pe pa dir ou je vé le méchan il me trouvé. Maman, je taim. Nathan. » Roulé en boule à côté du paquet de biscuits, le pyjama.

Lorsque sa mère avait longé le parc de Sceaux, Nathan avait profité d'un feu rouge pour ouvrir la portière et filer sans un bruit. Deux gâteaux en poche, il avait couru sans se retourner, direction la densité des arbres, la protection de la forêt. Le vent malmenait les arbustes en les couchant comme des roseaux. Hêtres, bouleaux, chênes et marronniers grinçaient furieusement. Le petit garçon frissonnait, impressionné par le bruit de la nature.

– C'est pas vous qui me faites peur, mais j'ai peur quand même, alors je vais parler dans ma tête pour que la trouille, elle parte, dit-il tout haut.

La terre exhalait des odeurs âcres de mousse et de lichens en décomposition. Les pas de Nathan s'enfonçaient dans l'humus détrempé. Il sortit du sentier, s'arrêta au pied d'un châtaignier et s'agenouilla. Il souleva les feuilles humides, les déposa de côté et renouvela l'opération jusqu'à ce que ses ongles rencontrent la terre. Là, il déroula le serpent de son cou et l'étendit.

– Tu vois, King, ici c'est ta nouvelle maison. Je peux plus te garder avec moi parce que t'as pas bien protégé Élodie. Et puis, t'es trop lourd, moi je dois partir loin, loin, loin. C'est bête, j'ai pas d'allumettes. J'aurais bien voulu te mettre en cendres, mais c'est pas possible. Ben oui, c'est comme ça la vie, dit-il en le recouvrant de feuilles.

Lorsque le serpent disparut sous les bogues et les reliefs d'anciennes ramures, Nathan joignit les mains. « Tu sais, t'étais pas si nul que ça », dit-il à voix haute. Le garçon souleva une feuille et se pencha pour voir si un bout du reptile dépoilé apparaissait. Il n'y avait qu'ombre végétale et terre noire. « Tu vas me manquer », dit-il en se levant. Sa bouche s'ouvrit, mais le vent happa ses mots avant qu'ils ne sortent. Sur ses lèvres, on aurait pu lire « Je t'aime ». Une larme glissa sur sa joue. Il prit une direction au hasard et courut droit devant lui. Le garçon n'avait plus les mêmes yeux, il avait le regard de celui qui a la certitude que quelque chose de terrible va se produire.

Il atteignit une zone industrielle. De puissants lampadaires éclairaient le départ des manutentionnaires. Nathan considéra le paysage, caché derrière un buisson. Tours en construction et chantiers se succédaient à perte de vue. Deux camions chargés de gravats l'éclaboussèrent en roulant dans les flaques où la poudre de béton avait terminé son voyage. Le blouson constellé de fines taches grises, il attendit la fin de l'activité, puis se remit en marche. Au détour d'un nouvel immeuble, il vit la chose et sut instantanément que ce serait sa cachette. L'humidité s'infiltrait à travers la semelle de ses chaussures et dévorait ses orteils glacés. Son pantalon, trempé jusqu'aux genoux, se figeait. Un point de côté lui cisaillait le flanc. Le ciel n'avait plus de couleurs, bientôt la nuit s'étendrait à l'infini. Il plia les jambes sous son blouson et entendit un léger craquement. Il se rappela les biscuits. Les mains glacées, Nathan ouvrit sa poche et en sortit les gâteaux écrasés. Il engloutit les miettes et réalisa que cela ne suffirait pas pour apaiser sa faim. Des nuages noirs défilaient devant ses yeux à une allure prodigieuse. Le garçon comprit que personne ne viendrait le chercher ici. Cela le rassura et, aussitôt après, l'effraya. Il éclata en sanglots. Épuisé, il se roula en boule et s'endormit.

Excédé par la réaction des dermatologues, j'avais pris la décision de rentrer chez moi, de dormir et de prendre du recul. Ce n'était pas une bonne idée. Aussitôt les yeux fermés, mon inconscient prit le dessus. Mon père, Alisha et Nathan mouraient dans une ronde infernale, poursuivis par une araignée géante, puis finalement assassinés par une femme qui me tournait le dos et qui s'avérait être ma mère. La sonnerie du téléphone me délivra de mes cauchemars.

– Nathan a disparu, mon père aussi. Viens vite, ils sont en danger ! cria Alisha.

– Nathan et mon père ? bégayai-je, encore endormi.

– On a kidnappé mon père et Nathan s'est enfui…

– Je ne comprends pas. Où es-tu ?

– Route de Sceaux, au feu rouge de la poste.

– J'arrive.

Nous jouions de malchance : nous avions cessé de faire suivre Derrone la veille de sa disparition, au motif qu'il n'était ni agoraphobe ni eczémateux et qu'il sortait de chez lui. Les jours précédant la dernière affaire, la PJ pouvait attester qu'il n'avait pas bougé de chez lui et cela prouvait son innocence. Les huit patients présents dans la salle d'attente lors du départ du guérisseur furent interrogés. Tous parlaient d'une voiture imposante et se souvenaient d'un homme en bleu de travail. Les autres informations confirmaient l'enlèvement. Quatre-vingts policiers et cinq chiens pisteurs quadrillaient la ville. Berckman, Honfleur, Jane et moi-même suivions les recherches depuis la maison d'Alisha en restant en contact permanent avec les équipes.

– Pourquoi Nathan est-il parti ? lui demandai-je.

– Il avait peur de quelque chose, dit Alisha en nous présentant les mots que son fils avait écrits sur le paquet de gâteaux. Mon père ressentait un malaise depuis des semaines, ajouta-t-elle.

– Nathan a pensé que le meurtrier pourrait te menacer et le retrouver… ?

Alisha ne répondit pas.

– Quels sont les endroits où il se sentait en sécurité ?

« Un lieu sûr », se répétait Alisha en se massant les tempes. Soudain, elle s'exclama :

– Les églises, il aime la lumière des bougies.

Aussitôt, je transmis l'information à la Canine[1].

– Quand tu dis meurtrier, tu penses aux meurtres suicides ? me demanda Alisha.

– Nous n'avons aucune certitude.

– Yoann…

– L'enlèvement de ton père n'est pas logique, les adultes n'ont jamais été la cible et Nathan n'est pas surdoué…

– Mon père aurait pu aider à retrouver Nathan.

– Qu'est-ce que tu veux dire ?

– Il peut retrouver les personnes disparues, dit-elle. Il sait faire ça, insista-t-elle.

– Ils auraient enlevé votre père pour avoir la voie libre ? interrogea Berckman.

– Ça tiendrait la route s'ils avaient enlevé Nathan en même temps que son grand-père…, proposa Jane.

– Nathan s'est peut-être échappé juste avant qu'on le kidnappe…, suggéra Alisha.

– Comment s'y prend ton père pour retrouver les gens ? questionnai-je.

– Il utilise les instruments dont il s'est servi pour analyser le terrain de ta mère.

---

1. Brigade constituée de maîtres-chiens.

– Comment ça ?

– Il prend son pendule et un objet ayant appartenu à la personne. Dès qu'il situe l'endroit sur la carte, il se rend sur les lieux avec sa baguette de coudrier et avec l'aide du ciel…

Elle s'interrompit et enfouit son visage entre ses mains. Je me tournai vers mes collègues et fronçai les sourcils avec un signe de négation, leur signifiant de ne pas l'interrompre. Je suppose qu'Alisha l'interpréta autrement et estima que je ne la croyais pas.

– Ne me demande pas de t'expliquer comment il fait, je n'en sais rien ! s'écria-t-elle. Il utilise des rituels secrets et commande au nom d'Eloïm, Murathron, Adonaï et Semiphoras. C'est comme ça que les sourciers et les magnétiseurs retrouvent des personnes disparues, une source ou je ne sais quoi.

Alisha venait de nous donner la clef du dernier mystère de la prophétie.

« L'unique, l'élu,
Commandera au nom d'Eloïm, Murathron, Adonaï et Semiphoras
Et Mwulana apportera la lumière. »

Mwulana, le « petit enfant » de celui… qui œuvrait avec une baguette de coudrier. La prophétie désignait le petit-fils d'un magnétiseur. La disparition de Nathan et de son grand-père suggérait que l'assassin avait déchiffré l'énigme et estimait, on ne savait pourquoi, que Derrone était le guérisseur désigné par la prophétie. Comment l'annoncer à Alisha ? Elle était partie s'allonger dans la chambre voisine et je mis à profit ce répit pour récapituler, à voix basse, les récents événements :

– Dans la prophétie, le Moine désigne Derrone parce qu'ils se connaissent. C'est assez logique en soit. Mais comment le meurtrier a-t-il fait le rapprochement entre les deux hommes ?

– On s'en fout ! dit Berckman avec son implication habituelle.

– Tu as raison. Qu'est-ce que l'on sait de notre client ?

– Il est plein aux as, répondit Berckman.

– C'est un spécialiste des plantes africaines, la *Mandrava*..., proposa Honfleur.

– Des plantes tout court, affirmai-je. Le lotus vient d'Asie.

– Il ne sort jamais de chez lui, ajouta Jane.

– Il a accès aux résultats des rectorats et des académies.

– Combien on a d'enfants champions en Île-de-France ?

– Quatre mille deux cent quelque chose, dit Honfleur.

– Quelle est cette putain de deuxième liste ? « Il » choisit les gamins grâce à une sélection croisée. Celle des génies et une autre.

– Et combien d'entre eux sont morts en onze mois ?

– Une vingtaine...

– Est-ce que Nathan a déjà participé à un concours sur les plantes ? demanda Jane.

– Non. Nathan ne dessine jamais rien que des mygales...

Alisha se tenait debout dans l'encadrement de la porte, le visage défait. Elle ajouta d'une voix faible :

– Je ne peux pas rester comme ça, sans rien faire... Je suis en train de devenir folle.

– Savez-vous si Nathan a téléphoné à quelqu'un, participé à un jeu, répondu à un questionnaire ? lui demanda Berckman.

– Ça n'a peut-être aucun rapport... mais

Elle s'interrompit pour réfléchir et reprit en se tournant vers moi.

– La veille de ton départ pour Londres, Nathan et sa classe sont allés à Paris visiter le Globe. Tu sais, le Conservatoire botanique… pour découvrir la biodiversité. À la fin de la visite, ils ont rassemblé les enfants dans une grande pièce pour qu'ils répondent à un questionnaire sur les plantes. Comme ils devaient inscrire la profession des parents, Nathan ne savait pas quoi mettre à celle de son père. Il est décédé. Il a noté celle de son grand-père : sourcier, magnétiseur.

– Quelles classes étaient concernées ? demanda Jane.

– Les CP, répondit Alisha.

Nous échangeâmes un regard entendu.

– Qui a réalisé le questionnaire ? Les enseignants ou le Globe ? demanda Berckman.

– Je n'en sais rien. Je sais juste que… oh mon Dieu ! dit Alisha en posant la main sur sa bouche.

– Quoi ?

– Élodie a fait un sans-faute. Nathan n'a pas cessé de me le répéter.

Et la petite avait péri avec sa maman. Empoisonnées par la *Mandrava Rici Natura* quelques jours après sa visite au Globe. Alisha se sentit mal, ses yeux imploraient de l'aide, un mot, quelque chose de rassurant.

– Quelqu'un du Globe ! dit Honfleur qui réfléchissait à voix haute.

Il y a plus d'un mois, j'avais demandé des infos sur les graines de lotus au patron du Globe ! J'avais oublié une règle essentielle : sauf preuve du contraire, un expert fait partie de la liste des suspects.

– Et si c'était un prof ? dit alors Jane.

– Ou un type qui pirate les questionnaires du Globe via Internet, proposa Marc Honfleur.

Alisha s'assit à terre. Je lus sur son visage un immense désespoir. Mes sentiments pour elle n'avaient jamais été aussi clairs. Je luttai pour ne pas la prendre dans mes bras. Son regard était fixe. La discussion s'éternisait, nos questions démontraient notre impuissance et cela ne faisait qu'ajouter à sa torture. Je lui pris le bras et la soulevai avant d'enfouir mon visage dans ses cheveux. « Je te promets de tout faire pour retrouver Nathan et ton père », lui chuchotai-je. Les trois autres sortirent de la maison. Quelques minutes plus tard, je distribuai les rôles : Honfleur rentrait au bureau pour contacter les familles Villon et Jolih. Il devait vérifier auprès des parents si Corentin et Jordan avaient visité le Globe les jours précédant leur décès.

– Ils vont t'envoyer balader mais tu insistes et tu ne parles pas de moi, le prévins-je.

Cette information était capitale. Elle permettrait de confirmer les critères de sélection des victimes : un excellent élève de CP, premier au questionnaire du Globe.

– Tu nous rappelles avec les infos, ça urge, conclus-je.

Jane proposa d'interroger les enseignants des trois classes. Berckman et moi, nous chargions du Conservatoire botanique. Quand je retrouvai Alisha, je dissimulai mal mon excitation.

– Je pars, mais je reste joignable par téléphone, lui dis-je. Nathan n'est pas loin et la Canine s'en occupe. Ne t'inquiète pas, ils vont le retrouver.

– Tu es sûr…

– Ne t'inquiète pas.

– J'ai peur, Yoann.
- Ça va aller, je te le promets, ajoutai-je.

À 19 h 55, cinq minutes avant la fermeture, nous nous présentâmes devant le Conservatoire botanique. Nous demandâmes à voir Jean-Paul Friedel, le directeur que j'avais déjà rencontré. Le patron du Globe était absent. Paul Anguin, son second, nous recevrait dans quelques minutes. J'avais le sentiment que nous touchions au but. Le Globe resplendissait de verdure. L'immensité végétale s'épanouissait dans un œuf de verre et de Plexiglas aux dimensions époustouflantes. Les écosystèmes, entièrement respectés, accueillaient papillons et abeilles voltigeant par milliers. La partie tropicale humide s'avérait la plus surprenante avec des arbres de quarante mètres de haut, des fougères arborescentes et des figuiers étrangleurs accueillant une colonie de chauves-souris pollinisatrices. À l'intérieur du cocon translucide, abrité du bruit de la capitale, on percevait le bourdonnement des ouvrières de la fécondation et le chuintement de l'eau vaporisée huit heures par jour sur la partie jungle amazonienne. Un espace était dédié aux fleurs d'eau et présentait des lotus par dizaines. Je baissai les yeux en longeant l'étang, furieux d'avoir occulté les évidences. J'avais du mal à avaler ma salive tellement la rage me comprimait la glotte. J'étais venu ici, quelques mois plus tôt, mais n'avais pas dépassé le hall d'accueil. Paul Anguin, l'adjoint du directeur, nous rejoignit.

– Que puis-je faire pour vous à une heure aussi tardive ? demanda l'homme.

Je présentai ma carte.

– Nous travaillons avec la brigade d'enquête sur les fraudes aux technologies de l'information. Un certain nombre d'établissements ont fait l'objet de piratages. Nous souhaitons vérifier ce point avec vous.

– Nous n'avons jamais été piratés ! s'écria Anguin.

– Seuls les experts en informatique peuvent se prévaloir d'une telle certitude, répondis-je.

– C'est mon cas. J'ai développé le département conception et connectique de Nexback aux États-Unis pendant quinze ans. M. Friedel m'a chargé de gérer cette partie au sein du Globe. Le jour où l'on piratera notre centre n'est pas arrivé.

– Pouvez-vous noter votre conclusion à l'intention de nos services ? enchaînai-je.

– Bien entendu, si vous voulez bien patienter quelques instants.

Selon Anguin, personne en dehors du Globe n'avait accès aux résultats des questionnaires. Le type avait l'air sûr de lui. Si aucune intrusion n'était à déplorer, cela signifiait que l'assassin avait accès aux fichiers de l'intérieur.

Paul Anguin revint, je saisis la lettre qu'il me tendit.

– Vous organisez des visites scolaires éducatives, je crois.

– Oui, nous donnons un accès à la nature originelle au cœur de Paris.

– Que faites-vous du questionnaire rempli par les enfants à l'issue de chaque visite ?

Pendant un court instant, l'homme parut décontenancé.

– Le questionnaire, mais pourquoi cette question ? Quel rapport avec les tentatives de fraudes ?

– Vous êtes la garantie informatique du Globe et vous ne savez pas ce que deviennent ces documents ?

– Nous rentrons les résultats dans une banque de données.

L'homme réfléchit quelques instants puis précisa :

– Un moyen de vérifier si les enfants ont compris ce qu'ils ont vu pour que nos pédagogues s'améliorent. Vous m'excusez, mais à cette heure-ci, nos bureaux sont fermés et j'ai rendez-vous à l'extérieur.

– Ce qui signifie qu'en dehors de vous, personne ne consulte les résultats des questionnaires, renchérit Berckman.

L'homme s'insurgea comme si ce fait revêtait une importance capitale :

– Nous sommes plusieurs. Le directeur et l'ensemble des pédagogues l'utilisent…

– C'est parfait. Nous vous remercions.

Nous prîmes congé. J'appelai Jane et lui exposai la situation. Elle devait cesser ses investigations auprès des instituteurs et nous rejoindre. Honfleur téléphona peu après et confirma la visite de Corentin et Jordan au Globe une semaine avant leur mort. Tous deux avaient réalisé un sans-faute au questionnaire. Je le félicitai.

– Convoque les parents demain matin pour leur faire signer une déposition. Et raboule tes fesses, ça va être le feu d'artifice.

Puis j'appelai le commandant Ponstain pour obtenir du renfort et Gutineau pour une mise en examen.

Au sud de l'Île-de-France, les hommes de la Canine poursuivaient leurs recherches dans la ville de Sceaux et approchaient de la zone industrielle. À cause de l'orage, ils entamèrent les investigations à l'intérieur des bâtiments. Bredouilles, ils continuèrent à l'extérieur, leurs puissantes torches balayant le gravier détrempé.

Le passage incessant des camions-bennes avait créé des mares qu'il fallait draguer au cas où l'enfant y serait tombé. Deux heures plus tard, le QG reçut un nouveau message : « Zone industrielle de Sceaux, vierge. Partons vers Châtenay-Malabry. »

46

Dans une pièce sombre et sans fenêtres, Derrone se tenait ligoté sur une chaise. Il ignorait où on l'avait emmené, de même que l'identité de ses ravisseurs. Il gardait en mémoire une grosse berline noire où on l'avait poussé avec brutalité. On lui enleva son bâillon et le bandeau qui couvrait ses yeux. Quatre hommes sans masque l'entouraient. Il eut la certitude qu'on allait le tuer.

– Connaissez-vous la raison de votre présence ici ? demanda un homme corpulent dont le visage restait dans l'obscurité.

– Absolument pas, répondit le magnétiseur.

– Vous mentez, dit l'autre d'une voix grave.

– Je ne suis pas devin.

– Là aussi vous mentez. Vous voyez le futur.

– Je suis plus habilité à soigner qu'à faire ce genre de choses. Question de pratique, ajouta Derrone.

– Je n'ai pas le temps de jouer au chat et à la souris avec vous, renchérit l'homme. Il s'agit de Nathan. Il a disparu et vous devez le trouver avant qu'il meure de froid.

– Il a disparu ?

– Échappé de sa maison. Sa mère est très inquiète.

– Je ne comprends pas. Qui êtes-vous ?

– Vous allez trouver Nathan et il passera la nuit au chaud, dit l'homme en détachant chaque syllabe.

– Que ferez-vous de lui ? interrogea Derrone.

L'autre haussa les épaules.

– Pourquoi m'avez-vous enlevé ?

– On ne pouvait pas prendre de risque…

– C'est-à-dire ?

– J'ai pensé que vous pourriez nous gêner, vos questions prouvent que je vous ai surestimé. Mais ce n'était pas une mauvaise idée, finalement vous allez nous aider à trouver le petit.

Il fit un signe de tête à l'un de ses hommes.

– Il a besoin de ses mains pour utiliser sa branche de coudrier, ajouta-t-il en souriant, détachez-le.

– Vous voulez tuer Nathan…, dit le guérisseur, alors qu'on libérait ses poignets.

– Quelle drôle d'idée ! répondit l'autre, simplement.

– Je ne vous aiderai pas ! explosa Derrone.

Le magnétiseur serrait les poings, tendu à l'extrême, et de grosses veines apparaissaient de chaque côté de son cou. L'autre sortit de l'ombre. Des sillons rouges zébraient son visage des oreilles au menton. Ses sourcils et une partie de ses cheveux avaient disparu, mangés par une inflammation que le magnétiseur reconnut.

– Si tu n'as pas localisé le gamin d'ici quelques minutes, nous tuerons ta fille. L'enfant est condamné, à toi de voir si sa mère subira le même sort.

Derrone, le visage dressé vers le forcené, s'exprima en serrant les dents.

– Vous n'obtiendrez rien de moi. Vous êtes fou !

– Réfléchissez bien, dit l'homme en souriant.

Derrone le dévisagea et se rassit sur la chaise, foulant les liens qui l'avaient maintenu prisonnier et s'essuya les yeux, en proie à un immense abattement. L'autre prit un tabouret et le lança de toutes ses forces droit devant lui. Le siège frôla le magnétiseur qui n'avait rien vu venir et se fracassa contre une poubelle dont le contenu se répandit sur plusieurs mètres. Les trois complices échangeaient des regards et semblaient s'amuser de la situation.

– Pourquoi lui voulez-vous du mal ? interrogea le guérisseur.

– Nathan est responsable de tout ! s'emporta l'homme défiguré.

– Il a six ans, de quoi parlez-vous ?

– Justement ! Il allait m'empêcher d'accomplir mon destin, la prophétie le désigne.

– Vous êtes fou ! Ces enfants morts... Vous ne savez pas ce que vous faites !

– La prochaine fois que vous me traitez de fou, je vous égorge, lui dit l'homme en soulevant Derrone par le col de sa chemise. Un enfant de six ans allait faire toute la lumière, vous savez ce que ça signifie !

Il reposa le magnétiseur à terre et le poussa avec dédain sur la chaise.

– Si je ne le trouvais pas avant qu'il me confonde, je n'aurais pu poursuivre ma mission sur terre. Je suis le garant de l'humanité. Certes, j'ai mis un peu de temps à comprendre la dernière partie du testament. Mais l'important est d'avoir trouvé l'enfant. De tous ceux qui se sont présentés au Globe en 2008, Nathan est le seul descendant d'un magnétiseur.

Les deux hommes se tenaient face à face.

– Grâce à moi l'humanité ne va pas disparaître, grâce à moi le lien entre l'homme et la nature ne s'est pas rompu, grâce à moi, une maison a enfin été bâtie sans altérer ses fondations... Dans son testament, le Moine nous mettait en garde. Si l'on ne faisait rien, l'humanité s'achèverait. Il fallait agir. Le Globe, réalisation suprême, a empêché la prophétie de s'accomplir. Vous ne pouvez pas comprendre...

– Le Moine aux abeilles était mon ami, répliqua le guérisseur.

– Je m'en fous, asséna Jean-Paul Friedel, sans l'écouter. Cette prophétie est liée à mon destin. J'ai créé le Globe pour préserver la biodiversité. Citez une personne sur terre capable de protéger des milliers d'identités végétales de la pollution et des pesticides ? Je suis le seul ! Demain, si une catastrophe chimique ou nucléaire détruit la surface de la terre, nous reconstruirons notre environnement à partir des écosystèmes vivant à l'intérieur du Globe. Vous réalisez ce que cela sous-entend ? Je n'allais pas laisser un gamin me détruire et anéantir mon œuvre.

– Mais qu'est-ce que Nathan pouvait faire contre vous ? s'insurgea Derrone.

– Il savait. Dans la prophétie, le Moine disait que l'enfant savait. Oui, il savait... Ce n'était pas possible de le laisser faire, répétait l'homme en se parlant à lui-même. Comment aurais-je pu mener à bien ma mission sur Terre s'il m'avait dénoncé ? ajouta-t-il.

– Dénoncé ? répondit le magnétiseur.

À cet instant, Derrone comprit qu'il n'avait aucune chance d'en réchapper. Son refus de les aider à retrouver Nathan le condamnait. Désormais, il en savait trop. L'homme à l'eczéma lui avait avoué les meurtres. Le mobile restait obscur. La dernière inconnue semblait être un événement antérieur à la réalisation du Globe. Un incident majeur à cause duquel le fou se croyait en danger. Un enfant qui savait... Qu'est-ce que Nathan était supposé savoir ? Derrone n'avait plus qu'une chose à faire. Il se leva et se mit à parler.

– Vous avez un eczéma. Je peux vous soigner…

– Seule la mort de Nathan me soulagera ! hurla l'homme défiguré.

Le magnétiseur recula d'un pas, effrayé par l'expression de son visage. Jean-Paul Friedel s'approcha de Derrone alors qu'à l'extérieur, des sirènes de police retentissaient.

47

Imaginez la moitié des effectifs de la police judiciaire, solidement armés, regroupés à quinze mètres du Conservatoire botanique. Conçu comme un coffre-fort, le Globe interdisait tout forçage et pouvait résister à une déflagration nucléaire. Je tambourinai aux portes. Un vigile se présenta derrière une fenêtre de sûreté. Je lui hurlai d'ouvrir. L'homme demanda quelques explications. Je m'approchai.

– Vaut mieux pas que tu saches et t'as dix secondes…, dis-je en présentant le mandat d'amener au nom de Jean-Paul Friedel.

Le vigile actionna l'ouverture. De lourdes portes en plomb coulissèrent. L'équipe s'engouffra à l'intérieur. Un bureau à gauche de l'entrée abritait dix télévisions reliées à des caméras de surveillance. Je les jaugeai sans voir un seul mouvement. Berckman attira mon attention sur un écran. Il offrait une vue parfaite de l'entrée. Christian saisit le téléphone et appuya sur la touche bis. Un numéro interne, à quatre chiffres, s'afficha. On avait prévenu quelqu'un. J'interrogeai le gardien qui expliqua, en toute bonne foi, avoir averti l'adjoint du directeur que deux camions de police stationnaient devant le Conservatoire botanique. Il ignorait où se trouvait précisément Jean-Paul Friedel, mais l'homme ne sortait jamais du Globe et vivait ici. Un appartement avait été aménagé pour lui lors de la construction du Conservatoire. Nous parcourûmes chacune des pièces, puis nous nous dispersâmes. Le staff de commandement se concentra devant le bureau de Jean-Paul Friedel, fermé de l'intérieur. Personne ne répondait. D'après le vigile, seul le directeur en possédait la clef. Ils ne pouvaient forcer la porte, blindée et sécurisée par un système électronique. Le service de déminage arrivait. Ponstain, craignant qu'ils s'échappent, prit son Storno[1] et demanda aux deux tiers des unités de surveiller les alentours. Vingt minutes plus tard, une partie du mur explosait et la porte s'ouvrait sur une pièce vide. Une imposante table en acajou disparaissait sous quantité de bibelots et gris-gris ornés de perles, de coquillages et de bois précieux, bric-à-brac magique provenant du monde entier. Une bibliothèque comptait quelques milliers de livres, tous dédiés aux plantes. Posée sur un guéridon en marbre, une magistrale fleur de lotus en bronze semblait nous provoquer.

– Bordel de merde…, soufflai-je en la découvrant.

À côté de la bibliothèque, se trouvait une porte qui ouvrait sur la chambre de Friedel.

Un grand lit paré de soieries vertes et or, rigoureusement bordé, faisait face à une imposante version de la prophétie, peinte sur le mur. Je me reculai pour observer l'œuvre, quelques secondes. Friedel avait ce testament sous les yeux, tous les soirs, en s'endormant. S'il n'était pas malade, de quoi le devenir… Attenante à la chambre, se trouvait la salle de bains. Carrelée de blanc, un placard, deux lavabos, pas un flacon ni même une

1. Gros talkie-walkie utilisé par la police.

brosse à dents ne traînait, en un mot : lugubre. Le haut du placard abritait la pharmacie qui contenait un grand nombre de somnifères. Quelque chose tracassait Friedel. Une dizaine de marches descendaient derrière un paravent. Je m'y engouffrai et découvris une vaste pièce vide sans fenêtres. Des murs blancs, quelques chaises, une odeur rance d'humidité et de lichens. On aurait dit une salle de bal après la fête. Au fond, à droite, une chaise et des liens.

– Trop tard, dis-je.

L'équipe fit le tour de la salle et, dans un renfoncement, trouva une paillasse de grès blanc sur laquelle reposaient des feuilles de *Mandrava Rici Natura* présentant différentes étapes de dessiccation. Nous tenions enfin notre première preuve formelle indiquant la présence des criminels. Tout au fond, une ultime porte donnait sur l'extérieur, face au Muséum d'histoire naturelle.

– Ils étaient ici il y a peu de temps, suggéra Berckman.

– Appelez l'Identité et posez les scellés, ajouta Ponstain. On envoie deux hommes chez le magnétiseur pour ses empreintes et on les confronte à celles qu'on trouvera sur la chaise.

Je remontai quatre à quatre l'escalier et m'approchai du vigile qui semblait décontenancé depuis que la porte du bureau de Friedel avait volé en éclats.

– Je crois que tu es un type intelligent, lui dis-je. Les gars qui dirigent le Globe sont impliqués dans la plus grosse affaire du moment. T'as pigé ? Le premier mec qui nous donnera des infos nous permettant de les attraper pourra se vanter d'avoir stoppé l'hémorragie.

L'autre hocha la tête.

– Dans le cas contraire, y a complicité de faits. Cinquante-deux meurtres à diviser par le nombre de mecs impliqués, ça fait une belle part de gâteau. À mon avis, perpète pour tout le monde. J'aimerais pas être à ta place, ajoutai-je, convaincu de l'innocence du gardien.

L'homme semblait paralysé.

– Ils sont quatre, j'ai les numéros des portables..., répondit alors le vigile.

– Pas suffisant... Les immatriculations de toutes les bagnoles, lieux d'habitation, maisons secondaires... Je suis sûr que tout est quelque part.

Le vigile nous indiqua où se trouvait le coffre du Globe. Caché derrière un pan de la bibliothèque. Il ne résista que vingt minutes aux gars du déminage. À l'intérieur, un classeur avec tous les renseignements administratifs de l'équipe, ainsi que cent mille euros en billets de cinq cents. Cet argent devait servir à payer les hommes de main. J'étais déçu de ne pas trouver de liste d'enfants, la preuve formelle que Friedel était l'instigateur des crimes.

De retour au bureau, le commandant Ponstain organisa une cellule d'urgence. Il avait lancé un avis de recherche sur toute la France. Les aéroports avaient reçu des ordres. Première investigation : les portables. Bornes émettrices et réceptrices vous traquaient n'importe quel mobile allumé.

– Accroche la carte de France et prépare-nous du café, dit le commandant à un stagiaire. Je veux les noms des villes où habitent nos oiseaux, ajouta-t-il en prenant une boîte de punaises rouges.

– Paris cinquième, Alfortville, Marly-le-Roi, Paris dix-huitième, en Île-de-France, répondit Honfleur.

– OK, une équipe à chacune de ces adresses. Observation, investigation, contact si visuel. On a des maisons secondaires ?

– Seulement trois : Marseille, Fleury-les-Aubrais et Bazouges-sur-le-Loir, ajouta Honfleur.

– Sans déconner, conclut Ponstain en appuyant sur une punaise.

Jean-Paul Friedel ne possédait pas de maison secondaire. Son agoraphobie pouvait l'expliquer. Jane trépignait et ne se rendait pas compte que les larges cercles de sa marche avaient Berckman pour centre. Quant à Christian, il ne cessait de remuer sa boîte d'allumettes, l'ouvrant et la refermant, sans rien dire. Personne ne lui demandait combien de cloportes marquaient leur stress. Son silence était éloquent. Nous ignorions que les six cloportes gambadaient joyeusement, se moquant de la tension ambiante. Berckman n'arrivait pas à admettre leur décontraction évidente et les malmenait comme des dés qui refusent d'afficher les bons chiffres. À 22 h 00, le téléphone de Paul Anguin, l'adjoint à la direction du Globe, émit une onde qui indiquait une zone près d'Orléans. La maison secondaire la plus proche se situait à Fleury-les-Aubrais et lui appartenait. Le numéro composé était celui du vigile à qui l'on avait confisqué le portable. Ponstain appela la direction interrégionale de la police judiciaire d'Orléans (DIPJ) et leur confia l'adresse. Mission : cerner la maison, noter le nombre d'individus, les suivre en cas de fuite, sans intervenir. Ponstain, Berckman et moi partîmes aussitôt. Le GPS indiquait cent vingt-quatre kilomètres. À mi-chemin, le commandant reçut un appel des collègues d'Orléans.

– Ils sont quatre, plus un type dans le coffre…

– Sûrement Derrone, dit le commandant. Ils ont eu la bonne idée de le garder, ça nous fera un élément à charge de plus.

Le téléphone de Berckman sonna. « T'inquiète pas », répondit-il à Jane qui lui recommandait la prudence. Il avait raccroché sans rien ajouter, de manière à éviter les questions indiscrètes de la part du commandant. J'hésitai à envoyer un message à Alisha, mais que lui dire ? Je ne voulais pas lui donner de faux espoirs concernant l'état de santé de son père.

Nous atteignîmes la cible trente minutes plus tard. Ponstain coupa le moteur à cinquante mètres de la maison des suspects. Munis de gilets pare-balles, nous rejoignîmes une équipe de dix hommes postés en face de la maison, cachés dans la pénombre d'un fourgon. Cinq autres surveillaient l'arrière, au fond du jardin.

– Ils sont à l'intérieur, murmura un des officiers du DIPJ.

– Quand est-ce que vous êtes arrivés ? demanda Ponstain.

– Deux minutes avant eux. On a eu du pot.

– Qu'est-ce qu'ils font ?

– Aucune idée, les volets sont fermés, indiqua l'officier.

– Faut pas tarder, dis-je, m'inquiétant pour le magnétiseur.

– Rejoins-les, suggéra Ponstain en tendant le menton vers le jardin. Berckman reste avec moi.

Christian jeta sa cigarette non allumée à terre et l'écrasa. Réputé meilleur tireur de la brigade, il avait les faveurs du commandant lors des interventions à risque.

– Quelle heure as-tu ?

– 23 h 10, répondis-je.

– OK, dit-il en lorgnant sa montre. 23 h 15, intervention. Pas de signal. Vous connaissez les consignes. Tir d'immobilisation : épaule, bras, jambe. Il nous faut des aveux, donc des mecs vivants, quoi qu'il arrive. Compris ?

Personne ne répondit, l'opération venait de commencer.

À 23 h 15, les serrures explosèrent des deux côtés de la maison. Je brandis mon 9 mm Sig Sauer, remontai un couloir et ouvris la porte de gauche. Trois hommes armés discutaient autour d'une table. Derrone, allongé sur le canapé, ficelé des jambes à la poitrine, paraissait mal en point. Un gros morceau de chatterton le réduisait au silence. Ponstain et Berckman entrèrent à leur tour, par la porte située à ma droite. Tout alla très vite.

– Jetez vos armes, criai-je, tandis qu'un des complices saisissait le guérisseur.

L'homme pointa un pistolet automatique sur la tempe du vieil homme.

– Un pas de plus et je lui explose le crâne, assena-t-il.

Je reconnus Paul Anguin, l'adjoint du Conservatoire botanique et cherchai le chef de la bande. Pas de Jean-Paul Friedel dans la pièce.

– Rendez-vous avant que la situation ne dégénère, dit le commandant Ponstain d'une voix calme.

Avec cinquante-deux crimes à leur actif, ils ne se rendraient jamais, estimai-je. Anguin profita de ces quelques secondes de flottement pour saisir un vase en céramique et le projeta sur l'unique source de lumière, un abat-jour en verre dépoli suspendu au plafond. L'ampoule grésilla avant de s'éteindre. Puis il y eut trois détonations, toujours de la même arme. Anguin essayait de nous atteindre en tirant au hasard. Une quatrième balle siffla à ma droite et un officier poussa un cri. Je me couchai au sol. Un autre tir partit à l'opposé. Quelque chose tomba. Un bruit mat. Puis, plus rien. « Je crois que je l'ai eu », chuchota Berckman. J'allumai ma torche et la fis glisser sur le plancher pour ne pas servir de cible. Un officier en fit autant. Les ombres se mouvaient au ralenti. Ponstain braqua sa Maglite sur Anguin. Il se tenait debout et désarmé, la main droite en sang. Christian, concentré sur les éclairs de son arme, avait visé quelques centimètres à droite et touché la main de l'adjoint. Un exploit. On alluma le couloir. Un gars de la DIPJ avait reçu une balle dans le ventre.

– Sans déconner Christian, tu assures ! souffla Ponstain, admiratif. À ce niveau, c'est pas du bol, c'est…

– C'est bon, le coupa Berckman en rangeant son arme.

– Oui, joli coup, dit un autre en hochant la tête.

– Putain, les gars, on se fera des bises plus tard, il manque Friedel ! lançai-je.

– C'est pas l'un des types ? demanda Ponstain en regardant les trois hommes.

J'étais le seul à l'avoir déjà vu.

– Non ! dis-je en agrippant un des complices par le col. Où est-il ?

L'homme garda le silence et cracha à terre. Je le repoussai violemment. Menotté, il perdit l'équilibre et s'écroula. Je détachai Derrone et l'aidai à se relever. Il avait l'air épuisé. Avant qu'il ne soit mis à l'abri dans une voiture, je lui demandai s'il savait où se cachait Friedel. Il l'ignorait.

Ponstain répartit les hommes en trois groupes de six, me désigna l'escalier, la porte du sous-sol à Berckman et se dirigea vers les pièces du rez-de-chaussée. Le silence était tel que l'on pouvait entendre le frottement de nos jambes de pantalon. Où se trouvait Friedel ? Les coups de feu n'avaient pu lui échapper. Une fois à l'étage, dans le couloir, j'ouvris une première porte en me glissant de côté pour éviter une balle éventuelle. Rien. Je risquai un œil. Une chambre vide, un lit d'enfant, un placard. Deux hommes se postèrent en face des portes du meuble de bois clair. Positionné légèrement en biais, j'ouvris les battants. Des vêtements sur des cintres. Je les écartai du bout de mon arme, mon cœur à cent cinquante pulsations-minute. Friedel ne s'y cachait pas. Sous le lit, derrière les rideaux, des moutons préhistoriques. Nous revînmes dans le couloir. Aucun bruit. C'était inconcevable. Il nous attendait sûrement derrière une porte, le bras armé, prêt à faire feu sur ceux qui tenteraient de le déloger. Restaient trois pièces, une en face de nous, les deux autres plus loin, en vis-à-vis. Celle d'en face s'avéra être un dressing dont tous les placards étaient ouverts comme si on avait voulu en observer le contenu ou s'y cacher. Je continuai à avancer vers la troisième porte. S'il était à l'étage, nous n'avions plus que deux options. La lueur d'un lampadaire s'immisçait à travers le vasistas du couloir et je fixai les ombres des deux poignées de porte, m'attendant à tout moment à en voir une se baisser lentement. Laquelle choisir ? Une putain de roulette russe. Il fallait impérativement entrer dans celle où il se cachait, sous peine de se trouver pris au piège. Le criminel ferait feu dans notre dos, comme un vulgaire chasseur du dimanche visant un chevreuil sans défense.

Je décidai de diviser notre équipe. Trois en face, deux avec moi. Nous entrerions en même temps. Je levai mon bras armé vers le haut, l'autre main au poignet pour gagner en précision. Lorsque je baisserais la main, ce serait le signal. Les portes claquèrent en même temps. Je balayai du regard la pièce. Une bibliothèque, un lit double. Et la vision insupportable de chaussures de cuir noir qui dépassaient très légèrement de sous les rideaux. Une partie de cache-cache trompe-la-mort. Le tissu épousait un renflement au niveau du sol, comme si un homme y était accroupi. Un vulgaire piège ? Je me retournai brusquement, pensant qu'il allait faire feu dans notre dos. Mon cœur pulsait si fort dans mes mains que j'avais envie de tirer sur tout ce que mon regard croisait. J'entendais hurler « rendez-vous », à chaque fois que Ponstain ou les autres entraient dans une nouvelle pièce du bas et en repartaient bredouilles.

– Jean-Paul Friedel, sortez de derrière ce rideau, vous êtes cerné, dis-je d'une voix calme.

Pas un mouvement. Pas un souffle. Un bruit dans l'entrée. Je braquai mon 9 mm. Les trois autres officiers entraient pour nous prêter main-forte. L'un d'eux me fit un signe de négation pour m'indiquer que l'autre pièce était vide. Alors je saisis le rideau et le tirai vers moi de toutes mes forces, l'arrachant en partie de la tringle. Friedel se trouvait là, roulé en boule, la tête repliée sur ses genoux, les mains couvrant son crâne constellé de taches brunes, visiblement des reliquats de cheveux. Je me souvins que lors de ma visite au Globe, il portait un chapeau, comme tous ses employés. Il ne semblait pas armé. Je découvris son visage, rouge et tuméfié comme un cul de babouin.

– Levez-vous lentement, dis-je.

Il obtempéra, comme soulagé. Son visage avait doublé de volume. J'ignorais s'il s'agissait des effets de l'agoraphobie ou d'une crise d'eczéma.

– Ramenez-moi chez moi, dit-il d'une voix à peine audible.

– Ce n'est plus vous qui décidez.

– Je suis l'élu, dit le directeur du Globe.

– Vous direz ça au juge, lui rétorquai-je. Il faudra surtout lui expliquer pourquoi vous avez tué tous ces gamins.

– Je ne pouvais pas le laisser faire, continua Jean-Paul Friedel.

Il avait l'air pitoyable, un enfant pris sur le fait qui tente de se justifier. Pendant une seconde, je me dis qu'il ne pouvait s'agir du monstre que nous cherchions.

– Il fallait trouver l'enfant. Le Globe… Le Globe est la réalisation suprême, l'avenir de la planète, je suis le sauveur de l'humanité, répéta Friedel.

– Vous n'êtes plus rien, dis-je. Et le cauchemar est fini.

– Je suis le garant de la biodiversité ! Sans le Globe, vous deviendrez les meurtriers de l'humanité… Tout est la faute de l'enfant !

Un fou. Je fis un signe et on lui passa les menottes. Deux officiers empoignèrent le patron du Globe. « On l'a », dis-je à Ponstain qui entrait dans la pièce. Je reculai et m'assis sur le lit. La tension quittait tous mes muscles, un à un. Il me semblait qu'on avait recouvert mes épaules de plomb et que l'air avait une autre densité. Une boule me comprimait le plexus. Cette douleur, que je savais fugace, était extatique. Le stress accumulé durant ces derniers mois se dissipait. Je fermai les yeux, mais déjà la sensation m'échappait.

On emmena Jean-Paul Friedel et ses trois complices à Paris, par convoi spécial. Le magnétiseur suivait dans une autre voiture. La police allait le garder le temps de l'interroger sur les circonstances de sa capture et le libérerait le lendemain. J'appelai Alisha pour lui annoncer que son père allait bien.

Nathan était toujours introuvable.

Ponstain nous ramena d'Orléans et nous recommanda de dormir. Ce n'était pas ma priorité. Je me présentai chez le juge Gutineau à quatre heures du matin. J'espérais le convaincre d'intercéder auprès du procureur afin que Derrone rentre chez lui, aide à trouver l'enfant et soit interrogé plus tard.

– Maintenant que le coupable est arrêté, tout le monde se fout du gamin, lui dis-je.

– Que voulez-vous de plus ? répondit le juge.

Il portait une robe de chambre rouge sombre avec des motifs cachemire.

– Les chiens n'arrivent à rien, il pleut. Derrone doit chercher son petit-fils maintenant.

– Comment être sûr qu'il le trouvera ? S'il fait chou blanc, vous imaginez le tableau ?

– Si Nathan meurt, je vous tiendrai pour responsable, ajoutai-je.

– Je vais partir du principe que je n'ai pas entendu ce que vous venez de dire. Je mets cette familiarité sur le compte de la fatigue et de l'excitation propres à chaque fin d'enquête.

– Avec tout mon respect, monsieur le juge, on est bien partis pour que cette enquête « terminée » s'achève avec un gamin de plus, mort quelque part, des médias chauffés à blanc et un juge laxiste à montrer du doigt.

Gutineau resta bouche bée. Je repris plus calmement :

– Si on fait une minuscule erreur, De Fréjon et la Crim' nous tomberont dessus. Ils doivent l'avoir mauvaise. On a intérêt à blinder l'affaire et à la finir vraiment.

– J'appelle le procureur. Tenez-moi au courant dès que vous aurez retrouvé l'enfant que je vous enferme à vie pour insulte à magistrat.

– Merci, monsieur le juge.

Je réveillai Alisha, étendue sur le canapé du salon. Lorsque Berckman – qui était parti chercher le guérisseur – le fit entrer, elle se jeta dans ses bras. Il était huit heures du matin.

– Va me chercher ma carte, mon pendule et quelques-unes des affaires de Nathan, dit Derrone.

Les traits affaissés, il paraissait dix ans de plus. Un petit vieillard rabougri, le teint jauni et fatigué par les dernières heures de sa vie. Il s'assit derrière la table, ses mains tremblaient.

– J'ai le contact, dit-il dans un murmure.

Alisha porta la main à sa bouche.

– Le signal est faible. Je ne comprends pas. Les repères sont étranges, je n'arrive pas à faire mes croisements.

Après quelques minutes, il ajouta :

– Derrière la forêt de Sceaux. À cet endroit, dit-il en montrant un point sur la carte.

– La zone industrielle, dit-elle.

Je téléphonai au chef d'intervention et lui donnai les coordonnées.

Nos gars y sont déjà allés. On n'a rien trouvé, répondit l'homme.

– On en est sûrs, dis-je en regardant le magnétiseur qui ne quittait pas des yeux le point désigné par le pendule.

– OK, on y retourne, répondit la voix avec une pointe de lassitude.

Christian m'attendait dans la voiture, moteur allumé.

– Je viens avec vous, dit Alisha.

– Moi aussi, ajouta Derrone.

Arrivé sur place, le sourcier pointa sa baguette vers le nord et commença ses recherches. Les policiers avaient interrompu les travaux de construction qui venaient de reprendre. Les ouvriers, adossés à leurs camions, devisaient sur les motifs de la traque.

– On est là depuis 7 h 45 et on n'a vu personne..., dit l'un d'eux.

Derrone partit à droite, vers un chantier en sommeil.

– Il n'est plus très loin, dit-il en jaugeant les murs d'un immeuble.

Dix hommes s'élancèrent dans l'escalier, parcourant l'ensemble des pièces vides. Je n'avais plus d'énergie et m'assis sur un promontoire, espérant un cri de ralliement qui ne venait pas.

– Il est quelque part ici, réitéra le magnétiseur.

– Là ! s'écria Alisha en tendant le doigt vers le ciel.

À dix mètres de l'immeuble reposait une grue jaune, immobile. Je m'élançai à l'assaut de l'échelle métallique. Au bout de ce qui me sembla une éternité, j'ouvris la porte de la cabine et hurlai :

– Il est là ! Une ambulance, vite !

– Comment va-t-il ? hurla Alisha.

– Il est inanimé… Je ne peux pas le descendre…

– Il nous faut un hélico et un harnais, dit Christian en saisissant son portable.

Je posai la main sur la joue de Nathan. Elle était glacée. Je le pris dans mes bras et l'entourai de mon blouson, espérant lui communiquer un peu de chaleur. Sa peau était d'une blancheur extrême, il paraissait mort. Le garçon ne se réveillait pas. L'hélicoptère arriva enfin, puis l'ambulance. On transporta Nathan atteint d'hypothermie sévère, à l'hôpital, en compagnie de sa mère.

48

Jean-Paul Friedel déclara qu'il était innocent, accusant ses trois acolytes. Il prétendait qu'il ne pouvait être coupable puisqu'il ne sortait jamais du Globe, des dizaines de témoins pouvaient l'attester. Nous nous empressâmes de faire écouter ses propos enregistrés aux trois prisonniers qui décidèrent – sans concertation – d'actionner la purge. Pas question qu'ils prennent pour lui. Le juge Gutineau avait insisté : passer du statut de complice à celui d'« homme de main » leur permettrait d'échapper à la perpétuité. Si les quatre hommes étaient restés solidaires, il aurait été beaucoup plus difficile d'obtenir les informations et de connaître les responsabilités de chacun. Les tourments de la nature humaine ont parfois du bon. Convaincus d'avoir tout à gagner, les trois hommes mirent une certaine volonté à livrer les détails. Jean-Paul Friedel, cerveau de l'opération, avait choisi le poison, réalisé le questionnaire, désigné les cibles et confié les tâches. Il payait gros, en espèces. Paul Anguin, l'adjoint, créait les adresses Internet et piratait les ordinateurs des académies. Le deuxième, Lucas Pizzani, notait les habitudes des futures victimes et bloquait les systèmes de sécurité. Le troisième, Arman Denis, déposait le poison dans les canalisations. Ils éliminaient les enfants surdoués de six ans, en Île-de-France, dans le but de tuer celui désigné par la prophétie. Prophétie à laquelle Jean-Paul Friedel se croyait relié grâce au Globe : il était celui qui allait empêcher les Hommes de détruire la planète.

Nous fîmes des recherches sur son passé. Issu d'une riche famille d'origine polonaise et fils unique, Friedel vivait loin de ses parents établis en Floride. Son père gérait une entreprise leader dans l'industrie chimique et avait fait fortune. Au décès brutal des parents – un accident d'avion –, un tuteur décida du placement de l'enfant chez un oncle français. À sa majorité, il hérita d'une fortune colossale. Rentier, il apprit l'économie et consacra le reste de son temps à sa passion : les végétaux. À vingt-cinq ans, on lui découvrit une tumeur au cerveau. Les émanations des produits chimiques utilisés par les industries de son père en étaient responsables, mais l'affaire fut étouffée. Pour Jean-Pierre Friedel, ce fut une révélation. Il y avait urgence, autant pour lui que pour la planète. Il fit dix fois le tour du monde à la recherche d'essences rares, étudia les écosystèmes et la biodiversité dans ce qu'elle avait d'original. Son rêve le plus cher, créer un havre végétal en France, se concrétisa en 2005. Il obtint le feu vert de l'État et lança la construction du Conservatoire botanique.

L'analyse psychologique de Friedel démontra qu'il était envahi par la peur. Le fait d'avoir perdu ses parents, jeunes, et de percevoir une rente ne l'obligeant pas à travailler, l'avait empêché de se mesurer aux aléas de la vie. Le projet du Conservatoire botanique devenant l'œuvre magistrale de sa courte carrière, il s'était projeté garant de la préservation de la nature et de l'humanité : le rêve de son enfance. Le testament le confortait dans ses convictions, il devait ériger un dôme contre la folie des hommes. La gestion de l'architecte, l'acheminement des plantes, le financement, les agents de l'État, les entrepreneurs... Tout ceci le préoccupait à un point inimaginable. Friedel, dépassé, sans expérience, ne pouvait pourtant plus reculer. En juin 2005, il ne restait que trois millions d'euros de son immense fortune. Sa femme Lucie avait alors déposé une demande de divorce. Elle partageait sa vie depuis quinze ans et espérait toucher la moitié du magot avant qu'ils ne soient ruinés. Jean-Paul Friedel l'avait compris. Il n'était pas question qu'un divorce, assorti d'un partage des biens, compromette la réalisation de son œuvre. Lucie Friedel mourut deux mois plus tard, en septembre 2005, sans avoir eu le temps de divorcer.

Les trois hommes l'affirmèrent : Friedel avait tué sa femme avec la *Mandrava Rici Natura* et ses cendres avaient servi de compost aux lotus du Globe. « La plante la plus noble de la terre », aurait dit Friedel. Le végétal, symbole de pureté et de détachement, émergeait de la fange et des impuretés des eaux stagnantes. Le patron du Globe plaçait donc sa femme à égalité avec la pourriture. Il avait été soupçonné du meurtre par les enquêteurs. Mais l'autopsie avait conclu à la crise cardiaque et il avait cessé d'être suspecté. Son extrême méfiance et sa paranoïa s'étaient développées depuis cet événement. Car même innocenté, Friedel se croyait observé. Il ne sortait plus du Globe, obnubilé par son secret et portait son attention sur les visiteurs, de jeunes écoliers en majorité. Les enfants, naturellement attirés par l'eau, restaient à proximité des lotus... et des cendres pourtant invisibles de sa femme. Friedel les épiait et devenait fou en voyant les gamins s'accroupir devant l'étang. Confronté des milliers de fois à la sentence « le petit enfant fera la lumière en 2008 », il pensait – sans aucune raison logique, mais à cause de sa paranoïa – qu'un gamin allait deviner son crime. Il fallait donc l'éliminer Mais comment choisir l'enfant ? Il avait plusieurs fois pris Paul Anguin à partie. C'est en 2007 que Friedel eut l'idée de créer un questionnaire sur les plantes. Il allait favoriser la venue des enfants de six ans en n'acceptant que les classes de cours préparatoires.

Interrogé pour donner son avis, le docteur Lentoine apporta quelques éléments supplémentaires :

– Le meurtre de son épouse déclenche le stress, l'eczéma se déclare. Il est défiguré, devient agoraphobe et cherche à se protéger. Sa femme est incinérée, les cendres enfouies sous les lotus, plus de preuves, plus rien. Et deux années passent sans qu'il soit soupçonné. Il vit une extase meurtrière. Ce sentiment d'omnipotence est commun aux récidivistes. On commet une première faute, parfois par hasard. Et, comme personne ne la remarque, on recommence. Dans son cas, il pense qu'il est invincible sur le plan criminel et le sauveur de l'humanité grâce à la préservation de la nature. Il est maître du destin à deux niveaux. Le terrain psychopathologique a fait le reste.

– Pourquoi tue-t-il les enfants s'il est sûr de lui ? demandai-je.

– Au début, il a des crises de panique qui vont créer l'eczéma. C'est beaucoup plus tard, alors que l'agoraphobie s'est installée qu'il se convainc de sa supériorité. Après avoir tué sa femme, Friedel se conduit comme tous les criminels dont les facultés d'émotion disparaissent au profit de la recherche de l'impunité. À cause de sa paranoïa, il se croit l'objet de complots. Et un enfant, désigné par la prophétie, doit faire la lumière en 2008… Prophétie qu'il considère avec beaucoup de sérieux puisqu'elle évoque le destin qu'il s'est fixé : la protection des écosystèmes. Friedel cherchait à se protéger d'un enfant pouvant confondre son crime. Un petit de six ans, éclairé de réponses, d'après lui, un surdoué.

– Mais pourquoi réaliser le questionnaire du Globe ? demanda Christian.

– Il est dans sa logique. Comment a-t-il tué sa femme ? dit Lentoine.

– La *Mandrava*...

– Une plante. Celui qui dénoncera son crime est un expert en végétaux.

Je réalisai que ce que j'avais pris pour point commun des meurtres – la nature – était effectivement un centre d'intérêt commun des parents qui envoyaient leurs enfants découvrir la biodiversité au sein du Globe.

– Et comment sait-il que ce n'est pas le bon ? demanda Jane.

– Je l'ignore. Demandez-le-lui, proposa le docteur Lentoine.

– Vous pensez qu'il me répondra ?

– Oui, très probablement. Exposez-lui tout ce que vous savez. N'omettez aucun détail, il n'aura plus de raison de vous craindre, et sa paranoïa sera amoindrie. Par ailleurs, il est en prison. Loin de chez lui, il n'arrive plus à raisonner. Je crois que c'est ce qui explique qu'il n'ait pas montré plus de résistance lors de sa capture.

Cette question relative au choix de l'enfant me servit de prétexte. J'éprouvais le besoin de revoir le patron du Globe. Cette affaire avait failli mettre en péril ma carrière, avait annihilé l'intégrité du juge et mis à mal mon amitié avec Amerti. Friedel incarnait ma victoire, il devenait le miroir de mes anciens tourments et le vide occasionné par la résolution de l'enquête me semblait indicible. Cette dernière interrogation devenait une excuse nécessaire, une piqûre d'adrénaline que je souhaitais revivre.

Assis sur une chaise, le détenu noircissait un cahier. Sa paranoïa excessive lui avait dicté de ne pas imposer la présence d'un avocat. La prison semblait lui convenir, son visage avait recouvré un aspect normal. Il était seul dans sa cellule, en quartier haute sécurité. Je m'assis et jetai un œil à son dessin. Une fleur de lotus emplissait la page. Friedel resta immobile, apparemment inconscient de ma présence. L'effet escompté n'avait pas lieu, je ne ressentais ni plaisir ni haine. Je lui exposai nos conclusions. Le meurtre de sa femme, les cendres sous les lotus, les confidences de ses anciens complices. Il ne réagit pas. Je laissai le silence s'installer pour qu'il intègre les faits : il était coupable et trois personnes impliquées elles aussi allaient témoigner contre lui.

– Pourquoi pensiez-vous que la prophétie se rapportait à votre vie ? lui dis-je sans ambages.

Friedel leva la tête avec un air de dédain.

– J'avais prédit le déclin des abeilles bien avant qu'il ne survienne. Au même moment où Gabriel Comte a écrit son testament. J'ai tout de suite compris ce qu'il signifiait, le sens de ses mots cachés. Les « sentinelles de la terre », les abeilles, annonçaient le déclin de la nature et des hommes. Nous devions agir. Vous connaissez quelqu'un d'autre que moi capable de préserver tous les écosystèmes de la Terre dans un globe de cette dimension ?

– Pourquoi attacher tant d'importance au testament ? le coupai-je.

– Je viens de vous le dire. Nous étions reliés. Gabriel Comte lisait l'avenir, et vous le savez ! dit l'homme en se levant. C'est de notoriété publique.

– Qu'est-ce qui vous a fait croire qu'un enfant pouvait dénoncer votre crime ?

– Un enfant allait faire la lumière et dévoiler mon secret, c'est noté dans la prophétie, dit-il en haussant les épaules.

– Comment savoir que l'enfant n'était pas le bon ?...

Il se rassit et se pencha au-dessus de la table en inclinant la tête sur le côté, dans ma direction, comme un vieux monsieur qui offrirait des sucreries à un petit garçon, et dit en souriant :

– Chaque fois que j'ai cru l'éliminer, mon eczéma revenait, indiquant mon erreur. Il est le cauchemar dont je ne me débarrasserai jamais.

Jean-Paul Friedel, à nouveau seul, se campa, très droit, devant un miroir encastré dans le mur. Il observait les pores de sa peau. Depuis plus de deux ans, cet exercice provoquait chez lui les mêmes interrogations. Avait-il imaginé le crime parfait ? Existait-il un enfant capable de découvrir son secret et empêcher la réalisation de son œuvre : sauver l'humanité ? Pendant plus de sept cents jours, son cerveau avait cherché à se rassurer. Ce n'était pas ces centaines d'enfants venus visiter le Globe qui allaient l'effrayer. Mais l'eczéma, ces marques violacées indélébiles, étaient nées de ces mauvaises pensées qui l'obnubilaient. Était-il fou ? Non, plus lucide et plus sage que jamais. Dans le miroir, son regard se perdit et il vit un enfant qui le fixait. Blonds, roux, noirs, asiatiques, filles et garçons s'étaient succédé au fil du temps. Et puis, il y avait eu Nathan. Cet enfant n'avait pas attiré son attention. Nathan, qu'il était incapable d'imaginer physiquement. Allait-il vivre avec ce fantôme le restant de sa vie ? Il n'arrivait pas à trouver la paix. Est-ce que sa peau le démangeait ? Il n'en était pas sûr. Il s'assit sur son lit, déchiffra les graffitis notés par les anciens détenus sur les pieds de la table et prit une cuillère. Il griffa le bois et quelques lettres maladroites apparurent bientôt : Éliaz. Le prénom d'un grand philosophe écrivain, prix Nobel de littérature, qui s'était illustré par l'étude des fonctionnements psychosociaux. Il méritait bien ce pseudonyme.

Je rentrai à la PJ afin de noter ces éléments pour mon dernier compte rendu sur l'enquête. J'avais presque terminé lorsque je sentis une présence. Mon vieil ami Valentin s'approcha et jeta un dossier sur la table. Noté en gros : « Résultats du concours organisé par Pharmacop et Semagrain. »

– Tu t'es bien foutu de moi ! dit-il.

Je ne répondis pas.

– Tu avais accès à nos rapports…, affirma-t-il.

– On a mené notre enquête et on a trouvé le type grâce à la prophétie et au lotus, tu le sais bien.

– La famille Luzignan… tu t'es bien gardé de nous dire que toutes les affaires étaient liées.

– Les juges ont réglé ce point ensemble. Où est le problème ? Tu passeras premier de groupe quand même. Tu vas bientôt avoir un enfant, il me semble que ça vaut tous les meurtriers du monde.

– C'est ça, trouve des raisons de te dédouaner, tu n'es qu'un magouilleur de première.

– Je ne veux plus te voir, j'en ai assez de tes sarcasmes, soufflai-je.

– Tu as tort. Un jour, tu auras besoin de moi, dit-il avec un étrange sourire.

– Si ça te fait plaisir de le croire…

Il me regardait avec tant de suffisance que je cherchai à quoi il pouvait faire référence. Je me souvins alors de ce qu'avait dit Nathan : « Valentin t'a volé quelque chose. » J'hésitai, puis me lançai, au bluff, sans y croire.

– Tu veux certainement parler de ce que tu m'as volé. J'ai compris, tu sais, j'ai fait des recoupements.

Durant quelques secondes, il parut surpris puis il lança dédaigneusement :

– Tu as cru que tu l'avais jeté dans une poubelle ! Les derniers mots de ton père ! C'était mon explication, et ça t'a suffi. C'est hallucinant comme tu m'as toujours fait confiance.

Je me levai, l'empoignai par son col de chemise et le collai violemment au mur. Il suffoqua de surprise. Je cherchai une raison de ne pas le tuer et dis :

– Comment as-tu pu me faire ça ? Rends-le-moi !

Il me repoussa et se dégagea.

– Tu ne veux plus me voir. Il faudrait savoir. Je te le rendrai lorsque tu viendras me faire des excuses.

– Parce que c'est à moi de te faire des excuses, pauvre taré ! hurlai-je.

Il me tourna le dos sans répondre et sortit. Je m'affalai dans mon fauteuil, les jambes arrachées par l'explosion de sa révélation, la glotte comprimée par la haine qui me submergeait, bien incapable de lui courir après. Il n'avait pas le droit de me trahir. Il était mon putain de meilleur ami ! C'était si grotesque que les larmes me vinrent aux yeux. Je m'apitoyai sur mon sort, ou plutôt sur l'enfant de dix ans qui avait perdu son père. La trahison se transforma en rage. Je me levai et agrippai ma table que je jetai de toutes mes forces en hurlant. Elle se planta dans le fauteuil de Christian et resta en équilibre précaire avant de s'écraser au sol en trois morceaux. Emporté par le mouvement, je me retrouvai à terre, un genou au sol. J'avais vingt-deux ans lorsque j'avais cru perdre le mot de mon père. Mon meilleur ami, celui que je considérais à l'époque comme un frère, me l'avait subtilisé. Un vol, puis un mensonge et enfin un secret, gardé durant dix-neuf ans. Pourquoi ? Que représentait ce document pour Valentin ? Rien. Le rattraper ne servirait à rien. Il m'avait volé mon bien le plus précieux. Si je l'affrontais directement, il risquait de le détruire en une ultime bravade. Mon univers s'écroulait. J'avais besoin d'éléments. Je sautai dans ma voiture et filai 12, route de Gisy. Nathan était rentré chez lui. Il m'avait aidé une première fois et pouvait peut-être répondre à la question qui me hantait depuis toujours.

Cela faisait cinq jours que je n'avais vu Alisha et cette séparation était de plus en plus difficile à supporter. Je l'embrassai et lui demandai un peu vite si l'état de santé de son fils autorisait une discussion. Elle me rassura et nous laissa.

– Je suis heureux de savoir que tu vas mieux, Nathan.

– Papi Derrone m'a dit que tu m'as sauvé la vie…

– C'est lui qui t'a trouvé avec sa baguette, assurai-je.

– Il m'a dit que, sans toi, le juge l'aurait « emprisonnier » pour le faire parler trop longtemps et que je serais mort.

– Tout est bien qui finit bien, lui dis-je avant d'ajouter : Mon père est mort, comme le tien, il y a très longtemps, sauf que je ne sais pas qui l'a tué. Tu crois que tu pourrais m'aider ?

Le garçon fronça les sourcils et me prit la main. Il resta ainsi trois minutes et dit :

– C'est une dame.

J'écarquillai les yeux et les tournai dans tous les sens, hébété, tel le caméléon lorsqu'il ne sait plus où est partie la sauterelle qu'il visait.

– Une dame pas loin de toi, ajouta-t-il.

– Comment le sais-tu ? ne pus-je m'empêcher de lui demander.

– C'est l'ange de Gabriel qui me dit tout.

– Gabriel Comte ? Le Moine aux abeilles ?

Nathan haussa les épaules et ne répondit pas.

– Tu es sûr ?

– Oui.

Se pouvait-il que mes craintes… Ma mère pouvait-elle être impliquée dans la mort de mon père ?

Épilogue

J'avais invité Lauran Saléni, le pharmacognoste, et Derrone, le guérisseur, pour parler de leur rôle de première importance dans cette enquête. Une sorte de bilan de campagne.

– Friedel croyait que son eczéma disparaîtrait en découvrant l'enfant désigné par la prophétie, leur dis-je.

– Or ses crises revenaient parce qu'il manipulait la *Mandrava Rici Natura*, une plante puissamment allergisante, dit le pharmacognoste.

– Il a toujours cru à la présence permanente de son problème de peau alors qu'il avait une forme très douce, presque invisible depuis plus d'un an, ajoutai-je. Ce qui explique qu'au mois d'octobre, lorsque je l'ai rencontré, il n'avait pas de marque visible sur le visage. Son chapeau cachait son crâne qui, lui, était sévèrement attaqué.

Je m'adressai au guérisseur.

– Comment avez-vous connu le Moine ?

Derrone soupira et ferma les yeux pendant quelques secondes. Lorsqu'il les rouvrit, j'aperçus pour la première fois ses prunelles minuscules qui brillaient.

– Nous étions voisins et sommes devenus amis du premier

jour de son arrivée en France et jusqu'à sa mort. Il présentait une allergie à je ne sais quoi...

– Qu'est-ce qu'il avait ?

– Une bronchite chronique. Je l'ai soigné. Il était fasciné. Je lui ai appris à manier les baguettes et il est devenu un grand sourcier. Il avait ce don et cette éthique basée sur le désintéressement et le dévouement. Les gens ont commencé à le consulter par un de ces hasards qui n'existent pas.

– On venait le voir pour des guérisons ?

– Non, il concentrait son activité sur la recherche de sources et sur la divination. C'était un grand voyant. C'est un aspect qui ne m'a, personnellement, jamais intéressé. En 2002, Nathan est né. Gabriel s'est pris de passion pour le fils d'Alisha. Cet enfant restait des heures à contempler la nature.

Le magnétiseur s'interrompit et réfléchit.

– Un jour, en août 2004, Gabriel a eu une attaque. Il est resté alité pendant une semaine. Je l'ai veillé jour et nuit. Il ne voulait pas aller à l'hôpital et je ne pouvais rien pour lui. Il s'était fragilisé le cœur en constatant son incapacité à changer les hommes. « Chaque fois qu'un arbre tombe, que ses racines côtoient le ciel, je perds foi en l'humanité », disait-il.

– Pourquoi n'a-t-il pas transmis ce qu'il savait des plantes à son fils ?

– Ce n'est pas faute d'avoir essayé ! Puis, Gabriel a eu une nouvelle crise. Il souffrait beaucoup, la paralysie le gagnait, il ne pouvait presque plus parler. Il a écrit son testament et me l'a confié ainsi qu'à son fils Marcus. Le grand benêt a quitté la France pour Londres ce jour-là. Laissant son père seul. Le soir même, j'ai compris à son regard que Gabriel voulait me confier quelque chose d'important. Au prix d'incroyables efforts, il a réussi à murmurer : « Alisha est douée, il faut qu'elle veille sur la reine Élisabeth. »

– Que voulait-il dire ?

– Il avait donné ce nom à l'une des reines de ses abeilles. Il m'a dit : « Le miel est l'unique soleil que nous sachions récolter et ce soleil va s'éteindre. Ce que j'ai écrit est un testament, celui des abeilles. Il suffit de les observer pour comprendre où va le monde. On ne peut plus fermer les yeux. » Gabriel Comte a écrit cette prophétie pour que nous changions notre rapport à la nature. Je sais que vous me comprenez, insista Derrone.

Je hochai la tête sans rien dire.

– Peu après Gabriel a ajouté : « J'ai une amie, elle vient d'Afrique... elle m'a beaucoup aidée... elle m'a même sauvé la vie à sa façon. Je n'avais plus rien à manger... j'ai tué des petits mammifères en enduisant mes flèches de sa sève blanche... une sorte de latex toxique. C'est Gisèle, l'euphorbe. »

– Laquelle ? interrogea le pharmacognoste. Il en existe des centaines.

– Une *Euphorbia coerulescens.* Cette plante ne l'a jamais quitté.

Derrone ferma les yeux à nouveau et s'immergea dans ses souvenirs.

– Il m'a montré le végétal en forme de cactus, planté dans un pot, près de lui et m'a dit : « Tu vas la planter au coin de la maison, elle sera à l'abri des vents du Nord. Je lui ai parlé, elle est d'accord. Les araignées aiment s'y cacher et Nathan aime les araignées. Quand tu planteras Gisèle, tu lui diras que je suis mort comme un homme, je n'ai pas la capacité de renaître de mes vieilles racines. Dis-lui que de là-haut, je veillerai sur elle et sur ses sœurs. Elles doivent tenir bon. Dis à toutes les plantes et aux abeilles que j'ai confiance en elles et que je reste leur ami. »

Lauran Saléni souriait en écoutant.

– Je l'ai envoyé balader. Il allait se reposer et s'en occuper lui-même. Mais il n'a plus dit un mot et j'ai compris que donner un sol à Gisèle était sa dernière volonté. Sur un cahier, il a écrit : « À ma mort, achète la maison et veille sur l'euphorbe. » Je le lui ai promis. Il s'est éteint peu après.

– Pourquoi ne l'avait-il pas plantée lui-même ? demanda Saléni.

– Il rêvait de repartir en Afrique et n'envisageait pas de vivre sans cette plante. Il l'appelait son ange gardien et la protégeait du climat océanique en la laissant dans un grand pot qu'il rentrait en hiver.

– Et Marcus, le fils ? demandai-je.

– Il n'a jamais revu son père vivant. Pour moi, il est responsable de sa mort. Il n'a cessé de décevoir Gabriel.

– Il est réellement gourou d'une secte ? demanda le pharmacognoste.

– Oui et ils sont dangereux, répondit Derrone. Au point que je croyais Marcus coupable. Leurs actions reposent sur des théories justes. Des personnes plus sensées se battraient contre tout ce qui modifie l'énergie du monde et sa biodiversité. Eux ont pris le parti, au contraire, d'accélérer le processus de la destruction.

Marcus Comte, libéré, avait retrouvé Londres le soir suivant la capture des coupables. Je me tournai vers le pharmacognoste et lui demandai :

– Cette prophétie… ce testament des abeilles, devrais-je dire, est à l'origine de tout… il a inspiré le criminel, tout de même. Ne valait-il pas mieux que Gabriel ne l'écrive jamais ?

– Ne confondez pas. Nous sommes responsables. Coupables de crimes naturels à grande échelle, dit le scientifique. La prophétie peut aider à une prise de conscience du grand public.

– Vous pensez que la nature peut disparaître et l'humanité avec ?

– La nature, les arbres sont des êtres pluriels. À l'origine, nous sommes comme les arbres. Vous êtes né plusieurs. Je suis né plusieurs. À votre naissance, vous pouviez être trente, cent personnes différentes. Vous avez imaginé pouvoir être instituteur, pompier, vétérinaire, charcutier, que sais-je. La vie s'est chargée de vous réduire et de me réduire à un seul individu. C'est la raison pour laquelle je mourrai seul et vous pareillement.

– Qu'est-ce que ça change ?

– Lorsqu'un homme naît, il y a un peu plus de pollution, un peu plus de gaz carbonique, un peu plus de guerre, un peu plus de destruction, un peu plus de déchets. Un arbre qui pousse, c'est une ville souterraine pour les insectes qui se crée, un abri pour les oiseaux et les rongeurs qui émerge, un parasol géant pour les broussailles et les buissons qui s'impose, un rempart contre les bourrasques et les inondations qui tient bon, une usine à oxygène qui grandit et plusieurs êtres, mousses et lichens y vivent en synergie. D'un tronc coupé, les racines se prolongent et créent un autre arbre, cent mètres plus loin. Le jour où nous considérerons les végétaux comme les seuls êtres multiples à ne savoir que donner, nous aurons acquis suffisamment de sagesse pour apprendre de la nature comment être immortel.

– Un jeu d'enfant, dis-je.

– Vous ne croyez pas si bien dire, affirma Derrone. C'est le message principal de la prophétie : garder tout au long de sa vie le questionnement existentiel d'un enfant.

– Vous qui l'avez bien connu, pourquoi a-t-il désigné Nathan dans la prophétie ? Ce n'était pas très prudent.

– Le Moine était un grand voyant et s'inquiétait pour le garçon. Il avait acquis la certitude que le fils d'Alisha allait rencontrer un homme très malfaisant en 2008, et qu'au travers de cette rencontre avec le mal, la lumière vaincrait. Mais au-delà de Nathan et de cette terrible année, je crois qu'en écrivant « Et Mwulana apportera la lumière », il évoquait le pouvoir qu'ont les enfants de nous confronter à nos réalités en posant de vraies questions. Si seulement nous pouvions, en écoutant leurs interrogations, remettre en question notre manière de vivre, alors nous trouverions notre chemin. Mais peut-être sommes-nous voués à disparaître. Nous les hommes, ne sommes capables d'offrir un peu de nous-mêmes à la nature qu'à l'heure de notre mort. De manière inconsciente et seulement aux vers de terre.

À vingt kilomètres de là, Nathan courut vers l'euphorbe. Il s'accroupit et jeta un œil à Viviane. L'araignée reposait au fond de sa toile. Cherchant un insecte, le garçon vit une abeille qui remuait sur le sol. Les ailes repliées, elle tournait sur elle-même, l'abdomen glissant sur la terre gelée. Ses pattes remuaient en une danse frénétique. Soudain, elle s'immobilisa. Nathan s'approcha et souffla un air chaud sur l'hyménoptère. Le corps inerte se souleva et retomba trois centimètres plus loin. Il saisit délicatement une de ses ailes et déposa l'abeille au creux de sa main. Le garçon pencha la tête vers l'araignée et hésita. Puis il lança sa main vers le ciel.

« Vole ! » dit-il.

Et l'abeille s'envola.

Remerciements

Un grand merci à Héloïse Narfin-Séris, psychothérapeute via Internet et spécialiste de l'agoraphobie, pour ses conseils ; à Pascale Turcaud, psychiatre et ancienne interne associée à l'univers carcéral psychiatrique pour sa relecture technique ; à Alain Laurens, pharmacognoste passionné et enthousiaste pour ses connaissances innombrables en matière de plantes et propriétés ; à Hans Klingel, mon cher ami, professeur et biologiste allemand, rencontré en Ouganda pour ses connaissances en swahili ; à Pierre Tchoreloff, professeur et directeur de recherches à l'université d'Orsay pour ses contacts. Merci à mes sœurs Lydie et Laetitia et à mon amie Frédérique pour leurs critiques très constructives. Un immense merci à Laurent Laclau-Lacrouts, major à la police judiciaire de Paris pour ses conseils précieux, ses utiles suggestions, et sa motivation à me faire découvrir l'univers de la PJ ; merci à Christine, sa femme, commissaire divisionnaire pour sa lecture technique et ses encouragements. Merci à Pierre Yonas, qui m'a aidée à choisir mon éditeur. Merci du fond du cœur à Stéphane, mon mari, pour ses encouragements sans fin, avant, pendant et après l'écriture de ce roman. Je n'aurais pu concevoir ce premier roman sans cette confiance révélée lors de la collaboration qu'il m'a offerte à l'écriture des *Carnets afghans.* Merci à Charles, mon fils, qui ne cesse de m'inspirer.

Cet ouvrage a été composé par IGS-CP
Impression CPI Bussière, octobre 2011
Éditions Albin Michel
22, rue Huyghens, 75014 Paris
www.albin-michel.fr

ISBN : 978-2-226-23828-3
N° d'édition : 19888/01. – N° d'impression : 113118/1.
Dépôt légal : novembre 2011.
Imprimé en France